重庆财政资源配置研究

CHONGQING CAIZHENG ZIYUAN PEIZHI YANJIU

卢 飞 著

西南财经大学出版社

图书在版编目(CIP)数据

重庆财政资源配置研究/卢飞著.—成都:西南财经大学出版社,2016.8
ISBN 978-7-5504-2548-4

Ⅰ.①重… Ⅱ.①卢… Ⅲ.①财政—资源配置—研究—重庆市 Ⅳ.①F812.771.9

中国版本图书馆CIP数据核字(2016)第177135号

重庆财政资源配置研究
卢飞 著

责任编辑:林伶
封面设计:杨红鹰 张姗姗
责任印制:封俊川

出版发行	西南财经大学出版社(四川省成都市光华村街55号)
网　　址	http://www.bookcj.com
电子邮件	bookcj@foxmail.com
邮政编码	610074
电　　话	028-87353785 87352368
照　　排	四川胜翔数码印务设计有限公司
印　　刷	郫县犀浦印刷厂
成品尺寸	148mm×210mm
印　　张	8.375
字　　数	220千字
版　　次	2017年6月第1版
印　　次	2017年6月第1次印刷
书　　号	ISBN 978-7-5504-2548-4
定　　价	58.00元

前言　研究思路与本书结构

财政是国家职能的重要组成部分。党的十八届三中全会审议通过的《中共中央关于全面深化改革若干重大问题的决定》指出“财政是国家治理的基础和重要支柱”，并提出“建立现代财政制度”的改革目标。因此，本书拟对财政资源配置进行研究。

本书结构安排：

第一章：首先结合文献综述提出财政资源配置理论概念，进而讨论资源配置及其配置方式、财政资源内涵、财政资源配置制度及其研究范围等概念性内容，该部分构成了本书研究的理论基础。

第二章：在对新中国成立以来我国财政管理体制多次改革进行回顾基础上，围绕新时期财政资源配置的新要求，指出新时期财政资源配置领域的新变化。财政改革通过收入和支出两个方面实现财政政策由需求管理向供给改善的转型和公共财政向民生财政的转型，很多过去财政不愿、不能涉及的领域，逐渐成为资源配置的重点。例如民生领域的各项改革，教育、养老、医疗、住房、扶贫等。新时期财政资源配置体制的新变化，预算管理制度要求公开透明、预算体系要求进一步完整、税收制度要求进一步改革、中央和地方事权与支出责任要求进一步合理划分。

第三章：首先，对2014年重庆市财政资源配置情况进行了介绍，包括对一般公共预算、政府性基金预算、国有资本经营预算、社保基金预算的收入和支出情况进行了详细说明。其次，对“抓好五大功能区域发展战略财政政策配套落实，实施差异扶持；立足特殊市情和特定发展阶段，着力于优环境、稳增长、调结构、促升级；围绕学有所教、劳有所得、病有所医、老有所养、住有所居，加大财政投入，完善体制机制，切实提高城乡基本公共服务水平；等等”战略方向进行的财政资源配置进行介绍。进而，对2015年重庆市财政资源配置主动适应经济发展新常态，从深化预算管理制度改革、深化税制改革、转变财政扶持经济方式、支持社会民生等领域改革、加强政府性债务管理等方面进行了详细介绍。

第四章：介绍了重庆创新政府财政资源配置方式的主要做法——强基础、降成本、补短板。强基础主要包括预算管理改革、加强绩效预算、完善管理体制、规范政府债务管理等；降成本主要是指制定税收优惠政策、税制改革（稳步推进营改增）等；补短板主要指用于保障民生和扶贫等。

第五、六、七、八、九、十、十一、十二章：运用详实的材料和数据介绍了重庆财政资源配置在各个方面的具体政策及措施等，并分析仍然存在的问题，进而提出对策建议。特别是该部分还运用案例分析，介绍了区县在财政资源配置方面的具体经验及做法。

总括来说，本书研究内容以财政资源配置理论体系、重庆财政资源配置体系、管理制度框架、配置方向及范围、配置手段等为主。一方面，在全国率先从省市级层面具体介绍财政资源配置的战略方向、战略重点及具体措施，使得读者“管窥一斑”；另一方面，在介绍市级层面财政资源配置的同时，通过详实的案例分析，对区县贯彻实施财政资源配置一揽子政策进行了介绍，既介绍了先进经验、也探讨了存在问题，使得本书的研究更接地气，更具有可读性和可操作性。

本书研究方法：财政资源配置制度研究是一个涉及多学

科、多领域的课题，研究对象的复杂性决定了研究方法的多样性。本书采取了规范分析和实证分析相结合的研究方法。具体运用上则体现为三个方面：一是财政资源配置的层次性分析方法，在财政资源配置制度框架这个总层面下，体制决策层次是基本性质层次或核心层次，决定着所配置的财政资源的公共性程度、方向、结构等；运行层次是实现形式，反映财政资源的最终配置结果与效率情况；机制层次则居于中介层次，是体制决策与运行的联结部分和传导机制，没有它，决策就无法落实，配置结果也无法作为决策的参考。二是在财政配置工具的选择上，使用了比较分析法。相对于市场配置资源，财政配置的范围主要在市场失灵的领域，包括财政提供公共产品等。但这些产品的生产过程并不能视为财政资源配置的范畴，只有当“财政提供”实现以后，财政资源配置职能才得以实现。“财政提供”是一个制度性的事务，如财政决策实施的本身就属于资源配置。三是在财政配置政策措施的选择上，使用了实证分析。通过财政实践中有关资源配置的案例加以分析，归纳总结财政资调配置实践中存在的突出问题或经验；通过对财政收支数据的分析，对财政资源配置的结构、配置规模等进行论证。

目录
Contents

第二篇　降成本

第三篇　补短板

1 财政资源配置理论研究

1.1 资源配置概念

作为人类生存和发展的依赖，资源问题一直是社会经济发展的核心问题。我国上海辞书出版社 1980 年出版的《辞海》对资源的解释为："生财的来源，一般指天然资源。"而经济学所说的资源，不是专指天然资源。赵建新（1991）提出，资源的内涵应当包括现存的各种自然要素及由其组合而成的自然环境，以及人类利用自然要素加工、改造、生产出的各种经济物品及由其组成的各种经济环境，最后是人类在上述基础上形成并不断增长的人口、知识、技术、文化、管理体制等。并进一步认为，只要能够进一步有利于经济-物品生产或使用价值的提高，均可称之为资源。由此认为，资源分为自然资源、经济资源、智力资源三种。《资源经济学》（1993）则把资源分为四大类，即自然资源、人力资源、资本资源、信息资源。周德群（1999）的研究则认为资源是对人类或非人类有用价值的所有部分的集合，包括自然资源、人力资源、信息资源、科技资源、时空资源、社会资源。《资源论》（2001）对上述论点进行了分析后，并考虑资源的历史演进、现实状况以及未来社会经济发展，将资源定义为“一定的社会历史条件下存在着，能够为人类开发利用，在社会经济活动中经由人类劳动而创造出财富或资产的各种要素”。本书认为，不管从何种角度定义资源，把资源看作是围绕人类活动的各种要素的组合，应该更具有普遍意义。使有限的资源发挥最大的效益，为达到预定效益目标而最大程度地节约和保护资源，维护经济社会的可持续发展，人类在这个意义上的各种活动，就属于资源配置的范畴。配置，即配备布置。资源配置，通常是指在资源数量一定的情况下，如何将有限的人力、物力、财力以及科学技术、信息等资源投向不同的地区、部门以及企业，以获得最大产出，求得经济持续、快速、健康发展。资源的有限性与人们需求的无限性之间的矛盾，要求人们对各种资源在不同使用方式之间进行选择，以获取最佳效益。

1.2　资源配置方式

资源配置问题是经济社会活动的核心，《比较经济体制学》把“对稀缺资源的配置”看作经济体制的研究对象，认为经济体制是由对稀缺资源的配置进行决策并执行决策的各种机制、组织安排和规则所构成。对稀缺资源进行配置上的决策，主要基于资源配置的方式。资源配置方式就是指通过什么途径和手段实现经济社会资源的合理、优化配置，目前主要有计划配置、市场配置以及计划与市场的混合配置三种类型。

计划配置是计划经济体制中占主导地位的资源配置方式。计划配置体制下实行的是高度集中的行政性指令计划，资源配置的决策者是中央计划机构，配置的手段是以行政指令形式层层下达的计划指标，生产要素实行统一调拨和按计划供应，计划平衡决算的差额而非产品价格成为产品稀缺程度的主要信号。这种资源配置方式在需求比较简单、易于把握，企业数量相对较少，生产规模和结构相对稳定，技术进步比较缓慢，资源替代和产品替代可能性较小的粗放经营条件下非常有效，但当经济发展由粗放式经营进入集约式经营阶段时，计划配置随着经济条件和经济环境的变化暴露出越来越明显的缺陷。一是信息缺陷。中央计划机关无法准确地收集和把握种类繁多、千变万化的消费品市场需求规模和结构的全部信息，因而就无法据此确定符合实际的生产资料和资源需求规模与结构。同时，企业上报虚假信息以争取更多的计划调配资金、设备和原材料，自下而上汇总的这种需求失真信息使中央机关制订和最后下达的计划脱离实际。二是动力陷阱。从计划的制订实施到调整和修正，主要依靠行政指令和政治动员来实现，以物质利益原则为核心的经济动力原则在各环节中没有得到有效体现，使整个社会经济活动缺乏应有的活力。三是协调缺陷。信息和动力缺陷导致计划方案难以符合实际的生产需求和消费需求，计划执行中出现的失误也只能在计划完成后才能被发现，造成计划适应需求变化和协调生产与需求之间平衡的过程缓慢且缺乏灵活性，纠正失衡的环节更是复杂和多重。经验表明，计划配置下由于计划失误所导致的宏观经济失衡和由此造成的资源浪费，有时甚至比市场配置还要大。四是配置成本缺陷。计划体制下建立的从中央到地方直至企业的计划制订、管理、实施、监督等庞大机构，需要支付巨额的资源配置成本，从整个国民经济的宏观层次上看则要耗费更大的社会交易成本，导致经济效率下降，而效率的下降和不断膨胀的管理机构，又会反过来加大资源配置成本，形成恶性循环。

市场配置是市场经济体制中占主体地位的资源配置方式。在市场配置方式下，资源配置的决策者是各个分散的经济主体，配置的推动力量是经济主体自身的经济利益和他们之间的竞争，产品稀缺程度的显示信号是市场价格。由于生产要素流动和生产规模、结构由市场需求决定，而市场价格与竞争机制自发地调控着资源配置，使收入按生产要素贡献和市场效率实施分配。因此，市场配置机制能有效地刺激经济主体以最优配置投入生产要素，努力在竞争中提高市场效率及获得收入最大化，并成为宏观经济保持良好资源配置效率的微观基础。但由于存在着公共、垄断、信息不对称、经济活动的外部性等情况，市场配置不仅对宏观经济总量和结构失衡问题的调节显得乏力或者需要经过较长时期的调节过程才能解决问题，制约着宏观经济发展战略和目标问题的有效解决，而且难以自发调节社会公共产品的生产和供应，对消费者和社会长远利益造成损害，特别是市场配置中按生产要素贡献和市场效率进行收入分配，与公正分配的社会要求不相符合，蕴涵着社会贫富差距过大、两极分化并引发严重社会冲突，导致经济发展与社会发展之间出现严重失衡的可能，仅仅依靠市场机制并不能实现资源配置的最优化。

计划与市场的混合配置是指在市场配置的基础上辅以计划指导的资源配置方式。在这种资源配置方式下，基本经济活动的联系绝大部分通过市场机制来实现，企业直接受市场调节，价格信号是经济决策的主要依据。特别是收入分配以生产要素贡献和市场效率为主要依据，通过收入再分配兼顾公平，使收入分配不仅成为资源配置的结果，而且成为资源配置的推动力。因此，计划与市场的资源混合配置方式不仅突出了市场的主体作用，而且强调了国家宏观调控或计划指导作为资源配置的主要方式在市场机制力所不及的部门和领域发挥调节作用。既规定着政府职能部门的行为活动规范，又为微观经济主体提供了宏观经济发展的信息，促使其决策与客观经济发展的趋向相符合与相协调。因此，政府的显著特征——拥有全体的社会成员和强制力，使政府在纠正市场失灵方面具有某些明显优势。

1.3 财政资源配置

财政资源配置的对象或内容当然就是财政资源的内涵。

从宏观层面来看。地方财政学主要从市场经济中的公共需要和弥补市场缺陷着手，认为政府配置资源的内容主要包括：提供公共产品，提供基础设施，资助基础性科学研究，对具有外部效应的行业或产品的供应进行调节，在市场发育不全的领域培育市场，维护有效竞争，限制垄断，制定和实施国家的产业政策，保证社会资源的配置符合国家的发展战略等。

从微观层面来看。相关学者认为财政资源就是财政收入和财政支出。孙亦军等认为，财政资源配置的内容就是政府为满足社会需要而将一部分社会资源集中起来形成财政收入，再通过财政支出分配活动提供公共物品和服务。郭庆旺、赵志耘则认为，财政配置就是政府为满足社会需要而提供特定的物品和服务，并为这些支出融资而征税。

从中观层面来看。现代财政学认为资源就是政府选择（决定）提供的某种消费品并为之提供的资金，这种观点不像微观层面那样把财政资源限定在财政收支上，还包括应用政府信用及手段进行的融资或实施的政策等。实际上，财政资源的内容非常广泛。本书认为，财政资源是政府为实现国家经济社会发展目标而据其财政职能使用的各种要素的总和，短缺性、公共性以及财政资源使用的无偿性是财政资源概念的总特征，对财政资源进行有效、科学的配置则是财政资源存在的客观要求。

财政资源配置的研究内容：在市场经济体制下，市场对资源的配置起基础性作用，但由于存在着公共品、垄断、信息不对称、经济活动的外部性等情况，仅仅依靠市场机制并不能实现资源配置的最优化，还需要政府在市场失灵领域发挥资源配置作用。作为政府调控经济社会运行的主要经济杠杆，财政的资源配置职能是指财政通过其收支活动以及相应的财税政策制定、调整和实施，可以对人力、物力、财力等社会资源配置结构进行调整和引导，从而提高全社会资源配置效率的功能。因而作为政府这只“有形之手”的物质载体，财政资源配置不仅是社会公共产品的资源配置者，而且是全部社会资源配置（包括运用财政政策调节或影响市场资源配置）的调节者。换言之，财政资源配置的研究内容既包括对用来满足社会共同需要的资源的直接配置，又包括对全社会资源配置的宏观调节两个方面，核心是满足社会公共需要、调节社会资源配置。

总的来说，政府通过财政进行资源配置的主要手段是支出和税收。

(1) 财政支出。财政支出中一部分表现为政府直接购买商品和劳务，主要是购买进行日常政务活动的商品与劳务；另一部分为政府的投资性支出或资本性支出，这种以国家为主体的投资活动，是政府财政支出中有别于直接购买商品和服务支出的部分，称政府投资或财政投资。

（2）税收。调整微观经济活动的税收政策措施主要表现在两个方面：一是与“正规”税制结构或“基本”税制结构有关的税收政策措施，二是背离“正规”税制结构或“基本”税制结构有关的税收政策措施。前者主要是通过各税种的纳税人的确定、税基的确定、税率的变化以及征收范围的变化等来实现。后者主要是通过税法中的一些特殊法律条款，给予特定纳税人或特定类型活动以及各种税收优惠待遇，以引导、扶持某些经济活动，刺激投资意愿，实现合理的资源配置。这就是所谓的“税收支出政策”。税收的资源配置作用，包括两个方面的内容：一是为公共产品筹集资金，主要目的在于协调公共产品和非公共产品的供给关系；二是用影响消费倾向的办法改变私人部门的资源配置，主要目的是通过税收影响私人收入水平，从而影响人们的消费倾向，进而影响投资需求来改变资源配置。在市场失灵环节，政府应通过调整税收结构做出适当的干预。由于市场失灵只发生在个别环节，所以税收政策不应在整体上冲击市场机制对资源的优化配置，税收政策应该是中性的。

（3）财政补贴对相对价格和资源配置具有特殊影响。财政补贴（包括减税等）的增加，意味着受益者收入的增加，以及他们能够购买的商品和劳务的增加。在现实经济生活中，无论是价格上升引起的补贴增加，还是财政补贴增加引起的价格上升或下降，都将产生同样的结果：财政补贴的数额与有关商品、劳务或生产要素的价格变动有着密切的联动性关系。由于财政补贴所涉及的商品、劳务或生产要素只是全部商品、劳务或生产要素的一部分，因而补贴进入市场后，必然使得原来的相对价格体系发生变动。由于市场对资源配置起基础性作用，而市场配置又主要通过市场价格变动来实现，因此财政补贴对相对价格结构产生影响，将同时对资源配置产生一定的调节作用。正是有鉴于此，在二元经济条件下，财政补贴的基本功能之一，就是用来纠正价格结构的某些变形或扭曲，矫正或弥补计划价格的不足；而在自由价格体制下，则被用来克服自由价格的某些消极作用，特别是用以实现自由价格机制所不能实现的社会目标，诸如公平分配目标、社会稳定目标等。

（4）政府配置资源的规模与领域。从经济发展阶段看，发展中国家的政府投资比重较高，而发达国家的政府投资比重则相对较低。发展中国家的政府投资比重之所以较高，其主要原因有三：一是发展中国家的经济基础较为薄弱，为了实现经济的快速增长，就必须首先在基础设施、基础产业的发展上进行大量的投入，而基础设施、基础产业的超前或适应性发展，往往有赖于政府的投资或以政府的投融资为主；二是发展中国家的资本市场欠发达，造成政府筹集资金的规模和途径受到很大的局限，被迫形成以预算资金为主的融资方式；三是发展中国家的市场发育不完善、私人资本实力不强，导致私人部门参与公共投资的可能性及其意愿都较经济发达国家低。

一般而言，发展中国家的政府投资可以在以下方面发挥作用。①具有非竞争性和非排他性的纯公共品，如国防、司法、行政、邮政、防灾救灾、卫生防疫、大江大河治理、重大科研计划、消防、公共博物馆和图书馆等，政府部门的直接投资是这类产品的主要供给方式。政府直接投资上述领域并不意味着此类公共品的全部投资与运营责任都需要政府部门自己承担，政府也可以借助市场组织和社会组织的优势与能力，来生产这些公共物品。②带有显著外部收益、能够创造社会公平的准公共物品和服务，如高速公路、城市道路、基础教育、医疗卫生、公有住房分配、社会福利、环境保护等，这些领域可以是政府投资的范围，也可通过政府补贴和特许权经营引入非营利组织和企业投资经营。③以电力、铁路、电信、地铁、供水、污水处理、垃圾处理、广播电视等为代表的自然垄断产品。这些产品和服务具有一定的排他性和（或）竞争性，消费者愿意直接付费，这就为私人通过市场供给提供了现实可能性。此类产品和服务应实施政府管制（价格管制、市场准入管制等），以避免由于企业拥有市场垄断地位，或因厂商盲目竞争而导致的资源配置的效率损失。

本书认为，财政资源是政府为实现国家经济社会发展目标而据其财政职能使用的各种要素的总和，短缺性、公共性以及财政资源使用的无偿性是财政资源概念的总特征，对财政资源进行有效、科学的配置则是财政资源存在的客观要求。对财政资源配置的研究，重点应在财政资源配置制度、财政资源管理体制、财政资源配置方向、财政资源配置手段等方面，并提出相应决策建议。

2　新时期财政资源配置新要求

财政是国家职能的重要组成部分。党的十八届三中全会审议通过的《中共中央关于全面深化改革若干重大问题的决定》指出“财政是国家治理的基础和重要支柱”，并提出“建立现代财政制度”的改革目标。根据该决定精神，《深化财税体制改革总体方案》通过，标志着我国新一轮财税体制改革正式启动。建立现代财政制度是全面深化财政改革的目标，我国规划在2020年基本形成以现代税收制度、现代预算制度和财政体制为支柱的现代财政制度框架。

《深化财税体制改革总体方案》通过，标志着我国新一轮财税体制改革正式启动。此轮改革，是一场关系我国现代化事业和国家治理现代化的深刻改革，是完善社会主义市场经济体制、加快转变政府职能的迫切需要，是转变经济发展方式、促进经济社会持续稳定健康发展的必然要求，是建立健全现代国家治理体系、实现国家长治久安的重要基础。

新时期财政资源配置领域的新变化：随着社会经济的发展，很多过去财政不愿、不能涉及的领域，逐渐成为资源配置的重点。例如民生领域的各项改革，教育、养老、医疗、住房、扶贫等。新时期财政资源配置体制的新变化：预算管理制度要求公开透明，预算体系要求进一步完整，转移支付要求进一步完善，税收制度要求进一步健全，中央和地方事权与支出责任要求进一步合理划分。

2.1 财政改革回顾

新中国成立以来，我国财政管理体制历经多次改革，大体分为以下三个阶段：1950—1979 年实行“统收统支”的财政管理体制；1980—1993 年实行“分灶吃饭”的财政管理体制；1994 年以后实行“分税制”的财政管理体制。

1950—1979 年，实行“统收统支”的财政管理体制。1979 年以前，我国实行计划经济体制，与此相适应，形成“统收统支”的财政管理体制。在这一框架下，财政管理体制也进行了多次调整。1950 年实行“统收统支”的财政管理体制；1951—1957 年实行划分收支、分级管理体制；1958 年实行以收定支、几年不变的管理体制；1959—1970 年实行总额分成、一年一定的管理体制；1971—1973 年实行财政收支包干管理体制；1974—1975 年实行收入固定比例留成、支出包干管理体制；1976—1979 年，恢复总额分成、一年一变的管理体制。在中央和地方财政关系的多次变动中，高度集权始终是这一时期财政管理体制的主要特征。

1980—1993 年，实行“分灶吃饭”的财政管理体制。改革开放以来，我国逐步实行有计划的商品经济。与此相适应，自 1980 年起，在放权让利、扩大企业经营自主权和地方财权的同时，实行了“分灶吃饭”的财政包干管理体制。1980 年实行“划分收支、分级包干”的财政管理体制；1985 年实行“划分税种、核定收支、分级包干”的财政管理体制；1988 年实行多种形式的财政包干分配体制。财政包干管理体制实施后，地方财政的地位逐年上升，中央财政占全国财政收入的比重不断下滑，到1993年已下降到22%。这一体制存在明显的弊端，一是中央财政所得比重较低，宏观调控能力有限，不利于宏观目标的实现。二是不同地区财政收入水平差异较大，拉大了地区间差距。

1994年至今，实行“分税制”的财政管理体制。为适应建立社会主义市场经济体制的要求，进一步理顺中央与地方的财政分配关系，提高中央政府宏观调控的能力，1994年，按照党的十四届三中全会《中共中央关于建立社会主义市场经济体制若干问题的决定》精神，在中央和地方财政之间实行了分税制的重大改革。基本内容是：根据事权和财权相结合的原则，将收入按照税种统一划分为中央税、地方税和中央与地方共享税，并建立中央和地方两套税务征管机构；按照中央与地方政府的事权，合理确定各级财政的支出范围；建立和健全分级预算制度，硬化各级预算约束；科学核定地方收支数额，逐步实行比较规范的中央财政对地方的税收返还和转移支付制度。从1994年开始，税收返还与消费税和增值税的增长率挂钩，各地区“两税”（消费税和75%的增值税）每增长1%，中央财政对该地区的税收返还增长0.3%。此后，又调整了证券交易印花税在中央与地方分享的比例，调整了金融保险营业税收入划分比例。2002年进行了企业所得税收入分享改革及出口退税负担机制改革等，进一步调整和完善了分税制。

分税制财政体制的实行调动了中央和地方积极性，建立了财政收入稳定增长机制，为我国经济社会的全面发展提供了强有力的物质基础和财力保障。主要体现在两个方面：一是财政总体实力显著增强。1999年全国财政收入迈上万亿元台阶，2003年、2005年又相继突破2万亿和3万亿元大关，2007年达5.13万亿元。我国人均GDP也于2006年突破2 000美元大关，正向标志着全面小康水平的人均3 000美元目标迈进。二是中央进行转移支付、均衡地区发展差距的能力增强。分税制改革以来，中央财政收入明显提高，中央财政收入占全国财政收入的比重从 1993 年的 22%提高到 2007 年 54%，中央财政从东部发达地区净集中 21 390 亿元，对中西部地区分别净补助 10 249 亿元和 13 891 亿元。初步估算，中西部地区大部分县的一半以上财政支出，需要中央财政转移支付提供资金来源。中央财政为缩小地区间的发展差距，促进地区间基本公共服务均等化，发挥了重要作用。

虽然分税制财政体制对我国经济社会发展做出了重大贡献，但随着我国经济的发展也出现不少问题，需要不断完善。

2.2 财政改革主线

财政政策的转型体现了当前财政改革的思路。表面上看，面对世界金融危机，2008 年的积极财政政策与 1998 年的积极财政政策名称上虽然相同，但背后却有很大差异。1998 年的积极财政政策从经济治理层面出发，应用凯恩斯主义需求管理的反周期调节政策思路，遏制了通货紧缩，刺激了总需求，改善了基础设施，促进了国民经济发展。始于 2008 年的新一轮积极财政政策，在消化了 4 万亿投资之后，从 2011 年开始不再采取大规模刺激政策，其背后隐含着财政作用的转型。一方面侧重改善供给，推进税制改革，实行减税政策，减轻企业税收负担，促进企业投资和居民消费；另一方面侧重建设民生财政，进一步调整优化财政支出结构，推进社会事业加快发展，促进保障和改善民生，大力支持科技创新和节能减排，推进经济结构优化。财政政策转型，在经济治理层面体现为从需求管理向供给管理的转变，在财政模式层面体现为公共财政向民生财政的转型。具体体现在收入、支出、管理三个方面。

在简政放权背景下，财政改革注重制度供给，实行结构性减税，注重规范非税收入，减少收费项目。一是“营改增”改革。从2012年1月开始，上海作为首个试点城市，在交通运输业和部分现代服务业开展“营改增”工作，同年8月起，试点扩大到北京等10个省份和计划单列市。2013年8月，交通运输业和部分现代服务业“营改增”试点在全国范围内推开。据测算，2013年“营改增”减税总体规模约1 200亿元。二是非税收收入改革。新一届政府成立以来，决定大幅减少和下放行政审批事项，频出简政放权措施。三是小微企业税收优惠。据初步估算，财政部、国家税务总局发布的《关于暂免征收部分小微企业增值税和营业税的通知》将为超过600万用户的小微企业带来实惠，预计年减税规模近300亿元。

简政放权，首先是政府把权力让渡给市场和社会之后，要求政府“瘦身”，表现在政府行政经费的减少。按照中央要求，中央国家机关各部门2013年一般性支出统一按5%压减。其次是在经济建设支出降低的同时，社会领域支出不断得到加强。2013年全国公共财政支出139 744亿元，比2012年增长10.9%。在财政收入增长幅度大幅度回落、收支矛盾十分突出的情况下，更加注重落实好各项民生政策，努力保障民生方面的重点支出需要，财政的民生色彩在不断变浓。

财政改革通过收入和支出两个方面实现财政政策由需求管理向供给改善的转型和公共财政向民生财政的转型。财政管理就是在促进两个转型的过程中控制财政收支的风险。通过政府采购，政府加大了向社会“开门放权”的力度，努力变“管理者”为“服务者”，不断扩大政府购买公共服务的范围和数量。通过预算改革，财政预、决算体系基本实现了全口径，试编滚动预算和中期预算，建立包括项目支出、部门整体支出、财政预算在内的预算绩效评价共性指标体系框架，不断规范和加强预算绩效评价工作，全面推进预算绩效管理，稳步推进县级以上政府开展包括财政预决算、部门预决算及“三公”经费预决算、市（县）级汇总“三公”经费预决算等方面在内的公开工作。通过政府会计制度，研究制定政府会计基本准则，探索引入权责发生制，进行政府会计制度改革试点。

2.3 重庆改革方向

当前重庆财政支出面临“惠民生”与“稳投资”压力两叠加，教育、医疗、养老等民生刚需增加，养老保险并轨、公务车改革等增支压力更大，政府债务纳入预算管理后要保持投资的力度和节奏，满足城市化提速的公共基础设施建设需要，要从“做增量”向“盘存量”“当年平衡”向“跨年平衡”转变，下大力气盘活存量，实施中期财政规划，围绕补短板、调结构、增加公共产品供给，瞄准薄弱环节，引导社会资本参与，抓好重大民生工程和建设项目的谋划实施。这是重庆财政工作会议提到的经济新常态下财政支出新变化。

民生支出，保障有力。在民生支出方面，除了教育、医疗、养老等政策指标继续形成刚性压力外，养老保险并轨、津补贴同城同待遇、公务车等改革类增支压力越来越大。但是，重庆始终坚持财政支出占比达到50%以上。2014年重庆全年财政累计投入16亿元，基本解决了1 200个撤并村不通公路的问题；全年累计投入15.9亿元，使200余万农村居民喝上“放心水”“方便水”；全年累计投入1.1亿元，完成了702个弃管小区电力改造；全年投入14亿元，整治毁损山坪塘3.2万口。同时，重庆市财政2014年安排48.7亿元，支持公租房建设；安排2.4亿元，加快279万平方米城市棚户区改造，并对4.6万户廉租房住户给予财政补贴；安排8.9亿元改造农村C级及D级危房5万户……在保障民生支出方面，做了较大的努力。以教育支出为例，2014 年教育生均保障经费提标，财政增支 10 亿元，其中区县财政承担了中职和高中阶段的大头，市级财政全额承担高等教育阶段提标和义务教育、学前教育的大头，财政增支中市级财政承担了 80%以上，面对压力，重庆财政很好地保障了提标资金足额到位。又如社保支出，财政对社保基金的注入 2014 年已经占到基金总量的三分之一，是市级财力的 15%左右。以医疗保险为例，2014 年医疗保险已经逼近“盈亏点”，通过努力在不增加企业缴费的情况下，把 0.5 个百分点的缴费费率从失业保险调整到医保，增加收入 7 亿元，保障了所有区县的医保兑付。此外，为了促进就业，由失业保险基金出资 10 亿元筹建小微企业融资担保公司，该公司于 2015 年 3 月底正式挂牌成立，使没有担保人、没有资产抵押的创业者，也可以享受小额担保贷款。

明确边界，调整方式。在财政支出领域，进一步明确界定政府与市场的边界，调整财政支持方式，充分发挥财政资金的引导作用和市场配置资源的决定性作用。财政支出更多靠引导基金、支持创新、规范投入来支持经济发展。在公共服务领域，保障财政支出，同时充分发挥财政“四两拨千斤”的作用。2014 年，推动 PPP 投融资模式，在土地整治项目、高速公路项目、轨道交通项目、市郊铁路项目、市政公共设施项目上取得良好进展。同时，成立重庆产业引导股权投资基金有限责任公司，财政投入 25 亿元资金，并将连续安排 5 年，总规模达到 100 亿元，这些资金以引导基金的形式吸引更多的社会资本进入工业、现代服务业、特色效益农业、科技、文化创意产业、旅游业等领域。

跨年平衡，强化控制。加快建立跨年度预算平衡机制，增强财政支出的约束力。设立预算稳定调节基金，将每年超收收入除冲减赤字后的全部、一般公共预算连续两年未用完的结转资金纳入基金管理，超收补充基金“储备”起来，短收调用基金弥补预算执行收支缺口，实现逆周期调节。同时，推动与政府长远发展规划相衔接的中期财政规划管理，以三年为期逐年更新滚动，指导约束当年预算，涉及财政政策资金的部门和项目都须与三年滚动规划衔接，拟选民营经济专项资金和食药监局部门预算率先试编三年滚动规划。

盘活存量，提高效率。随着全市财政收入增速放缓，提高已有财政存量资金的使用效率无疑是必然选择。重庆需要在国家的相关政策指导下，盘活财政存量资金，将钱用在刀刃上。一方面，加强结转管理，对一般公共预算2012年及以前年度的结转资金，区别不同情况，采取调入预算稳定调节基金、下级政府交回上级政府、由同级政府收回统筹使用等措施加以盘活；对政府性基金结转规模较大的，调入一般公共预算统筹使用。另一方面，加强专户的管理，预计2015年完成1 920个区县存量财政专户的最后一批审核、清理、整顿，预计撤并完成后保持在600个左右，平均每个区县专户从50个下降到15个左右。对行政事业单位账户资金游离于财政、审计监管之外的问题，一律由部门与市财政签订授权书，授权财政部门对账户资金实施动态监控，严控结转结余。

债务风险，加强防控。加强政府性债务风险的管控是新常态下的新要求。2014年出台的《重庆市人民政府关于进一步深化投资体制改革的意见》提出“按照统筹平衡、严控债务的要求，政府类投资项目要在可行性研究阶段充分论证，科学确定建设规模及标准，认真落实建设资金来源，切实管控政府性债务风险。”2014年全年，共压减地方债务1 016亿元，红色预警的区县下降到3个。2015年起市政府债务将纳入预算管理，实行政府性债务限额管理，新举借政府债务收支纳入财政预算和人大、审计监督，从源头上控制债务规模，实现债务规模适度，同时建立健全政府性债务风险预警约谈和考核问责机制，从而加强政府性债务风险防控。

3 重庆财政资源配置总体情况

3.1 资源配置情况（2014 年）

（一）全市财政预算执行情况

（1）一般公共预算。全市一般公共预算收入 1 921.9 亿元，增长 13.9%，完成预算的 105.1%，加上中央转移支付收入 1 247.1 亿元，以及财政部代理发行地方政府债券收入、上年结转收入、调入资金等 588.2 亿元后，收入总计 3 757.2 亿元。全市一般公共预算支出 3 303.7 亿元，增长 8%，完成预算的 94.4%，加上上解中央支出 23.3 亿元，以及归还财政部代理发行地方政府债券本金、安排预算稳定调节基金、结转下年支出等 430.2 亿元后，支出总计 3 757.2 亿元。

（2）政府性基金预算。全市政府性基金预算收入 1 841.3 亿元，增长 10.1%，完成预算的 106.7%，加上中央转移支付收入 86.7 亿元，以及上年结转收入等 295.2 亿元后，收入总计 2 223.2 亿元。全市政府性基金预算支出 1 856.4 亿元，增长 7%，完成预算的 91.1%，加上结转下年支出等 366.8 亿元后，支出总计 2 223.2 亿元。

（3）国有资本经营预算。全市国有资本经营预算收入68亿元，完成预算的119.4%。全市国有资本经营预算支出66.3亿元，完成预算的116.4%。

（4）社会保险基金预算。全市社会保险基金预算收入1 103.3亿元，增长9.8%，完成预算的109.2%。其中：基本养老保险基金预算收入742.1亿元，基本医疗保险基金预算收入308.4亿元，失业保险基金预算收入27.5亿元，工伤保险基金预算收入16.9亿元，生育保险基金预算收入8.4亿元。全市社会保险基金预算支出922.9亿元，增长13.9%，完成预算的100.8%。其中：基本养老保险基金预算支出615.2亿元，基本医疗保险基金预算支出278.3亿元，失业保险基金预算支出4.7亿元，工伤保险基金预算支出18亿元，生育保险基金预算支出6.7亿元。五项社会保险基金预算当期余额180亿元。其中：基本养老保险基金预算余额126.9亿元，基本医疗保险基金预算余额30.1亿元，失业保险基金预算余额22.8亿元，工伤保险基金预算余额-1.2亿元，生育保险基金预算余额1.7亿元。

2014年，全市生产总值、固定资产投资、社会消费品零售总额、进出口总额等主要指标平稳较快增长，经济运行保持稳中有进、提质增效的态势，为财政增收奠定坚实基础。全市一般公共预算收入每月增幅均高于12%，税收收入完成1 281.7亿元，增长15.2%。都市功能核心区和拓展区税收增长14.7%，城市发展新区税收增长19.2%，渝东北生态涵养发展区和渝东南生态保护发展区税收分别增长15.6%、15.2%，区域发展态势良好。辖区税收中，工业、房地产建筑业和金融商贸流通等行业各自约占三分之一，总量结构保持稳定。全市土地出让收入增长9.5%，政府性基金收入完成好于预期。在社会平均工资增长的拉动下，加之财政补贴增加，全市社会保险基金收入增长9.8%，规模突破1 000亿元。一般公共预算、政府性基金预算、国有资本经营预算、社会保险基金预算收入预期较好完成，进一步增强了政府财政的调控能力，有力支撑了全市重大决策部署的贯彻实施，保障了各项重点支出的落实到位。

（二）市级一般公共预算执行情况

（1）收入项目执行情况。市本级一般公共预算收入 741.5 亿元，增长 12.8%，完成预算的 105.8%，加上中央转移支付收入 1 247.1 亿元、财政部代理发行地方政府债券收入 99 亿元、区县上解收入 48.2 亿元、上年结转收入 199.9 亿元、调入资金 70.5 亿元等后，收入总计 2 406.2 亿元。

——增值税 68.9 亿元，增长 54.7%，完成预算的 120.9%。

——营业税 240.3 亿元，增长 4.4%，完成预算的 93.7%。

——企业所得税 77 亿元，增长 13.7%，完成预算的 101.3%。

——个人所得税 23.2 亿元，增长 16.4%，完成预算的 102.9%。

——城市维护建设税 31.8 亿元，增长 14.3%，完成预算的 101%。

——房产税 17.5 亿元，增长 26.7%，完成预算的 112.8%。

——车船税 8.3 亿元，增长 30%，完成预算的 119%。

——非税收入 269.5 亿元，增长 11%。

（2）支出项目执行情况。市本级一般公共预算支出 1 004.5 亿元，增长 4.7%，完成预算的 92.6%，市对区县转移支付 1 122.9 亿元，加上上解中央支出 23.3 亿元、转贷地方政府债券支出 39 亿元、归还财政部代理发行地方政府债券本金 15 亿元、安排预算稳定调节基金 50 亿元、结转下年支出

151.5 亿元等后，支出总计 2 406.2 亿元。

——市本级教育支出 83.5 亿元，补助区县 105.4 亿元。主要是：安排 7 亿元，提高义务教育、职业教育等 8 项财政教育生均经费拨款标准。安排 25.1 亿元，对各教育阶段家庭经济困难学生给予财政资助。安排 7.4 亿元，增加普惠性幼儿园数量，支持学前教育发展。安排 11 亿元，支持农村薄弱学校解决饮水、“大班额”等问题。安排 3.8 亿元，支持建成农村寄宿制学校校舍 48 万平方米和教师周转宿舍 6 926 套。安排 9.1 亿元，支持实施农村义务教育学生营养改善计划。安排 3.1 亿元，改善 57 所农村高中办学条件。安排 4.6 亿元，支持 42 个职业教育实训基地和 52 个精品课程建设，提升高职院校专业能力。安排 43 亿元，推动本科院校内涵发展、协同创新和研究生培养体制改革。安排 3.1 亿元，对 9.2 万乡村教师给予生活补贴。

——市本级科学技术支出 13.2 亿元，补助区县 0.3 亿元。主要是：安排 1.5 亿元，支持基础研究、应用技术研究与开发。安排 4 亿元，推进科技示范工程和实施重大科技专项，围绕智能终端、新能源汽车、机器人等战略新兴产业，建立重大专项培育新兴产业的机制。安排 1.1 亿元，用于知识产权保护、科学技术普及和科技成果转化与推广。安排 1.2 亿元，完善市属公益性科研院所稳定投入机制，支持中科院重庆研究院建设，促进科研机构提升创新能力。

——市本级文化体育与传媒支出 10.1 亿元，补助区县 6.4 亿元。主要是：安排 4 亿元，支持 31 座博物馆纪念馆、43 个图书馆、41 个文化馆、824 个乡镇综合文化站和 186 个街道文化中心等免费向社会开放。安排 2.5 亿元，支持公共文化体育设施建设和文化遗产保护传承。安排 2 亿元，支持院团改革和影视、文学、舞台艺术等各艺术门类的创作、展演，出台政府向社会力量购买公共文化演出服务实施方案。安排 2.3

亿元，支持文化产业发展。安排 2.1 亿元，支持竞技体育和群众体育，补助大型体育场馆向社会免费或低收费开放。

——市本级社会保障和就业支出 249.3 亿元，补助区县 87.4 亿元。主要是：安排 25.6 亿元，支持困难群体就业和促进高校毕业生就业创业。安排 192 亿元补助养老保险基金，保障养老保险待遇及时足额发放，城镇企业退休人员和农转非人员养老保险待遇平均水平提高 10%。安排 53.6 亿元，城乡低保平均保障标准分别提高到 375 元、220 元，城市“三无”人员和农村“五保”平均保障标准分别提高到 465 元、345 元，伤残军人等重点优抚对象平均保障水平提高 12%以上。安排 4.9 亿元，保障因灾因病等临时困难群众的基本生活。安排 2.7 亿元，将民办养老机构新增床位的财政补助标准提高到 5 000 元，支持儿童福利和残疾人康复。

——市本级医疗卫生与计划生育支出 21.6 亿元，补助区县 120 亿元。主要是：安排 80.7 亿元补助医疗保险基金，城乡居民合作医疗保险财政补助标准提高到 320 元，支持完善大病医疗保险制度。安排 5.5 亿元，对困难群众开展医疗救助，切实减轻群众就医负担。安排 24.5 亿元，基本公共卫生服务财政补助标准提高到 35 元，城乡计划生育困难家庭奖励扶助标准分别提高到 390 元、335 元，基层医疗卫生机构基本药物、绩效工资和撤并村卫生室建设等财政补助足额到位。安排 1.5 亿元，支持 20 个区县开展公立医院改革试点。安排 8.9 亿元，支持食品药品监管体制改革。

——市本级节能环保支出 29 亿元，补助区县 57 亿元。主要是：安排 8 亿元，支持环保“五大行动”，治理大气污染和 PM2.5，控制主要污染物排放。安排 23 亿元，支持垃圾中转站建设，对污水、垃圾、污泥处理营运给予财政补助。安排 3.3 亿元，支持玉滩湖、长寿湖治理和启动主城建成区 20 个湖库水环境综合整治。安排 4.3 亿元，对 650 个行政村实施环境连片整治。安排 5.2 亿元，对新一轮 4.3 万公顷退耕林给予财政补助。安排 3.9 亿元，支持新能源汽车推广应用。安排 8.9 亿元，支持工业企业节能技改和工业园区废水、废气、废渣循环利用。安排 9.5 亿元，关闭小煤矿，支持大型煤矿安全设施设备改造，开展公共安全和重大安全隐患治理，加强安全监管能力建设。

——市本级城乡社区支出 163.7 亿元，补助区县 71 亿元。主要是：安排 6.5 亿元，改善 110 个中心镇和 100 个农民新村基础设施和生产生活环境。安排 1.1 亿元，支持 702 个弃管小区完成电力设施改造。安排 1 亿元，支持镇村公共服务中心规范化建设，提高基层公共服务水平。安排 5.4 亿元，支持公厕、人行天桥和地下通道、污水管网建设。安排 27.4 亿元，支持 323 万平方米市政道路和 13 座桥梁隧道建设。安排 15.8 亿元，支持城乡发展规划和电力管网等市政设施维护。安排 73.7 亿元，支持公租房建设。安排 1.8 亿元，支持全市地理国情普查。

——市本级农林水支出 30.7 亿元，补助区县 167.8 亿元。主要是：安排 27.1 亿元，围绕扶贫对象、贫困区域实施精准扶贫，支持高山生态扶贫搬迁、整村扶贫和扶贫产业发展。安排 28.5 亿元，兑现粮食直补、良种补贴和农机购置补贴。安排 1.7 亿元，激励金融机构加大“三农”信贷投放。安排 2 亿元，对生猪、玉米、柑橘等 11 个品目给予农业生产保险补贴。安排 41.2 亿元，实施高标准农田建设，支持粮油、蔬菜、牛羊等特色效益农业发展，保障主要农产品供给。安排 15.9 亿元，支持人口相对集中农村地区供水改造、管网延伸，解决 215 万人口饮水安全问题。安排 13.2 亿元，推进 13 座大中型水库建设。安排 45.5 亿元，实施病险水库除险加固、中小河流治理、山坪塘整治等水利设施建设。安排 7 亿元，加强农业疫病防控、森林防火防虫和防汛抗旱，提升防灾减灾能力。安排6.2亿元，实施村级公益事业一事一议财政奖补，推进美丽乡村建设试点。

——市本级交通运输支出191.7亿元，补助区县30.4亿元。主要是：安排34亿元，新建和改造农村公路1.1万千米，解决了437个行政村通畅和1 200个撤并村通达问题。安排33.6亿元，支持13个高速公路项目建设。安排18亿元，加快国省道标准化改造。安排22亿元，支持6个铁路项目建设。安排16.2亿元，加快江北国际机场新航站楼建设和启动火车西客站枢纽工程建设。安排29亿元，支持二号线延伸段、六号线二期、环线等城市轨道建设。安排23亿元，兑现“1小时免费优惠换乘”惠民政策和运营补助。

——市本级工业商业金融等支出72.3亿元，补助区县29.3亿元。主要是：安排14亿元，扶持微型企业发展，带动高校毕业生、返乡农民工等群体创业。安排3.7亿元，支持中小企业技术改造和科技创新。安排39.7亿元，扶持十大战略性新兴产业集群发展，带动传统优势产业转型升级。安排25.9亿元，打造夜市经济，支持服务贸易发展，培育区域性电子商务基地，促进企业境外投资和扩大出口。安排0.4亿元，支持企业改制上市和金融要素集聚。安排13.3亿元，保障粮食、煤电、成品油等重要物资供应。

——市本级国土海洋气象等支出21.4亿元，补助区县2.7亿元。主要是：安排3.1亿元，加快山体滑坡、塌陷等地质灾害治理，帮助“8·31”“9·13”暴雨洪灾受灾群众避险搬迁、灾后重建和向受灾群众发放过渡性生活救助金。安排7.8亿元，支持页岩气等矿产资源勘查。

——市本级住房保障支出9.6亿元，补助区县11.9亿元。主要是：安排8.9亿元，改造农村C、D级危房5万户。安排2.4亿元，加快293万平方米城市棚户区改造，并对4.6万户廉租房保障家庭给予财政补贴。

——市本级公共安全支出45.9亿元，补助区县19.5亿元。主要是：安排22.8亿元，保障公检法机关依法履行职能。安排2.1亿元，推进乡镇（街道）平安综治建设，落实人民调解、法律援助、司法救助和社区矫正补助提标政策。安排6.6亿元，支持政法基础设施建设。

——市本级一般公共服务支出51亿元，补助区县2.6亿元。主要是：保障党政机关、人大、政协和民主党派、人民团体正常运转，提升依法依章程履职能力。落实国务院批准的“同城同待遇”政策。

——市对区县财力补助410.9亿元。主要是均衡五大功能区域财力差距。其中：安排91亿元，提升区县保工资、保运转、保民生的财力水平。安排38亿元，加大对渝东北生态涵养发展区和渝东南生态保护发展区的生态财力补偿力度，减少其对资源型产业的依赖，维护全市生态安全，促进生态文明建设。

（三）市级政府性基金预算执行情况

（1）收入项目执行情况。市本级政府性基金收入1 044亿元，增长0.5%，完成预算的102.7%，加上中央转移支付收入86.7亿元、上年结转收入123.8亿元、区县上解收入28.1亿元后，收入总计1 282.6亿元。

——国有土地使用权出让收入898.6亿元，下降1.5%，完成预算的99.8%。

——新增建设用地土地有偿使用费收入25.1亿元，下降22%，完成预算的125.5%。

——转让政府还贷道路收费权收入32亿元，增长44.6%，完成预算的133.3%。

（2）支出项目执行情况。市本级政府性基金支出730.1亿元，完成预算的82.6%，加上补助区县403.1亿元、结转下年支出 127. 1 亿元、调出资金 22. 3 亿元后，支出总计 1 282. 6 亿元。

——市本级教育科技文化及社保就业支出 2. 3 亿元，补助区县 7. 7 亿元。主要是：支持职业教育，支付破产和改制企业职工安置费。

——市本级城乡社区及农林水支出 673. 2 亿元，补助区县 385. 9 亿元。主要是：土地整治和征地拆迁补偿支出 518 亿元，支持园区建设和注入市级国有企业资本金支出 115 亿元，铁路、轨道、高速公路、城市道路、桥梁、隧道等基础设施建设和污水、垃圾处理支出 108. 5 亿元，大型水利建设、高标准农田建设及农地整治支出 36 亿元，实施三峡后续工作规划、支持库区生态环境保护和产业发展支出 66 亿元。

——市本级交通及工业商业金融等支出 50. 7 亿元。主要是：机场建设支出 33 亿元，水运建设发展支出 3. 5 亿元。

（四）市级国有资本经营预算执行情况

（1）收入项目执行情况。市级国有资本经营预算收入 27. 7 亿元，增长 6%，完成预算的 150. 8%。

——利润收入 23. 7 亿元，主要是企业生产经营上缴利润。其中，市国资委监管企业上缴利润 22. 7 亿元，其他国有企业上缴利润 1 亿元。

——产权转让收入 4 亿元，主要是粮食集团资产转让上缴的国资收益。

（2）支出项目执行情况。市级国有资本经营预算支出 26. 6 亿元，增长 5. 2%，完成预算的 145%。主要原因是根据收入增长情况，适当加大支出规模。

——资本性支出 7. 3 亿元。主要是补充国有资本金、对外认购股权和支持全市重大项目建设。

——费用性支出 10. 1 亿元。主要是：解决老工伤人员工伤补贴等历史遗留问题，支持微型企业发展等。

——其他支出9.2亿元。主要是政府向水务集团购买污水处理服务。

此外，从市级国有资本经营预算收入中安排1亿元调入市级一般公共预算，统筹用于解决“双解”困难人员养老保险补贴。

（五）落实市人大预算审查报告情况

2014年，全市财政认真贯彻落实市委决策部署和市人大决议，按照《关于重庆市2013年财政预算执行情况和2014年财政预算草案的审查结果报告》，扎实有效地推进各项财政工作，较好地服务了全市经济社会发展大局。

（1）抓好五大功能区域发展战略财政政策配套落实，实施差异扶持。按照五大功能区域发展战略要求，及时跟进和细化财政配套政策，促进区域特色发展、差异发展、联动发展。坚持民族地区地方级税收全留体制，将渝东北及武隆县的市级税收全额补助区县，把渝东北生态涵养发展区和渝东南生态保护发展区“不取多予”政策落到实处。加大森林覆盖率、空气质量、限制或禁止开发区面积等因素在转移支付分配中的权重，将两大生态区17个区县全部纳入生态转移支付范围。坚持财力向两大生态区倾斜，市级财政按照最高比例补助社会事业发展，推动基本公共服务均等化。城市发展新区基本财力奖补资金增幅高于区县平均水平，产业引导股权投资基金重点倾斜，提升人口承接和产业集聚能力，促进产城融合。实施市内企业跨区域流动税收基数划转，规范财税秩序，提高市场配置资源效率。完善两江新区财政扶持政策，促进两江新区与所在行政区协同发展，提升都市核心区和拓展区核心竞争力。全年市对区县转移支付1 526亿元，区县人均财力提高到16万元，最低人均财力达到10万元。

（2）统筹财经关系，推动经济持续较快发展。立足特殊市情和特定发展阶段，积极应对经济下行压力，把握好财政扶持经济的边界、方式和力度，把着力点转到优环境、稳增长、调结构、促升级上来。将“营改增”试点范围扩大到铁路运输、邮政和电信等行业，落实西部大开发、小微企业等税收优惠政策，向企业减税378亿元。免征小微企业管理、登记和证照等3类行政事业性收费，将企业、个体工商户注册登记等9项收费免征期限延长一年。全面清理财税扶持政策，营造法治、公平、规范的市场环境。安排资金和兑现政策110亿元，支持两江新区、保税港区、开发区和区县工业园区开发开放、完善功能和加快发展。统筹一般公共预算和政府性基金预算355亿元，支持高速公路、铁路、轨道交通、机场等基础设施和水利等公益项目建设，发挥财政资金在稳投资中的引导作用。将工业振兴、非公经济发展、小微企业发展、商务发展和金融发展专项资金足额落实到位，有力促进了经济平稳增长和产业结构优化升级。改革财政扶持产业资金分配方式，安排25亿元创设产业引导股权投资基金，实现财政直接投入向市场化运作的转变。

（3）坚持有保有压，切实保障和改善民生。围绕“学有所教、劳有所得、病有所医、老有所养、住有所居”，加大财政投入，完善体制机制，切实提高城乡基本公共服务水平。新出台10项小微企业发展财税扶持政策，促进创业扩大就业。教育、社保、卫生和社会救助等事关群众切身利益的提标增支政策足额保障到位。全年财政民生支出继续保持在一般公共预算的50%以上。中央民生专项补助资金足额到位。22件民生实事全年财政投入127亿元，资金需求按进度全部落实。与此同时，认真落实中央厉行节约有关规定，出台差旅费、会议费、培训费、因公出国费、出国培训费和外宾接待费6项经费管理办法，从制度上控制一般性开支，将更多财政资金用于民生。除编制内增人和政策性增支外，机关行政运行经费保持零增长。认真执行停止新建政府性楼堂馆所、严控楼堂馆所改扩建及办公用房维修改造的规定，严格压缩会议、节庆、论坛等一般性开支，“三公”经费继续保持零增长。

（4）突出问题导向，启动新一轮财税改革。认真贯彻落实中央和市委决策部署，以建立现代财政制度为目标，稳步推进各项改革。2013 年向社会公开预算的 52 个市级部门向社会公开决算，96 个市级部门向社会公开预算，所有区县向社会公开预算。加强政府性基金预算、国有资本经营预算与一般公共预算的衔接和统筹使用。设立市级预算稳定调节基金，将超收收入和历年结转统筹纳入调节基金管理，建立跨年度预算平衡机制。在市本级和 10 个区县开展权责发生制政府综合财务报告编制试点。完善个人住房房产税改革试点，启动煤炭资源税从价计征改革。完成新增基层食品药品监管事权的支出责任划分。完善政府性债务管理制度，开展存量债务清理甄别，推进分类化解，全年削减政府性债务 1 016 亿元。健全风险预警约谈机制，实施政府目标考核，严控政府性债务风险。推广 PPP 投融资模式改革，在高速公路、地方铁路、市政设施、轨道交通、港口物流、土地整治等领域开展试点。出台政府购买服务管理办法和指导性目录，协同推进政府购买服务与事业单位分类改革。出台科技成果转化股权分红激励办法，调动科研人员创新积极性。支持培育新型农业经营主体等改革。

（5）改进预算管理，提高财政资金使用绩效。积极适应新的经济形势对财政工作的新要求，采取务实有效措施加强和规范管理，改进薄弱环节，促进财政可持续发展。调整市级机关公用经费定额标准，提高基本支出保障水平，减少挤占等不规范现象。整合存量资金 154 亿元用于社会民生等当年支出，加快预算执行进度，2014 年市级结转结余比上年压缩 24%。对 262 项市级专项资金进行清理，改进资金分配方式，加大民营经济、农业发展等专项资金切块下达区县力度。依法接受人大质询和调整预算审查。完成52个项目重点绩效目标管理。对“三农”、教育、科技、社保等47个项目实施市级重点绩效评价，探索建立绩效信息提取机制和绩效报告制，逐步拓宽绩效结果运用的广度和深度。认真贯彻落实中央八项规定，开展“小金库”专项治理和公共交通、医药卫生等行业会计监督检查，严肃财经纪律。认真整改审计发现的问题，做好审计结果运用。发挥投资评审作用，注重会计人才培养，加强部门财务人员会计从业资格管理，切实提高财政财务管理水平。

3.2 资源配置安排（2015年）

按照国务院《关于编制2015年中央预算和地方预算的通知》精神，综合分析全市财经形势，2015年的预算编制全面贯彻落实党的十八大，十八届三中、四中全会和中央经济工作会议精神，以邓小平理论、“三个代表”重要思想、科学发展观为指导，深入贯彻落实习近平总书记系列重要讲话精神，坚持稳中求进工作总基调，坚持以提高经济发展质量和效益为中心，主动适应经济发展新常态，加快转换发展动力，把转方式调结构放到更加重要的位置，深入实施五大功能区域发展战略，统筹推进新型工业化、信息化、城镇化、农业现代化，强化改革、开放和创新三大动力支撑，落实积极的财政政策，着力推进财税改革，切实保障和改善民生，进一步加强政府性债务管理，促进全市经济社会平稳健康发展。

收入预算坚持实事求是、积极稳妥、留有余地的原则。根据全市生产总值增长目标等指标，一般公共预算收入预计增长12%左右。其中：综合考虑税制改革因素，税收收入预计增长13%左右。综合考虑11项基金调入一般公共预算等因素，政府性基金预算收入与上年持平。根据国有企业盈利预期测算，国有资本经营预算收入预计与上年持平。根据参保人数、缴费标准、社会平均工资和缴费基数等因素综合测算，社会保险基金预算收入预计增长6%左右。

支出预算按照《中华人民共和国预算法》（以下简称《预算法》）明确的“四本预算”支出范围和保障重点，坚持统筹兼顾、有保有压、财力下沉。一是保重点。贯彻落实中央和市委的决策部署，推动五大功能区域协调发展，推动产业结构优化升级，支持新型城镇化，促进经济稳定增长。与此同时，切实保障行政事业单位收入分配改革等开支。二是保民生。支持25件民生实事滚动实施，落实就业、社保、教育、卫生、保障性住房和文化等支出，将财力向区县、“三农”和基层倾斜，推进基本公共服务均等化。三是控一般。认真落实厉行节约有关规定，加大财会监督检查力度，从严控制“三公”、会议、培训、节庆、论坛等一般性开支。

一、全市财政收支预算草案

（1）一般公共预算。全市一般公共预算收入预计2 150亿元，其中税收收入预计1 440亿元。全市一般公共预算收入加上中央提前下达转移支付、调入预算稳定调节基金等1 020亿元后，收入总计3 170亿元。全市一般公共预算支出安排3 110亿元，加上上解中央支出、归还财政部代理发行地方政府债券本金等60亿元后，支出总计3 170亿元。

（2）政府性基金预算。收入预计1 600亿元，支出安排1 600亿元。

（3）国有资本经营预算。收入预计60亿元，支出安排60亿元。

（4）社会保险基金预算。收入预计1 218亿元。其中：基本养老保险基金预算收入801亿元，基本医疗保险基金预算收入356亿元，失业保险基金预算收入31亿元，工伤保险基金预算收入20亿元，生育保险基金预算收入10亿元。支出安排1 080亿元。其中：基本养老保险基金预算支出698亿元，基本医疗保险基金预算支出349亿元，失业保险基金预算支出6亿元，工伤保险基金预算支出20亿元，生育保险基金预算支出7亿元。五项社会保险基金预算当期余额预计138亿元。其中：基本养老保险基金预算余额103亿元，基本医疗保险基金预算余额7亿元，失业保险基金预算余额25亿元，工伤保险基金预算收支当年持平，生育保险基金预算余额3亿元。

（一）市级一般公共预算收支预算草案

（1）收入项目预算情况。市本级一般公共预算收入预计788亿元，增长12%左右。其中：税收收入预计531亿元，增长12.5%左右。市本级一般公共预算收入加上中央提前下达转移支付923亿元、调入预算稳定调节基金50亿元、调入资金36亿元、区县上解收入22亿元等后，收入总计1 819亿元。

——增值税78亿元，增长13.2%。

——营业税269亿元，增长12.1%。

——企业所得税87亿元，增长13%。

——个人所得税26亿元，增长13.1%。

——其他税收71亿元。

——非税收入257亿元。

（2）支出项目预算情况。市本级一般公共预算支出安排842亿元，加上市对区县转移支付917亿元、上解中央支出24亿元、归还财政部代理发行地方政府债券本金36亿元后，支出总计1 819亿元。

——市本级教育支出安排104亿元，补助区县83亿元。主要是：支持学前教育第二期规划实施；落实义务教育免费政策；加快农村薄弱学校改造；完善特殊教育财政拨款机制；提高职业教育财政投入水平；落实乡村教师岗位补贴政策，提高农村义务教育教师待遇；加强本科院校内涵建设和质量提升，支持特色专业、特色学科建设和协同创新；建立政府主导、社会捐助、个人分担的研究生培养经费保障机制；保障农村教师培训财政投入；继续完善各学段家庭经济困难学生资助体系。

——市本级科学技术支出安排 13 亿元。主要是：支持基础研究、应用技术开发、知识产权保护和科学技术普及；完善公益性科研院所稳定投入机制，促进科研机构提升创新能力；建立以科技担保、风险投资、股权引导、天使基金为主体的科技金融服务体系，促进科技成果转化。

——市本级文化体育与传媒支出安排 10 亿元，补助区县 3 亿元。主要是：提高基层公共文化服务机构运行保障水平，提升免费开放博物馆、纪念馆等公益文化机构的服务能力；支持深化文艺院团改革；推动剧场、院线联盟建设，提高公益文化场馆利用率；推动文化资产管理体制改革，支持文化产业、媒体融合发展；支持文物保护和体育事业发展。

——市本级社会保障和就业支出安排 207 亿元，补助区县 70 亿元。主要是：继续支持实施更加积极的财政就业政策，发挥好小额担保贷款促进创业作用，保障好高校毕业生等重点群体就业；保障城镇企业退休人员和城乡居民养老待遇及时足额到位，做好机关事业单位养老保险制度改革的资金平衡；落实社会救助和保障标准与物价上涨挂钩的联动机制，适时提高城乡低保、农村“五保”、城市“三无”人员、重点优抚对象等保障水平，确保城乡困难群众基本生活。

——市本级医疗卫生与计划生育支出安排 33 亿元，补助区县 109 亿元。主要是：基本公共卫生服务人均财政补助标准由 35 元提高到 40 元，进一步提升基本公共卫生服务均等化水平；城乡居民合作医疗财政补助标准从 320 元提高到 380 元，进一步提高筹资水平和互助共济能力；落实政府办医责任，继续支持区县公立医院改革，支持医保药品支付制度改革。

——市本级节能环保支出安排22亿元，补助区县28亿元。主要是：继续支持环保“五大行动”；加大渝东北生态涵养发展区和渝东南生态保护发展区生态环保补助力度；将排污权交易品种拓展到废气、污水和垃圾，并将试点范围扩大到所有区县；支持第三垃圾焚烧发电厂、新建垃圾填埋场和垃圾中转站等环保重点项目建设；补助污水处理厂、垃圾处理场运行；推动完成农村环境连片整治民生实事；支持三峡库区水环境保护；兑现页岩气、煤层气开采奖补资金；支持液化天然气汽车和新能源汽车推广，加快充换电配套设施建设；支持关闭小煤矿和大型煤矿安全设施设备改造；加快园区循环化改造，发展循环经济和低碳经济；继续开展公共安全和重大安全隐患治理，加强安全监管能力建设。

——市本级城乡社区支出安排91亿元，补助区县66亿元。主要是：加快中梁山隧道等重点项目建设；启动白居寺长江大桥、礼嘉嘉陵江大桥、土主隧道等桥梁建设，支持千厮门大桥、双碑大桥及双碑隧道建成通车；支持主城公交场站、换乘枢纽和重要交通节点改造；继续支持100个农民新村建设和110个中小城镇完善市政基础设施。

——市本级农林水支出安排41亿元，补助区县94亿元。主要是：落实粮食直补政策，支持高标准农田建设，保障粮油、蔬菜等主要农产品供给；继续发展现代特色效益农业；支持农业适度规模经营，健全新型农业经营体系，推进农业生产社会化服务；推进重点水源工程和山坪塘整治等水利建设，支持解决农村饮水安全；继续实施精准扶贫，推进高山生态扶贫搬迁，支持扶贫产业发展；推进农村集体资产量化确权改革试点及美丽乡村建设；加大农业防疫、森林防火、防汛抗旱等投入，增强自然灾害防范应对能力。

——市本级交通运输支出安排110亿元，补助区县16亿元。主要是：支持江北机场四期主体工程建设完工；推进五号线、十号线和环线等轨道交通建设；继续支持成渝客运专线、渝怀二线等铁路建设；加快火车西客站枢纽工程建设；推进新1 000千米高速公路建设；加快农村公路建设，解决撤并村通达问题；支持化解二级公路债务；兑现“1小时免费优惠换乘”惠民政策。

——市本级工业商业金融等支出安排35亿元，补助区县18亿元。主要是：落实小微企业发展、工业振兴、非公经济发展、商务发展和金融发展等专项资金；支持巩固汽车、电子信息等支柱产业优势；加快培育十大战略性新兴产业；支持保税商品展示、跨境电子商务等现代服务业发展；扩大城乡消费；增加粮食储备，保障电煤、成品油等能源供应。

——市本级国土海洋气象等支出安排10亿元，补助区县4亿元。主要是：支持页岩气等矿产资源勘查；加大农村土地整治和高标准基本农田建设投入；做好地质灾害防范和治理工作。

——市本级住房保障支出安排5亿元，补助区县4亿元。主要是：支持城市棚户区改造、公租房及配套设施建设和农村C、D级危房改造，改善城乡群众居住条件。

——市本级公共安全支出安排44亿元，补助区县11亿元。主要是：继续深化平安建设；支持司法体制改革；保障基层综合治理经费；促进戒毒系统职能转变；进一步提高公检法司的人员、装备保障能力；促进社会管理创新。

——一般公共服务支出安排44亿元。主要是：进一步调整优化基本支出定额，保障党政机关、人大、政协和民主党派、人民团体依法依章程履行职能。

——其他支出安排62亿元。将按进度在执行中细化落实到具体项目。

——预备费安排9亿元。用于当年预算执行中的自然灾害等突发事件处理增加的支出及其他难以预见的开支。

——市对区县财力补助411亿元。主要是：落实五大功能区域财政政策，实施分类扶持，坚持财力下沉，提高区县基本公共服务保障水平，加大生态财力补偿力度，引导人口梯度转移和要素资源优化配置，支持区县机关事业单位养老保险制度改革，推进津补贴待遇一体化，促进重点开发区域加快发展。

（二）市级政府性基金预算草案

市级政府性基金收入预计900亿元，主要是：国有土地使用权出让金收入845亿元、新增建设用地土地有偿使用费收入20亿元。

支出安排900亿元，其中：市本级支出585亿元，补助区县315亿元。一是成本性支出550亿元，主要用于补偿征地拆迁农民，补充失地农民养老保险，保障城市房屋拆迁主体权益。二是社会事业发展支出115亿元，主要用于支持教育设施、保障性住房和水利等建设，开展农业土地开发整治，扶持三峡库区生态涵养和经济社会发展。三是基础设施建设支出185亿元，主要用于支持高速公路、铁路、机场和城市轨道等建设，推进城市基础设施建设。四是开发区及园区建设支出50亿元，主要用于支持北部新区、各类高新区、经开区和特色工业园区开发建设。

（三）市级国有资本经营预算草案

市级国有资本经营预算收入预计30亿元，主要是国有企业生产经营上缴的国有资本经营利润收入等。

支出安排30亿元。支出安排的重点是：一是资本性支出12亿元，主要用于推动国有企业产业结构调整，支持国有企业持续健康发展。二是费用性支出9亿元，主要用于解决职工医保、养老保险、职工安置等历史遗留问题，支持微型企业发展等。三是其他支出9亿元，主要用于政府购买污水处理服务等。

二、推进财税改革，促进经济社会平稳健康发展

2015年是“十二五”规划的收官之年，是全面深化财税改革的关键之年，也是实施新《预算法》的开局之年。全市财政将围绕“科学发展、富民兴渝”总任务，认真贯彻落实五大功能区域战略，坚持依法理财，全面深化财税改革，确保完成2015年财政工作任务，促进全市科学发展、加快发展。

（一）深化预算管理制度改革

认真贯彻落实国务院《关于深化预算管理制度改革的决定》。拓展预算公开范围，除涉密单位外，将167个市级部门预算向人大及社会公开。细化公开内容，将政府预算按功能分类公开到项级科目。加强编制、资产与预算管理的有机衔接，建立基本支出定额标准动态调整机制。逐步构建项目支出标准体系框架，规范项目经费管理。启动中期规划编制，在编制2016年预算时，同步编制2016—2018年财政规划，对今后三年全市总体收支和财政政策进行预判，逐步使财政政策制度定型，相对固化部分常态支出，年度预算在中期财政规划框架下进行。加强结转结余管理，加大各类预算统筹力度，健全预算稳定调节基金制度，盘活财政存量资金。扩大绩效目标管理覆盖面，完善集中评议制度，强化过程跟踪。扩大绩效评价范围，重点考察项目的产出数量、质量、效率和效果，将评价结果作为2016年预算编制的参考依据，探索建立评价结果向社会公开制度。

（二）推进税制改革

认真贯彻落实国务院《关于清理规范税收等优惠政策的通知》，清理规范税收等优惠政策，通过新设、扩充、优化、整合转移支付和专项补助，取消违法违规的优惠政策，调整财政支持方式，增强政策的针对性、有效性。加强市级重点税源管理。进一步扩大“营改增”试点范围，实现增值税替代营

业税，简并增值税税率，全面优化增值税制度。调整消费税征收范围、环节、税率，把高耗能、高污染产品及部分高档消费品纳入征收范围，健全消费税引导资源节约和生态环境保护、调节收入分配的机制。逐步实施除油气煤外其他品目资源税从价计征改革，理顺资源税费关系。跟进房地产税改革和环境保护费改税。

（三）转变财政扶持经济方式

完善市与区县财政关系，激发区域发展活力。围绕区域功能定位和发展战略，以引导经济要素流动、推动基本公共服务均等化、促进生态涵养保护为目标，建立健全五大功能区域转移支付制度。改进专项转移支付分配方式，推行目录管理、因素分配、评估和退出机制。市对区县一般性转移支付提前下达率逐步提高到90%。处理好政府与市场的关系，改进财政扶持产业发展资金的分配方式，按照市场竞争类与公益服务类项目实行分类管理。进一步扩大产业引导股权投资专项基金规模，采取市场化运作方式，投资覆盖战略性新兴产业、现代服务业、农业、科技、文化、旅游等领域的市场竞争类项目。对中小企业服务平台、创业孵化园等公益服务类项目，以及种养大户、家庭农场、农民合作社等农业基础性项目，更多采取财政补助、贷款贴息等方式给予支持。同时，对财政直接投入的项目，进一步完善制度、规范程序和加强监管，做到公开透明。

（四）支持社会民生等领域改革

探索建立财政民生政策动态调整机制。以均衡发展为导向，完善义务教育、职业教育、学前教育、高等教育等各阶段生均经费保障投入机制，探索建立基于学籍信息的教育经费可携带支持机制。制定市级科研项目资金管理办法，建立完善适应不同类型科研项目特点的支持机制。探索建立专利申请主体诚信档案制度、知识产权评估制度，营造良好的创新环境。深化文化体制改革，大力推进媒体融合发展。完善文艺院团财政投入机制，促进文艺院团增强市场活力。推进机关事业单位养老保险制度改革。继续深化公立医院改革，将药品零差价补偿政策扩大至所有区县，调整医疗服务价格，建立可持续的政府补偿机制。推动市药交所建设区域性交易平台，更好地发挥市场交易机制作用。加快推进医药、医疗、医保联动的医疗卫生体制改革。继续深化政府购买服务改革。

（五）加强和改进债务管理

认真贯彻落实国务院《关于加强地方政府性债务管理的意见》，建立“借、用、还”相统一的地方政府性债务管控机制。将政府债务分类纳入一般公共预算和政府性基金预算，实行限额管理。在全国人大和国务院批准重庆市政府存量债务余额和 2015 年余额限额后，编制 2015 年市级债务收支调整预算，报市人大常委会，并按照预算公开有关要求及时向社会公开。稳步推进市级发行地方政府债券工作，剥离融资平台公司的政府融资职能。严禁违法违规担保。加强动态监管，完善政府性债务风险预警机制。实行政府约谈和目标考核，制定债务风险应急处置预案。继续加强风险区县和重点领域债务的风险防范。将权责发生制政府综合财务报告试点范围扩大到市本级和 21 个区县，全面、完整地反映政府资产、负债、资金等财务信息。

4 重庆财政资源配置实践

重庆市财政资金资源配置时应严格遵循无偿提供纯公共产品有偿提供排他性产品的财政边界，高度关注民生，主要配置方式是预算配额、贷款贴息、奖励补助、社保就业、政府采购、一般及专项转移支付等。创新政府资源配置方式的主要做法可概括为：强基础、降成本、补短板。强基础主要包括预算管理改革、规范政府债务管理等；降成本主要是指税制改革，稳步推进“营改增”等；补短板主要指用于保障民生和扶贫等。

第一篇　强基础

5 改革预算管理

预算是经法定程序审核批准的国家年度集中性财政收支计划。它规定国家财政收入的来源和数量、财政支出的各项用途和数量，反映着整个国家政策、政府活动的范围和方向。2015年6月30日，由中央政治局审议通过的《深化财税体制改革总体方案》明确提出“改进预算管理制度、强化预算约束、规范政府行为、实现有效监督，加快建立全面规范、公开透明的现代预算制度”。同年1月1日起施行的“新预算法”也由79条增加至101条，改动共计82处，主要涉及几个方面：一是构建现代性的全口径预算体系，在取消预算外资金，建立政府性基金预算、国有资本经营预算、社会保险基金预算的基础上，将地方政府债务也纳入预算管理，从举债主体、用途、规模、方式、监督制约机制和法律责任等多方面做了规定；二是改进预算管控方式，将审核预算的重点由平衡状态、赤字规模向支出预算和政策拓展；三是在预算绩效管理方面，提出预算绩效管理是政府绩效管理的重要组成部分，是财政体制改革的重要内容；四是调整转移支付结构，要求财政转移支付应当以促进区域协调发展、推进地区间基本公共服务均等化为主要目标，提高一般性转移支付比例、清理整合规范专项转移支付。

重庆预算管理水平总体逐年提高，但仍然存在年初预算到位率不高、收入解缴不规范、支出进度不均衡、存量资金规模大等问题。按照《预算法》的要求，重庆应从以下几方面对预算管理进行改革实践：

5.1　完善政府预算体系

政府预算包括一般公共预算、政府性基金预算、国有资本经营预算和社会保险基金预算，简称“四本预算”。“四本预算”既是完整、独立的，又是有机衔接的。公共财政预算是政府预算体系的基础，政府性基金预算、国有资本经营预算、社会保险基金预算应当与一般公共预算相衔接。根据经济社会发展和政府宏观调控的需要，有关预算间可进行适当调剂。例如，将国有资本经营预算的部分收入调入公共财政预算或用于弥补社会保障支出。政府预算全方位地反映政府预算的收支规模、结构、转移支付等情况。

一般公共预算是政府凭借国家政治权力，对以税收为主体的财政收入及安排用于保障和改善民生、推动经济社会发展、维护国家安全、维持国家机构正常运转等方面的收支预算。一般公共预算的收入包括税收收入和非税收入。其中，税收收入包括增值税、消费税、营业税、企业所得税、个人所得税等18个税种，范围可谓是涵盖了日常生活中的绝大多数经济活动；非税收入包括专项收入、行政事业性收费收入、国有资本经营收入、国有资源（国有资产）有偿使用和其他收入等。一般公共预算的支出按照其功能分类，包括一般公共服务支出，外交、公共安全、国防支出，农业、节能环保支出，教育、科技、文化、医疗卫生、体育支出，社会保障及就业支出和其他支出；按照经济性质分类，包括工资福利支出、商品和服务支出、资本性支出和其他支出。

政府性基金预算是政府依照法律、行政法规的规定在一定期限内向特定对象征收、收取或以其他方式筹集的资金，专项用于特定公共事业发展的收支预算。因此，政府性基金预算根据基金项目收入情况和实际支出需要，按基金项目编制，做到以收定支。每项基金的征收范围、标准和支出范围由相应的管理办法规定。

国有资本经营预算是国家以国有资产所有者身份依法取得国有资本收益，并对所得收益进行分配而发生的各项收支预算。国有资本经营预算收入主要包括国有独资企业按规定上交国家的利润，国有控股、参股企业国有股权获得的股利、股息，企业国有产权转让收入，国有独资企业清算收入，其他收入等。国有资本经营预算支出主要包括根据产业发展规划、国有经济布局和结构调整、国有企业发展要求，以及国家战略、安全等需要，安排的资本性支出，用于弥补国有企业改革成本等方面的费用性支出和其他支出。

社保基金经营预算是通过社会保险缴费、公共财政预算安排的补助等方式取得收入，专项用于社会保障支出的收支预算。社保基金预算收入包括社会保险费收入、利息收入、财政补贴收入、转移收入、其他收入等。社会保险基金预算的各项基金支出范围不尽相同，通常包括保险待遇支出、转移支出、补助下级支出、其他支出等。

重庆首先健全“四本预算”体系。明确一般公共预算、政府性基金预算、国有资本经营预算、社会保险基金预算的收支范围，建立定位清晰、分工明确的政府预算体系，政府的收入和支出全部纳入预算管理。加大政府性基金预算、国有资本经营预算与一般公共预算的统筹力度，建立将政府性基金预算中应统筹使用的资金列入一般公共预算的机制，加大国有资本经营预算资金调入一般公共预算的力度。加强社会保险基金预算管理，做好基金结余的保值增值，在精算平衡的基础上实现社会保险基金预算的可持续运行。其次，健全预算标准体系。进一步完善基本支出定额标准体系，加快推进项目支出定额标准体系建设，充分发挥支出标准在预算编制和管理中的基础支撑作用。严格机关运行经费管理，加快制定机关运行经费实物定额和服务标准。加强人员编制管理和资产管理，完善人员编制、资产管理与预算管理相结合的机制。严禁超范围、超标准编报津贴补贴、奖金，或者以各种名义违规安排个人补助，杜绝“吃空饷”等现象。进一步完善政府收支分类体系，按经济分类编制部门预决算和政府预决算。再次，提高预算到位率。改变项目支出预算的编制方式，从以上年年初预算数为基础编制，改为以前两年实际执行情况为依据进行编制，提高年初预算到位率。完善项目库建设，分类编制项目支出预算。常年性项目，重点分析其合理性、合规性，按照支出需求编制到位；阶段性项目，注明资金总量、筹资方案和用款进度等；新增项目，明确项目概况、立项依据等，按轻重缓急编报。部门预算的项目支出，应全部分解落实到基层单位和具体用途，减少代编规模。

5.2 改进预算控制机制

首先，实行中期财政规划管理。财政部门会同各部门研究编制三年滚动财政规划，对未来三年全市重大财政收支情况进行分析预测，对规划期内一些重大改革、重要政策和重大项目，研究政策目标、运行机制和评价办法。强化三年滚动财政规划对年度预算的约束。推进部门编制三年滚动规划，加强项目库管理，健全项目预算审核机制。提高财政预算的统筹能力，各部门规划中涉及财政政策和资金支持的，要与三年滚动财政规划相衔接。其次，改进年度预算控制方式。一般公共预算审核的重点由平衡状态向支出预算和政策拓展，各级政府向本级人大报告支出预算的同时，重点报告支出政策内容。预算执行中如需增加或减少预算总支出，必须报经本级人大常委会审查批准。收入预算从约束性转向预期性，根据经济形势和政策调整等因素科学预测。政府性基金预算按照以收定支的原则，根据政府性基金项目的收入情况和实际支出需要编制。国有资本经营预算按照收支平衡的原则编制。再次，建立跨年度预算平衡机制。研究设立预算稳定调节基金。一般公共预算执行中如出现超收，用于化解政府债务或补充预算稳定调节基金；如出现短收，通过调入预算稳定调节基金或其他预算资金、削减支出实现平衡。政府性基金预算和国有资本经营预算如出现超收，结转下年安排；如出现短收，通过削减支出实现平衡。

5.3 健全财政收入管理

首先，加强税收收入征管。各级税收征管部门要依照法律法规规定及时足额组织税收收入，并建立与相关经济指标变化情况相衔接的考核体系。切实加强税收征管，做到依法征收、应收尽收，不收过头税。严格减免税管理，不得违反法律法规的规定和超越权限多征、提前征收或者减征、免征、缓征应征税款。加强执法监督，强化税收入库管理。其次，加强非税收入管理。各级非税执收部门要依照法律法规切实加强非税收入管理。继续清理规范行政事业性收费和政府性基金，坚决取消不合法、不合理的收费基金项目。加快建立健全国有资源、国有资产有偿使用制度和收益共享机制。加强国有资本收益管理，完善国家以所有者身份参与国有企业利润分配制度，落实国有资本收益权。加强非税收入分类预算管理，完善非税收入征缴制度和监督体系，禁止通过违规调库、乱收费、乱罚款等手段虚增财政收入。再次，规范税收优惠政策。把优化税制、公平税负、维护市场主体平等竞争的财税环境作为促进产业发展，推动经济转型升级的重要抓手，全面清理规范市内各类财税扶持政策，建立税收优惠政策的长效管控机制。各区县、各部门要对已经出台的税收优惠政策进行规范，违反法律法规和相关财政规定的一律停止执行；有明确时限的到期停止执行，未明确时限的应设定优惠政策实施时限；市内企业跨区县搬迁的，要按规定划转税收基数。建立税收优惠政策备案审查、定期评估和退出机制，加强考核问责，严惩各类违法违规行为。

5.4 强化财政支出管理

首先，优化财政支出结构。严格执行中央八项规定和国务院“约法三章”要求，认真落实关于厉行节约、反对浪费条例的相关规定。严格控制政府性楼堂馆所、财政供养人员以及“三公”经费等一般性支出，“三公”经费预算继续执行零增长的原则，不得超过上年规模。清理规范重点支出同财政收支增幅或生产总值挂钩事项，一般不采取挂钩方式。对重点支出根据推进改革的需要和确需保障的内容统筹安排，优先保障，不再采取先确定支出总额再安排具体项目的办法。结合税费制度改革，完善相关法律法规，逐步取消城市维护建设税、排污费、探矿权和采矿权价款、矿产资源补偿费等专款专用的规定，统筹安排这些领域的经费。其次，优化转移支付结构。落实五大功能区转移支付政策，加大对渝东北和渝东南生态区的转移支付力度，完善一般性转移支付增长机制，增加一般性转移支付规模和比例，逐步将一般性转移支付占比提高到 60%

以上。大力清理、整合、规范专项转移支付，整合归并竞争性领域的专项转移支付，取消调整“小、散、乱”以及效用不明显的专项转移支付，改进分配方式，减少行政性分配，引入市场化运作模式，逐步与金融资本相结合，引导带动社会资本增加投入。规范专项转移支付项目设立，严格控制新增项目和资金规模，建立健全专项转移支付定期评估和退出机制。再次，加强结转分类统筹使用。建立结转结余资金定期清理机制，连续两年未用完的结转资金，作为结余资金管理，其中一般公共预算的结余资金，补充预算稳定调节基金。加大结转资金统筹使用力度，累计结转结余资金比上年增加的，适当压缩下一年度财政拨款预算总额；结转结余资金常年居高不下、统筹使用不力的，研究收回部分结转结余资金统筹使用。建立预算编制与结转结余资金管理相结合的机制，细化预算编制，提高年初预算到位率。建立预算执行进度考核机制，实施预算执行进度的通报制度和监督检查制度，有效控制新增结转结余资金。

5.5 加强预算执行管理

首先，硬化预算执行约束。按照中央的要求，今后年度预算中除救灾等应急支出通过预备费解决外，一般不再追加当年支出预算，必须出台的政策，将通过预算稳定调节基金等方式，从以后年度预算安排资金。及时批复部门预算，严格按照预算、用款计划、项目进度、有关合同和规定程序及时办理资金支付，涉及政府采购的应严格执行政府采购有关规定。加强政府购买服务资金管理，支持各部门按有关规定开展政府购买服务工作，切实降低公共服务成本，提高公共服务质量。其次，规范国库资金管理。全面清理整顿财政专户，除财政部审核并报国务院批准予以保留的专户外，其余专户在两年内逐步取消。全面清理财政借垫款，应当由预算安排支出的按规定列支，符合制度规定的临时性借垫款及时收回，不符合制度规定的借垫款限期收回。加强财政对外借款管理，各级财政严禁违规对非预算单位及未纳入年度预算的项目借款和垫付财政资金。规范权责发生制核算，严格权责发生制核算范围，控制核算规模。建立权责发生制的政府综合财务报告制度。再次，健全预算绩效管理机制。全面推进预算绩效管理工作，强化支出责任和效率意识，逐步将绩效管理范围覆盖各级预算单位和所有财政资金，将绩效评价重点由项目支出拓展到部门整体支出和政策、制度、管理等方面，加强绩效评价结果应用，将评价结果作为调整支出结构、完善财政政策和科学安排预算的重要依据。

5.6 严肃财经纪律

首先，坚持依法理财。严格遵守预算法、税收征收管理法、会计法、政府采购法等财税法律法规，自觉接受人大监督和社会各界的监督。建立和完善政府决算审计制度，进一步加强审计监督。推进预算公开，增强政府理财工作的透明度，减少政府自由裁量权，让财政资金在阳光下运行。其次，健全制度体系。从财政支持经济社会各领域的体制、机制设计着手，明确财政的作为空间，强化激励约束，提高财政分配管理的有效性、公平性。对预算安排、资金分配、财政监管的各个环节，健全预算编制、收入征管、资金分配、国库管理、政府采购、财政监督、绩效评价等方面的制度建设，细化职责分工、理顺工作流程、控制关键节点，提高操作性，做到有章可循。再次，强化责任追究。严格落实《预算法》等法律法规规定，强化责任追究，对检查中发现的虚报、冒领、截留、挪用、滞留财政资金以及违规出台税收优惠政策等涉及违规违纪的行为，依法严肃处理。

5.7 案例分析：区县预决算公开

现代预算制度是国家治理体系和治理能力现代化的基础和重要标志。《预算法》提出了加快建立全面规范、公开透明的现代预算制度。近年来，重庆市在预决算公开工作中，取得了一定成效，但财政预决算公开在各区县进展不平衡，公开还不够细化。本部分对重庆市 35 个区县（包含万盛及两江新区，不含渝北区、渝中区、丰都县、忠县、酉阳县）的财政预算编制情况和预决算公开情况进行了分析。以期进一步推进财政预决算公开，建立健全公开机制，扩大公开范围，细化公开内容，不断提高依法行政、依法理财水平。

（一）区县部门预决算编制情况

（1）预算编制原则的落实情况。预算编制原则体现在法制性、完整性、平衡性、透明度、绩效性这五个方面。统计显示在区县本级预算编制中，在法制性方面，100%的区县本级制定了关于预算编制的内部规章办法；在完整性方面，有 91.20%的区县设定统一预算科目，体现综合预算要求；在平衡性方面，100%的区县本级预算编制保持了高度的收支平衡原则；在透明度方面，有 94.29%的区县高度实现了权责透明、科目透明、程序透明、结果透明；在绩效性方面，有 88.57%的区县本级预算编制体现了绩效原则。

（2）预算编制结构的构成情况。从预算编制的内容来看，就区县本级而言，100%的区县本级编制了完整的公共预算和政府性基金预算，28.57%编制了社会保险基金预算，68.57%编制了国有资本经营预算，25.71%编制了债务预算，74.29%编制了政府采购预算，22.86%编制了社会保障预算。从预算编制覆盖政府收入的比例来看，77.14%的区县本级收入预算编制涵盖了100%政府收入。

（3）预算编制程序的流程情况。从预算编制程序及收入调整来看，97.14%的区县本级预算编制采用“两上两下”的程序；71.43%的区县本级政府收入及调整采用了定量分析（其中：42.12%的定量分析效果很好，47.28%效果一般）；71.43%的区县本级政府部门实现部门预算编制覆盖率超过90%。从项目支出预算来看，37.14%的区县本级项目支出预算覆盖了全部项目；48.57%覆盖了大部分项目。从项目审批程序来看，88.57%的区县本级制定了严格的项目审批程序，其中34.29%的区县本级在项目审批中否决掉的项目占审批项目的比例超过50%。从项目实施管理来看，85.71%区县本级项目实施涉及资金拨付，60%涉及具体采购形式要求，62.86%涉及重大项目进度报告，77.14%涉及预算调整要求，80%涉及结余资金管理。从项目评审专家库建设来看，31.43的区县有项目评审专家库，其中，20%的区县定期进行调整。从区县本级预算编制时间来看，68.57%的区县本级预算编制时间为3~4个月。

（4）预算编制标准的技术情况。从预算编制标准来看，一是采用定员定额管理，统计显示，97.14%的区县本级行政单位、84.5%的区县本级参公管理单位和76.1%的区县本级事业单位采用了定员定额管理；二是人员经费测算，91.43%的区县本级单位人员经费测算和94.29%的区县本级单位公用经费测算依据定员定额标准和实际情况等因素来测算。从预算编制技术来看，一是大部分没有采用计划项目预算（PPBS）管理，采用PPBS管理的项目仅有22.86%；二是14.29%的区县本级部门编制了多年滚动项目预算，仅有8.57%的区县本级部门滚动预算和中长期规划结合程度高。

（二）区县部门预决算公开情况

（1）预算公开管理制度。从预算公开文件来看，有57.14%的区县本级依据中央预算公开政策制定了相应的文件。从预算公开奖惩办法来看，有5.71%的区县本级制定了预算公开的奖励办法，仅有6.82%的区县本级对达不到预算公开要求的行为制定了相应的惩罚办法。从转移支付管理办法来看，有25.71%的区县本级预算公开了转移支付管理办法。从预算公开办法内容来看，82.86%包括了预算公开主体、公开方式、公开对象。

（2）预算公开程度。从预算公开渠道来看，22.86%的区县本级预算公开通过报纸等纸质媒体，5.71%通过电视，80%通过网络，2.86%通过电台。统计显示，82.86%的区县本级主动向人大公开，94.29%主动向社会公开，20%依法申请公开，8.57%特殊申请公开。从部门“三公”经费公开来看，60%的区县有80%以上区县本级部门公开了“三公”经费支出。从重大专项支出公开来看，有28.57%的区县本级近年来对本地重大专项支出都进行了公开。再从本级预算及其他项目公开程度来看，一是高度公开，统计显示，从不同类别高度公开对应区县比例从高到低依次前六项是：部门预算（94.29%的区县）、本级政府预决算（82.86%的区县）、政府性基金预算（80.00%的区县）、国有资本经营预算（51.43%的区县）、转移支付（22.86%的区县）、政府采购（14.29%的区县）；二是低度公开，统计显示，从不同类别低度公开对应区县比例从高到低依次前六项是：民生专项资金（14.19%的区县）、社会保险基金（8.57%的区县）、绩效评价结果（5.71%的区县）、政府负债（5.70%的区县）、债务收支（2.86%的区县）、政府资产（2.75%的区县）。

（3）预算公开细化深度。从部门预算来看，22.86%的区县本级部门预算公开了经济分类项目，91.43%公开了功能分类项目。从中央补助地方目录公开程度来看，42.86%的区县本级公布了所有中央补助项目，31.43%公开了大部分，25.71%公开了少部分。从本级预算公开明细程度来看，28.27%的区县本级要求公开到类，35.12%要求公开到款，24.38%要求公开到项，12.23%要求公开到目。从本级总预算和部门预算公开级次来看，一是本级总预算，23.3%区县本级预算公开到类，22.0%公开到款，27.8%公开到项，1.3%公开到目；二是本级部门预算，22.18%区县本级预算公开到类，18.14%公开到款，27.23%公开到目。从总行政经费和部门行政经费公开来看，一是57.14%的区县本级总行政经费公开了总额，34.29%公开了明细；二是55%的区县本级部门行政经费公开了总额，31.21%公开了明细。

（4）预算公开的及时性。从本级总预算自人大批准后向公众公开的时间分布来看，11.43%的区县本级为一周，17.14%为两周，5.71%为三周，65.71%为四周及以上。从部门预算自财政部门批复后多长时间向公众公开的时间分布来看，2.86%的区县本级为一周，22.86%为两周，14.29%为三周，60%为四周及以上。

（三）预决算编制存在的问题

（1）部门预算编制制度不健全。通过调研发现多数区县在编制部门预算的过程中，没有建立起具有长效性、可操作性的规章制度，都是在编制的当年，出台一个部门预算方案，报区县政府审批后执行。由于无章可循，部门预算基本支出、项目支出的编制存在随意性，基本支出与项目支出混编，编制的约束力不强，缺乏透明度，影响了部门预算编制的公平、公正。全市区县本级中仅有57.62%的区县实现了权责透明、科目透明、程序透明、结果透明。

（2）部门预算编制完整性差。完整的部门预算包括公共预算、政府性基金预算、社会保障基金预算、国有资本经营预算、债务预算、政府采购预算和社会保障预算。调研发现：一是部门预算仅包含公共财政预算，未包含政府性基金预算，主要原因是区县基金收入不确定，往往在年初编一个总数，因此无法编入部门预算；二是部门采购预算质量差，多数区县未将采购预算纳入部门预算编制范围，少数区县虽然纳入了编制范围，但未做硬性要求，导致编制质量不高；三是由于部门综合预算执行较差，对部门综合预算审核不严，多数区县部门只编制了财政拨款预算，未将单位非财政拨款收入全额纳入，导致部门预算收支不完整，同时也加大了部门预算执行与年初预算的差距。

（3）部门预算编制周期较短。发达国家的预算编制一般需要1年到1年半的时间，而我们的预算编制多数启动时间在第4季度，而且从事部门预算编制工作的人力严重不足，部门预算基础工作不实，收入数据不严谨，支出项目无论证，部门预算审核较为粗放。

（4）部门预算到位率不高。从各区县调查了解的情况看，年初下达到部门的金额普遍不高，较高的占年初公共预算的50%左右，一般都处于30%~40%。原因在于：一是市财政局提前下达的转移支付数量较小，尤其是贫困区县70%以上的财力来源于上级转移支付，上级转移支付不确定，导致区县无法在年初将财力分配到部门。二是沿袭“先定预算、再安项目”习惯性操作及项目储备不足等原因，将部分财力以切块的方式进行预留，待年度执行中，将这部分财力根据项目安排情况追加到相应部门。三是由于项目前期工作准备不充分，年初部分预算下达专项转移支付资金无法分解落实到相应部门。

（5）部门预算绩效管理缺位。从绩效管理来看，由于自上而下，对于绩效管理工作缺乏系统性的操作规程，对经济效益、社会效益等指标缺乏具体量化考核体系，加上对绩效评价的结果运用于资金安排的依据不多，项目支出绩效申报流于形式。统计显示，在预算编制的法制性、完整性、平衡性、透明度、绩效性原则中，前面四个原则的体现程度较高，但仅32.2%的区县本级预算编制高度体现了绩效原则。

（四）预决算公开存在的问题

（1）预算公开的制度不完善，缺乏奖罚机制。预算公开是推动预算民主的重要手段，从公众需求的角度看，预算公开应该涵盖保密部门除外的所有政府部门收支情况，并且支出分类标准应该细化，具体到支出项目、实际金额甚至使用者等。而具体到区县政府预算公开的实际情况，所有公开的预算无一不是“大类”预算、笼统预算、原则性预算，细化到具体项目和支出用途远远不够，公众关心的支出项目也公开不够。同时，调查表明，大部分区县政府都制定了相应的预算公开办法，规定了公开主体、公开程序、公开方式和公开渠道，但有关预算公开中相关奖惩办法往往没有具体化，缺少了激励约束机制，往往会让预算公开流于形式。统计显示，仅有5.71%的区县本级制定了预算公开的奖励办法，6.82%的区县本级对达不到预算公开要求的行为制定了相应的惩罚办法。

（2）预算公开的内容不深入，缺乏统一标准。为了真实地反映政府活动中的具体细节，我国政府预算会计科目分为“类、款、项、目”四个层次。预算公开要求所有的政府预算都要进行公开，这样才能体现出政府预算公开的决心和效果，让民众和社会对政府预算进行全面深入的监督，了解政府行为，杜绝资金的不合理使用。鉴于各类预算改革的进度不一，各类预算的公开程度也不一而同。而目前各级政府许多部门在公布预算时只反映到“类”，有少部分反映到“款”，而“款”以下各层次信息基本不予反映。由于预算公开的内容难以完全满足公众的信息要求，同时由于不知道这些项目资金构成的具体项目条款，也就无从判断资金使用的合理性，公众也很难真正实现客观有效的监督。此外，向社会公开数量及分布中，全市各区县均有向政府部门和直属单位、党派（人大、政协）部门、群团部门公开，而面向街道、乡镇的预决算公开为零。

（3）预算公开的事项不完整，仍需予以加强。各级政府只是将一部分收支纳入了预算内，事实上还存在着一部分预算外收支没有纳入政府的预算。所以，政府编制的预算方案仅仅只是反映了预算内资金，而对于数额庞大的预算外资金则不予反映。如此，预算外收支就成了一个很大的漏洞，甚至有可能直接导致政府公职人员以权谋私、滥用公款的行为。所以，如果不把这部分收支也纳入政府预算方案内，预算公开就失去了真正的意义，监督也就成了一句空话。以“三公”经费为例，“三公”经费一直是民众和社会关注的焦点，其公开有利于政府的廉政建设，保障了民众的知情权和监督权，但是也会触及一些人的利益，会遇到各种阻力。让“三公”经费开支出现在阳光下，是社会民主化和法治化进程必不可少的一环，当前中国地方政府的“三公”经费公开还处于起步阶段，公开的广度和深度都不够高，还有很长的路要走。一是公开的范围有待提高。二是公开的细化程度不够高，统计显示，仅 24.38% 区县本级要求公开到项，12.23%要求公开到目。三是行政经费公开细化程度不够高，仅有 30.8%区县本级部门行政经费公开了明细。四是本级和部门预算公开程度不够高，区县本级总预算公开中仅有 1.3%区县本级公开到目，区县本级部门预算公开中仅有 12.23%区县本级部门预算公开到目。

（4）预算公开的时效不够高，难以有效监督。预算公开的及时性决定了预算接受民众和社会监督的有效程度，如果不能及时公布预算信息，就难以杜绝一些不规范行为。目前一些区县预算公开时间上不够及时，在很多阶段性的资金发放完成后，不能及时予以公开，跨年度的资金缺少阶段性公开信息，超时限公开现象时有发生，影响了公开效果；同时，公开内容缺乏实时更新，虽然公布的各级各类政策信息量很大，但大多数是各级网站已有的政策法规，重复率较高，新信息不够突出，没有突出财政与编制政务公开网站的个性与特点。统计显示，区县本级中仅有 11.43% 县向人大公布预算时间为一周，部门预算自财政部门批复后仅有 2.86% 县为一周。

（5）预算公开的渠道显单一，公众难以接受。在目前的区县政府财政预算公开的过程中，渠道不畅通。公众很少能获得各种预算信息。新闻媒体能够获得预算信息的唯一机会是人民代表大会所通过的预算报告，但这一机会也因地域和政府层级的差异而有所不同。地方政府的内部透明度要明显大于外部透明度，即政府机构内部的主体获取信息的程度要明显大于媒体和公众。但即使在政府系统内，也不是所有的机构都能够获得完全充分的预算信息。同时，目前大多数地方预算公开的形式除了在人大会上通过人大代表进行发放文本外，绝大多数都是通过在其部门网站上进行公开的。尽管会上网、有条件上网的公众绝对数量很大，但是比例不高，不会上网、无条件上网的百姓更多，因此仅仅通过网络公开让群众监督，形式过于单一，监督范围还不够广泛。加上公开信息不完整，有的只公开了资金，未公开分配文件和资金管理文件，还有的只公开了部分资金分配情况，信息支离破碎，没有完整地把此项资金的来龙去脉公示清楚，造成预算公开质量不高。在公开数据量较大的资金发放表时，不少区县或部门采取上传表格文件或者压缩包的方式，不便群众查询。

（6）预算公开的监督不足，缺乏有效问责。没有健全的制度保障和有效的监督途径，没有落实监管主体和明确监管权责，就难以对政府部门的财政行为进行有效的监督与制约，公众的参与权和监督权也就无法落实。对于区县政府财政预算，一直以来由相应各级人大行使审查、监督、问责等权力，监督主体单一。而区县政府的预算公开过程，从每年区县财政局向各部门下发编制预算草案的通知，一直到12月份财政局将数字汇总形成预算草案上报区县政府，在这接近半年的预算草案修订过程中，人民代表大会基本没有介入。区县政府批准预算草案后由财政局报给人民代表大会预算工委，开始对预算草案提出修改意见。修改后的预算草案在2月份人民代表大会正式召开时，对预算草案的真正审议程序实质上已经走完。由此我们可以看出政府预算公开接受人大监督的制度在实际执行中存在明显的时滞，这也必将影响人大预算监督功能的充分发挥。此外，从公众角度来说，存在权利意识不强的问题。而且，行使自己手中投票权的人大代表可能会由于自己在知识积累、主观愿望方面的差异，无法对政府财政预算情况做出客观正确的判断，缺乏有效的问责，势必导致政府财政预算结果信息失真，影响政府财政资金的配置效率。

（7）预算公开的准备不够，基础不够扎实。造成目前预算公开诸多问题的存在，还有一个重要因素是准备工作不充分。一是心理准备不充分。很多部门对预算公开仍存有诸多顾虑，不适应社会对自身财务收支情况的“围观”。为避免成为社会关注的焦点，一些部门往往采取能不公开就不公开、能不全面公开就不全面公开的做法，主动公开预算的意识不强，即使公开了也是流于形式。二是基础工作准备不充分。一方面，预算改革还不到位，预算体系还不够完整和健全，不能完整地反映财政收支的总体情况。另一方面，专门规定财政预算公开事项的制度仍需完善。此外，新的预算法从2015年1月1日才开始实行，以前财政部《关于进一步推进财政预算信息公开的指导意见》和《关于进一步做好预算信息公开工作的指导意见》虽然明确了地方财政预算公开的指导思想、原则、内容、方式和基本要求，但这只是指导意见，并没有强制约束力。因此，导致区县的预算公开工作进度参差不齐。三是督查工作不到位。由于部门利益的影响，在没有强制要求并建立相应的问责和激励机制的情况下，各部门公开的动力不强，大多时候是采取保持“行动默契”的方式选择不主动公开、非实质性等方式回复依申请公开。预算公开虽有进步，但与民众期望仍有较大差距。

（五）相关建议

1. 预决算编制的相关对策建议

（1）夯实编制基础，提高精细化水平。一是市级财政部门要指导各区县出台《区县级财政预算管理办法》《部门预算基本支出管理办法》《部门预算项目支出管理办法》等一系列规章制度，建立支出项目库和基础数据信息库，使部门预算编制更加科学、公平、公开。二是做实预算编制基础工作。合理确定基本支出定员定额标准和公用经费标准管理体系，使基本支出能够保障单位的日常运转；准确界定项目支出，杜绝基本支出、项目支出混编，将预算编制细化到经济科目，为更好、更准、更快、更为全面地编制财政预算奠定基础。三是强化综合预算编制。加强决算数据运用，将部门的年末结余和其他收入等纳入部门预算编制范围，增强预算编制的完整性。四是加强基础信息审核。通过预算编制软件，同时强化业务科室审核职责，提高预算编制的精细化水平。

（2）完善管理体制，提高预算到位率。一是上级财政要加大转移支付提前下达额度，提前下达时间，提前下达率占年度补助的90%以上，下达时间要提前到9月份前。同时，减少市级部门二次资金分配，提高区县财政转移支付量，以便区县在年初预算时下达到部门。二是改变上级转移支付的结构，增加一般性转移支付下达额度，减少专项转移支付。建议上级财政在安排转移支付资金时，明确支出方向，资金主要用于解决民生、发展生产、扶持经济等方面，并要求将资金使用结果报上级财政部门。三是区县党委政府要从自身改革入手，改变预算资金分配方式，取消部门博弈，将“先定总量、后定项目”的方式改为“先报项目、后定预算”的编制方式，减少切块资金。四是上级财政要加强指导，推进区县项目库建设，财政纳入预算编制的项目从建立的项目库中抽取，按照“轻、重、缓、急”的原则结合财力实际予以安排。财政与部门对项目要建立中期规划，根据区县经济社会发展需要规划项目，成熟一个，入库一个，同时建立起财政与部门的横向联网机制。

（3）规范预算执行，提高预算约束力。一是认真执行《预算法》及相关法律法规，增强预算的严谨性，解决预算流于形式、执行随意性大的问题。二是人大要切实监督职责，加强预算管理与预算执行过程的监督，监督区县政府处理好发展与财力的平衡关系，做到“当期可发展，未来可持续”，既要发展，又要量力而行。否则，财政债务将会越背越重，运行风险将会日益加剧。三是提前编制部门预算、充分交流沟通、多环节论证等方式，从时间上、形式上、内容上保证了“两上两下”编制程序的落实到位。四是通过将教育、农业、科技、环保、城市建设、土地收入、社保、国有资本经营收益等专项资金明细预算与部门预算同步编制、同步报告、同步审议、同步批复，有效地预防专项资金使用的随意性，保障预算的法定地位。

（4）加强顶层设计，注重预算绩效管理。一是上级部门要制定预算资金绩效管理的相关操作规程，明确可以量化考核的指标体系，便于区县操作。预算绩效管理是政府绩效管理的重要组成部分，是一种以支出结果为导向的预算管理模式，它强化了政府预算为民服务的理念，强调了预算支出的责任和效率。二是在预算编制、执行、监督的全过程中更加关注预算资金的产出和结果，要求政府部门不断改进服务水平和质量，向社会公众提供更多、更好的公共产品和公共服务，使政府行为更加务实、高效。三是做好顶层设计，推进预算绩效管理，提升预算管理水平、增强单位支出责任、提高公共服务质量、优化公共资源配置、节约公共支出成本。区县要重视预算绩效评价结果运用，对预算使用绩效不高的项目和部门通过减少项目支出资金安排等方式，促进单位提高预算资金使用效益。四是强化软件设计，加强预算编制审核，使绩效预算编制具有实际内容，不流于形式。

2. 预决算公开的相关对策建议

（1）完善预决算公开相关制度。一是考虑出台新《预算法》中关于预算公开在全市统一的实施细则，明确从预算草案的编制、预算草案的立法审批到预算的执行和决算这个完整的预算周期中，每个环节什么时间进行，每个阶段预决算公开的时间和内容，预决算公开的层次，以及每个阶段公众的可参与度等。这个标准具体可由市人大和市财政局会同相关部门制定，应具有相当的权威性和约束力。同时，可以出台差异化的预决算公开的指导性框架，按照五大功能区的不同区县的实际情况，循序渐进地推进全市范围内各区县的部门财政预决算公开。二是各区县要抓紧研究制定有关增强预决算透明度、推进财政预决算公开的实施细则和工作方案，建立健全预决算信息披露制度和公开责任制度，拓宽公开渠道，扩大公开范围，完善公开原则、主体、方式、范围、内容、步骤、时限、问题回应和责任追究等，以增强预决算公开的可操作性和权威性。同时，在公开有关基本信息之外，依法、及时、主动公开如教育、医疗、社会保障等有关民生支出以及“三公支出”等其他支出项目。制定预决算公开工作考核办法，落实责任，加强考核，确保预决算公开工作顺利开展。同时，要做好保密规定的修订，对保密规定与预决算公开方面不一致的地方及时进行清理和界定，为预决算公开工作减少法律障碍。鼓励结合实际情况，多形式和多渠道逐步推进公开全面预决算公开，包括年度预决算执行情况、与相关年度预决算的比较、对未来的预测信息、资金按经济分类支出明细使用情况、决策分配机制和绩效分析等。三是以法律形式规定预决算监督主体的地位、职责和权利，理顺人大、政协、监察、审计和财政等体制内力量间工作关系，加强工作协调，加强对财政预决算公开工作的监督和检查力度，做好依申请公开信息工作，正确回应公众要求，整合社会力量，延伸监督触角，对财政资金申请、分配、使用和考核全过程进行全方位监控。四是构建多元主体参与预决算公开的治理结构。这个多元主体除了市级及区县的行政体系及其组成部门，还应包括接受财政资金的国有企业和事业单位。应进一步明确多元主体在预决算公开中的责任。五是要进一步厘清党委、政府和人大各自的职责权限。人民代表大会及其常委会有权要求政府行政部门提供与履行其职责所必需的预决算信息，人大常委会及其相关的专门委员会应当从预决算制定的第一天就开始介入，并且在此过程中，人大常委会与人大代表、人大代表与民众保持沟通，通过制度化渠道容纳公民参与，保障公民的知情权、表达权、参与权和监督权。

（2）细化预决算公开相关项目。首先，要从预算编制入手，完善政府收支分类科目设置，细化预算编制；其次，区县预算部门和人大分别对细分后的预算编制进行审查，判断其合理性，若有不妥之处，及时修正；最后，从严把关财政预算的执行情况，认真贯彻落实财政预算计划，将财政各项收支活动分门别类归入会计科目“类、款、项、目”。由此，可以实现财政预算收支的科学规划，精细管理，降低“小金库”存在的可能性，更便于广大民众实行监督。可以借鉴香港特区政府的预算公开形式，其政府预算报告长达上千页，在报告中对每个部门预算的描述十分细致；每个部门的工作预算都细列为若干个需要按期向政府提交的报告，然后评估每个报告所需的工时，以此推算出该部门该年度工作所需的预算开支；各部门对其职责描述非常具体，并有量化指标，许多工作都详尽到陈述需要多少个人工小时来完成，这样的报告使得普通民众不仅可以清楚地看到政府的每一笔支出，而且可以直观地感受到投入和结果之间的关系。

（3）畅通预决算公开的相关渠道。一是拓宽预决算公开的方式和途径。目前，预决算公开形式过于单一，是减少有效监督主体的重要原因，有必要丰富预决算公开的形式。《中华人民共和国政府信息公开条例》列出了许多预决算公开的方式，比如可以通过政府公报、政府网站、新闻发布会以及报刊、广播、电视等，便于公众知晓，也可以根据需要设立公共查阅室、资料索取点、信息公告栏、电子信息屏等场所和设施，利用报刊等传统媒体，微博、短信等新媒体，以及预决算听证会、预决算恳谈会等，甚至在档案馆、公共图书馆公开政府信息，这样就极大地方便了公众的监督，也可以接受更多群众的监督。尤其是新媒体具有及时、快捷等特点，更易为广大民众所接受。二是丰富预决算公开的载体并释义。政府公布的预决算报告普遍存在着内容过于笼统，专业化较强等问题。在信息不对称的情况下，公众光靠看不明白的预决算报告是无法实现对政府监督的。因此，预决算公开要尽可能使用通俗易懂的言语、图文并茂的版面、翔实准确的数据、“傻瓜式”的查询方式，大力推进可读性预决算，在保持财政预决算基本报表格式和内容专业统一的同时，加强描述性、解释性和明细性说明，加强信息编制说明和数据统计误差评估，提高可读性和决策有用性，让不具备一定财务、会计知识的信息使用者也能准确理解。利用媒体及内刊公开将汇总的部门预决算，以及社会较为关注的城建、教育、医保等专项明细预决算，采取发政府公报、在报纸上开辟专刊专栏，上电台“行风热线”、电视台“在线访谈”栏目等方式，向社会进行公开，以方便人大代表查阅和审议，方便社会公众了解和监督。此外，编印预决算专项公开手册，编印了一定数量的政府采购预决算、社会保障预决算、国有资本经营预决算、一般收支预决算等公开手册，为各预决算单位和社会专业人士提供面对面查询服务，在一定程度上起到了推进预决算公开深入的作用。同时，在正式的预决算表格和预决算报告之外，要对专业术语进行解释和说明。三是重视舆情收集、研判和应对。重视群众呼声，开通咨询热线进行政策解答，对重大公开事项或群众关心的热点信息，还可定期召开新闻发布会进行宣讲，畅通部门与社会大众之间的交流渠道，特别是要及时处理、应对网上的一些突发舆情事件，将信息公开矛盾化解在第一时间。

（4）提高预决算公开的完整性。一是突出完整性。随着预决算公开工作的深入推进，部门预决算不断拓展预决算编制的覆盖范围，伸延预决算编制的触角，为预决算公开的准确、全面、深入打下了基础。通过编制综合财政预决算，实现了对非税收入收支行为的公开；通过编制社保基金、政府性基金等预决算，实现了对部门预决算之外的专项基金（资金）的公开；通过协同相关部门一起编制教育、城市建设等专项资金明细预决算，实现了预决算公开范围从点向面的延伸。每家单位部门预决算的内容要包括7张表，即：收支预决算总表、收入预决算总表、支出预决算总表、基本支出-人员支出预决算表、基本支出-日常公用经费支出预决算表、项目支出预决算表、政府采购预决算表，基本上覆盖了预决算单位收支的各个方面。二是细化预决算编制。预决算细化的目的就是要使公众看得懂，算得清账，特别是能辨别每一笔支出的去向，从而提高预决算的透明度。因此必须在预决算大类、款的基础上细化预决算科目，设立分项目、分部门的数据并附以必要的文字说明材料。三是增加一些原先在预决算编制中没有涉及的项目，譬如广大群众关心的“三公”经费使用情况，在预决算编制的过程中除了应单独列出，还应该加强管理。对于因公出差，各部门每年都有固定计划，出差目的、期限和报销数额都有明确且严格的规定。四是加快政府会计改革，夯实基础工作。当前政府会计制度已远远不适应时代发展。政府会计的改革方向，应该能充分反映政府有关资产、负债和权益，合理计量、评估债务风险和资金绩效情况，为政府预决算做好基础性工作。五是深化预决算体制改革，细化预决算科目，改革预决算编制体系和方法，建立科学、合理、完整的财政预决算体系。全面落实政府收支分类体系改革，规范收入分类、支出功能分类和支出经济分类，完善预决算编制技术。政府所有的收支必须全部纳入政府预决算统筹管理，财政预决算必须是真实反映政府财政收支的完整的财政预决算。六是强化预决算公开的时效。及时公开财政预决算是十分重要的，应尽量将财政预决算公开的时间提前至每年“两会”期间，并提前 1 个月将本年度财政预决算草案发放至人大代表，使其有充足的时间阅读草案，进而能够在“两会”上针对预决算草案中不足之处提出实质性的意见。每年年初进行财政预决算公开能保证政府部门年度财政预决算在审查、监督、决算流程中的连续性，提高预决算编制、审查、执行这一循环过程的行政效率。

（5）扩大预决算公开的监督范围。目前，人大是政府预决算监督的唯一防火墙，人大代表是唯一的监督主体，但人大代表数量毕竟有限。因此，需要更多的代表不同利益的监督主体参与到政府预决算的审核与监督中。一是要真正建立起对预决算的硬约束，实行法治化和建立预决算的公共责任，仅有行政的内部控制是不行的，必须强化外部力量对预决算的监督。强化政府外部的制度性力量（党和人大）对政府预决算的监督和管控，在党、人大和政府三者之间形成新的权力关系。在党政分开的前提下，党处于领导地位，其下一边是人大的权力，一边是行政权力。既要强调党对政府预决算的完全掌握，也要强化人大在预决算审批等一系列工作中的作用。二是引入公民以及社会各界的自下而上的力量，形成对政府预决算的监督。除了制度性的力量之外，来自公民以及社会各界的制约也是监督政府预决算的重要力量。逐步实现预决算向全社会公开的过程，是考验政府廉洁度和公信力的过程。可以邀请民间团体、专家团体、行业代表以观察员的身份参加人民代表大会，参与到政府预决算公开的讨论中。同时，政府应建立推进预决算透明度的相关配套制度。如参与式预决算制度，通过出台相关公众参与预决算的管理规则，扩大公众参与渠道、提高公众参与的效度、明确预决算起草及执行机构在公众参与方面的职责，从而保证参与式预决算制度落到实处。

（6）完善预决算公开的相关政策。一是强化财政预决算信息公开理念并深化行政体制改革。首先在理念上应强化“执政为民”的民本位思想，将公共财政体制改革提到议事日程上，通过将立法权与行政权分离建立一个相互制衡的财政体制。关键是要在人大与政府之间、政府财政部门与其他部门之间及财政部门内部重新配置预决算管理权限，使得预决算编制、执行和监督机构相互制衡。具体来说一方面应在政府内部建立行政控制，即将财政部门转变成真正意义的“核心预决算机构”；另一方面由人大从外部对政府预决算施加政治控制，增加其在预决算编制过程中的话语权，如延长预决算审议时间。较可行的方法是每年12月将预决算编制草案报送人大常委会，这样到召开人大会议的时候将就有近3个月的审议期，其间可由人大专门的预决算监督部门对预决算各细节进行审议并与编制部门进行更有效的沟通，同时逐步建设预决算编制草案的信息公开论坛网站，进一步加强预决算编制的透明度以及政府的公信度。二是建立财政预决算制定程序性规定。建立预决算制定程序性规定主要体现为重视民主机制，确保预决算编制的科学性。在预决算编制过程中给予足够的时间与经费支持，建立连续可靠的经济数据库、引入合理完善的经济模型对既往数据进行科学分析，同时对未来经济数据做尽可能准确的预测。预决算的编制体系方面也应该做相应调整，全面落实政府收支分类体系改革，规范收入分类、支出功能分类和支出经济分类，完善预决算编制技术。三是强化财政预决算执行力度并增强审计部门的预决算纠错能力。首先完善现有相关预决算法规，强调法律效力，建立一套严格执行的预决算程序。其次要细化法律法规条文，避免法律法规制定时的空泛和模糊。最后要建立严格的问责制度，建立有效的惩戒机制，维护预决算的严肃性。只有这样做才能使已经公开的财政信息不失真，而政府部门在严格的法律约束下可以减少权力寻租空间，提高行政效率，改善纳税人福利。

（7）抓好预决算公开的基础工作。一是进一步完善预决算支出标准体系和政府收支分类体系。要细化预决算编制，提高年初预决算到位率，增强预决算编制的完整性和科学、合理性。其中以社会关注度高的“三公”经费支出等预决算尤为要紧。要加快预决算执行进度，减少结转和结余资金，同时，大力推进预决算支出绩效考评，以提高财政资金使用绩效。二是有序推进公开，合理把握工作节奏。坚持循序渐进的策略，按照积极稳妥、逐步深化的原则有序推进，确保预决算公开收到良好的社会效果。在公开内容上，坚持实行“由粗到细”的方案，“类”“款”“项”逐步细化。在公开范围上，可以先易后难，对条件相对成熟且社会关注度高的内容，公开的步伐要快，要尽可能详细、透明；对于基础条件不具备、一时难以详细公开的，要做好解释说明工作。同时，应当正确把握好预决算公开与保守秘密之间的分寸，引导公众理性看待预决算公开，对部门预决算中涉及国家秘密的信息，依法不予公开；对含有虽不涉密但关系国家安全、公共安全、经济安全和社会稳定内容的信息，依法依规、科学分析、审慎处理，合理确定可公开的范围和内容。三是强化宣传教育，着力破除技术性障碍。首先，广泛普及财政预决算知识，对国家预决算的概念、含义、性质等进行广泛深入宣传，使社会各个群体都能够弄得懂、看得明白，提高公众参与预决算监督的能力。其次，大力做好财政预决算信息的通俗化工作，在提供正式预决算报告文本的同时，提供通俗易懂、面对大众的相关说明。最后，不断加强预决算公开的平台建设，为公众查询预决算提供技术支持和保障。四是强化组织保障，进一步宽松社会氛围。预决算公开涉及的信息量极大，涉及部门众多，必须有强大的组织保障，由专门的人员和机构来负责具体工作，明晰各自的责任，而且要对预决算公开信息进行及时的更新和维护，做好对信息的解释工作，保证预决算公开的质量。尤其是各部门公开机构要下大力气对预决算变动做出令人信服的解释，让人看得懂，以消除民众的质疑。五是营造良好氛围。预决算公开的程度要依据社会氛围的理性程度而有所权衡。随着社会理性程度的增加，可以逐步提高预决算公开的深度和广度。政府部门应树立公共行政精神，增强责任意识，促进政府信息公开的真实性、有效性和全面性。政府部门还要有服务意识，有现代化的服务理念，把满足社会公众的信息需要内化为精神动力和工作导向。六是加大宣传教育，提高公众的公民权利。通过宣传，让公众转变忽视政府信息公开、视其为政府而非自身权利的观念。真正认识到获悉政府信息是公民应享有的基本权利，是公民权利诉求下政府应尽的义务。在公众中营造权利意识高涨的文化氛围，形成自觉的信息诉求，从信息需求方的角度推动财政预决算公开的开展。公众自身要培养主动参与和主动监督意识，加强自身相关知识的积累和能力的培养，具备相关知识，认真履行监督义务。当前财政预决算公开工作还不成熟、不完善，还处于探索中，社会公众既要积极反映利益诉求，又要理性维权，认识到财政预决算公开工作是一个渐进的、发展的过程。七是加强管理监督，提高预决算的公信度。要落实预决算公开责任，成立区县财政预决算公开领导机构及其办事机构，将预决算公开的执行情况和行风评议情况列入部门考评内容，与政府下达的目标任务同步落实、同步考核。进一步健全和完善预决算公开制度，对预决算信息公开原则、公开内容及公开形式等，进一步做出具体规定。强化预决算公开监督，聘请人大代表、政协委员、党风联络员、特邀监察员和群众代表作为信息公开评议监督员，定期对财政及各预决算单位预决算公开情况进行评议，及时反馈社会的意见与建议，促使预决算公开工作更加贴近群众，更好地服务群众。此外，建立通报、协调、反馈机制。财政部门和各预决算单位在推进预决算公开过程中，主动加强与区县政府信息主管部门、人大、审计等单位沟通协调。遇到问题及时向主管部门或上级部门反馈。严格执行预决算信息公开保密审查机制，规范审查程序，落实审查责任。

6 加强绩效预算

财政绩效预算制度的积极探索，是我国深化财政支出体制改革、完善政府预算制度和加快公共财政体系建设的重要举措，对建设公共服务政府具有重要作用。大力推进财政绩效预算，将不断提高财政支出管理水平和支出效率，降低政府成本，实现财政资源的优化配置。同时，建立财政绩效预算，也有助于加强社会公众对政府的评价和监督，促进政府提高决策水平，推进廉洁、高效政府的建设进程。对重庆市政府财政绩效预算制度改革进行系统探索和深入研究，有利于深化重庆财政支出管理制度改革，对于推动全国财政改革也具有借鉴意义。

重庆市绩效预算改革按照由易到难的原则，先从预算管理体制改革入手，通过一系列的绩效指标，建立起绩效预算管理体系促进政府管理绩效化。并且，通过财政运行机制中流程再造的强化，推进重庆市的财政运行机制改革，最终形成财政管理的绩效化。重庆市政府绩效预算改革的技术路线：一是在现行预算管理体制基础上，先对专项项目实施绩效评价，再对一般项目实施绩效评价，以实现政府收支绩效化，最终建立政府绩效预算体系；二是在建立政府绩效预算体系基础上，通过倒逼机制，刺激政府行政管理的改革，实现政府行政管理体制的绩效化；三是通过财政管理流程的再造，推进财政运行机制的改革，实现财政管理体制绩效化。

6.1　部门预算现状

部门预算就是财政按照规范的程序和方法，将每个部门的收支通过一本预算详细地反映出来，上报经上级审查批准后，再严格执行的预算编制方法。按照部门预算的要求，一个部门一本预算，具体来说，重庆市部门预算具有如下特征：

（1）部门预算以重庆市各部门为预算管理基础。通过一本预算来反映各个部门所有的收入和支出。预算从基层单位编起，取消财政与部门之间的中间环节，因此，各部门要负责审核、汇总、分析基层会计单位的收支预算建议，再编制本部门的收支预算建议，并报市财政部门审核。采用部门预算这一预算编制组织形式，使全市预算管理的出发点和着力点转移到了各个部门。

（2）部门预算的内容完整，具有统筹综合性。部门预算内容广泛，既包括重庆市各行政单位预算，又包括其下属的事业单位预算；既包括一般预算收支计划，又包括政府基金预算收支计划；既包括财政预算内拨款收支计划，又包括财政预算外拨款资金收支计划和部门其他收支计划；既包括正常经费预算，又包括各专项支出预算。因此，部门预算是一个综合预算，扩大了政府预算的编制范围。将全市财政预算内外资金纳入政府综合财政预算管理，能够全面反映重庆市政府活动的范围和方向，有利于重庆市政府统筹考虑各项事业的发展。

（3）部门预算的编制内容细化到了重庆市各部门、单位、项目。简单地说，部门预算是由全市各个部门所属各单位预算和本部门机关经费预算组成的。这样，就对各部门及其下属单位预算支出和支出内容做了详细的确定和规范，数额更详细和准确。在预算过程中，不仅列示支出总量，也列示每一个具体的用款项目，并细化到“类”“款”“项”，甚至“目”级科目。所以，通过编制部门预算，可以更加全面地发挥重庆市财政分配资金的职能，细化预算，提高全市各单位、部门的预算编制透明度。

6.2 部门预算问题

经过多年的实践与探索，重庆市目前采用的部门预算，较之传统的预算方法，在形式、内容上都有了质的飞跃，然而，受相关配套改革措施的制约和影响，部门预算仍存在一些问题。

（1）预算管理口径不全。重庆市预算与传统的预算相比，虽然已经做了预算内、外资金的统一，但并不是严格意义上的全口径预算，仍有一部分政府性财力没有纳入。当前，全市部门预算中反映的只是市财政部门管理的各项资金，包括各项行政事业经费、医疗经费、房改经费等，而一些有预算分配权的部门所管理的预算资金，如科技主管部门管理的科技三项费等并没有反映在重庆市各部门的预算之中，而是在预算执行中再分配下达。此外，目前还存在上级政府财政部门或主管部门直接给予下级的专项经费拨款，这部分拨款也无法反映在下级的部门预算之中。这样带来的后果是重庆市财力分散，资金运用效率低，全市各部门可以多渠道得到财力，降低了重庆市部门预算的透明度。

（2）预算编制机制存在缺陷。一是部门在预算编制过程中处于被动地位。重庆市目前的部门预算制度实行的是“二上二下、分级编制、逐级汇总”的编报方法。理论上，这种部门预算编制方法要求财政部门必须实事求是地掌握全市各部门的人员情况、业务发展需求，并综合考虑各部门内外部因素、历史和未来因素的影响，以此确定最终经费水平。然而，由于重庆市当前的预算管理水平有限，真正具有较强可操作性的部门预算编制方法，实际上是以全市各部门的预算编制为依据，然后经过上级部门对部门预算进行砍压编制而成。财政部门无法全面掌握各部门的预算编制情况，客观上造成依靠部门意见为依据的局面。因此，重庆市目前的部门预算制度是一种被动编制预算的方法。二是部门预算的编制、审批时间短，预算编制方法落后。目前，部门预算从各部门上报预算建议，到人代会审批后下达预算，前后“二上二下”的时间总共不到半年。由此一来，分配在重庆市的整个部门预算编制时间就更加短。而部门预算编制时间不足又会带来两个方面的问题：一方面，造成重庆市在测算预算收支指标时，信息资料掌握不完备、不准确，使全市预算编制中的收支安排带有很大的草率性、盲目性；另一方面，全市在部门预算的编制过程中，缺少广泛的社会参与和科学论证，影响重庆市预算的科学性和准确性。另外，目前重庆市进行的部门预算编制，实质上仍采用“基数加增长法”，并未真正实行“零基预算”等先进的方法。这种“基数加增长法”的预算编制，虽然操作上简单易行，但它是增量预算，容易形成支出刚性，不利于重庆市支出数额与支出结构的调整和优化，而且，基数是多年形成的，难免含有不合理的因素。因此，重庆市各部门采用“基数加增长法”编制出来的部门预算不是很合理。三是预算科目设置未细化到部门。理论上，为便于预算的审批、执行和监督，政府预算科目的设置应该交叉分类，并细化到部门。但实际上，尽管这几年重庆市在预算科目上有所改革，仍是级次太少，所列内容太粗，还不能完全反映出重庆市各个部门的预算。以致预算支出中出现了上级挤下级、行政挤事业、人头费吃专款的现象。预算的计划性、预见性、连续性有待提高。由此，也增大了重庆市有关部门对部门预算审查监督的难度。另外，在操作过程中，重庆市部门预算还存在编制不规范的问题，即在预算刚刚确定，甚至是还没有最后确定时，却发生了要求追回预算的情况。这样，就形成了在预算安排上反复要求追回的现象，不利于加强预算管理、硬化预算约束。同时，预算执行经费追加情况也时有发生。部门预算批复后，预算执行中经费追加数额比较多，导致决算与预算之间的差距拉大，造成重庆市部门预算的约束作用不强。四是预算定额体系有待完善。目前，部门预算在编制方法上，仍存在着定额测算方法不准确、定额标准不科学、定额体系涵盖不全面等问题。因为，全市现有的定额基本上是财政补助定额，并不是真正意义上的综合定额。这样，就造成重庆市财政预算资金以外的各项合法资金无法真正做到统筹使用，原有财力分配格局难以打破，而且，各项行政性收费、罚没收入等政府非税收入还没有实现彻底的“收支脱钩”。重庆市各部门取得的收费基本上还是按照统一的标准实行与财力分成，没有完全作为可支配财力进行统筹安排，这样，就违背了部门预算的公平原则。

（3）监督审查薄弱。一方面，由于目前预算详细内容是作为机密对待，人大一般只对重庆市政府预算进行粗线条审议，而且相关监督较少。因此，市政府向人大提交的预算报告就比较简单、粗略，使得预算透明度很低，不利于重庆市预算监督审查的科学性和民主性。另一方面，重庆市对部门预算的执行，缺乏强有力的约束手段，存在审查时间不够、监督审查程序不清等现象，造成预算审查监督多数流于形式。尽管重庆市也在不断实施部门预算改革，但未能从根本上扭转这一局面，而且由于预算编制具有较强的专业性，但现在各级预算审查工作人员大多没有从事过财政预算编制工作，“内行”或专家较少，因而难以从根本上保证全市各部门预算审查的质量。

（4）预算执行缺乏绩效考核。研究重庆市目前的部门预算制度不难发现，现行的预算编制方法仍是以传统的投入预算为主，即对投入重视偏多、对产出重视相对较少，这导致预算一经确定，对预算执行的审计和检查就侧重于投入方面的问题，而对预算执行中财政资金的产出和结果关心不够。由此，使得全市各部门只需确保财政资金取得和使用的合法、合规，而不需要对财政资金使用所产生的结果承担受托责任，致使各部门把重心放在争取市政府预算拨款上，而不是放在用好预算资金以取得成效上。预算执行的结果就往往偏离所应体现的预期意图，造成财政支出效率不高。

6.3 构建政府绩效预算管理体系

（一）改革思路

重庆市绩效预算改革的总体思路是：按照由易到难的原则，先从预算管理体制改革入手，通过一系列的绩效指标，建立起绩效预算管理体系促进政府管理绩效化，并且，通过财政运行机制中流程再造的强化，推进重庆市的财政运行机制改革，最终形成财政管理的绩效化。这是一个以财政部推动预算改革，并以预算改革倒逼政府行政管理体制改革，推进财政运行机制改革的过程。其中，财政预算管理体制改革是核心，政府行政管理体制改革和财政运行机制改革则是预算改革的必然产物。

（二）技术路线

在总结近年来我国各地绩效预算改革试点经验的基础上，

结合重庆市的实际情况，设计重庆市政府绩效预算改革的技术路线。其技术线路是：一是在现行预算管理体制基础上，先对专项项目实施绩效评价，再对一般项目实施绩效评价，以实现政府收支绩效化，最终建立政府绩效预算体系；二是在建立政府绩效预算体系基础上，通过倒逼机制，刺激政府行政管理的改革，实现政府行政管理体制的绩效化；三是通过财政管理流程的再造，推进财政运行机制的改革，实现财政管理体制绩效化。在这个过程中，绩效审计作为一种推进绩效预算改革的外部力量，始终伴随在整个改革的每个环节，通过审计监督的推进，强化绩效预算的理念，加快改革的进程。因此，在绩效预算改革的过程中，绩效预算体系、绩效管理、绩效审计等构成一个完整的体系，它们既相互独立又相互配套，最终实现了政府行政管理体制改革、财政运行机制改革的互动。

（三）基本步骤

目前，重庆市与全国一样实施的是部门预算。因此，重庆市绩效预算改革可在现有部门预算的基础上，局部结合绩效预算的精神，实行项目绩效预算，先试点，后推开，最后再全方位推行部门绩效预算，逐步构建过程与结果结合、效果与效率相结合的预算编制模式。这一过程主要分三步走：

（1）选择项目支出较大的部门实行项目绩效预算试点改革。在全面推行绩效预算之前，可以选择项目支出占大头的农业、科技、教育、卫生等部门进行试点，先从具体项目的效益考核开始，运用绩效预算的原理来指导部门预算，引入政府项目绩效评价制度，以优化部门预算。其具体步骤为：第一，财政部门制定项目绩效预算编制办法，规定项目绩效预算的程序、目标、主体、内容和方法，建立项目绩效考评制度及其框架体系。构建部门绩效滚动项目库，主要内容应包括部门事业发展的总体计划、项目的内容、项目滚动计划、项目所产生的社会或经济效益、达到目标所需财政拨款等。第二，各部门根据项目绩效预算编制办法和部门绩效滚动项目库编制年度预算。第三，年终各部门根据年度预算执行情况向人大提交项目绩效报告，内容应包括部门工作目标的战略计划执行情况及绩效目标的年度执行情况，要对实际取得的绩效成绩和年度绩效计划中的绩效指标进行比较；对没有达到绩效目标的项目说明原因，列出将来完成绩效目标的计划和时间表；如果某个绩效目标是不实际或不可行的，要说明改进或终止目标的计划。第四，政府委托财政与审计部门对政府各部门的支出项目进行绩效考评。绩效考评制度可分为两种：一种是内部考评制度，由财政部门结合决算对部门项目绩效评价，绩效评价结果作为下年度项目绩效预算编制依据，这样以决算制度为依托，建立起项目绩效考评制度；另一种是外部考评制度，审计部门根据部门的社会事业发展计划，对项目执行结果进行绩效审计。第五，由政府根据内外部绩效考评结果做出奖惩。对于年度项目绩效或是事业发展计划完成较好的部门，给予奖励；对于指标完成不好的部门，根据情况削减直到取消该项目的预算。

（2）总结经验，在所有部门全面展开“项目绩效预算”。由于个别项目绩效预算的实行为绩效预算的全面实施做好了铺垫，提供了可供参考的模式和经验，因此可以在个别项目绩效预算取得一定成绩和效果的基础上，逐步在各个部门全面推开项目绩效预算，针对各个部门的重点项目计划开展项目绩效预算，真正将项目成本与项目成果联系起来。

（3）在项目绩效预算 的框架下，全面推行绩效部门预算。项目绩效预算在政府部门内部构建起绩效支出责任制度，但仍无法解决财政部门难于从源头上真正实现财政资源高效配置和年度结转等问题。因此，有必要批判地学习与借鉴国际先进经验，在项目绩效预算基础上进行改良，引入权责发生制进行多年滚动预算，全面推行绩效部门预算。具体步骤为：第一，编制部门长期战略计划。编制预算之前，各部门应以国家和重庆市的五年规划为基本框架，向财政部门提交部门长期战略计划。因为部门战略计划是编制部门年度工作计划的基础和依据，而经过政府审议通过的部门年度工作计划才能作为预算编制的依据。第二，根据部门长期的工作目标，同步构建绩效预算框架，形成部门绩效目标。即全面考虑项目的成本效益分析，充分保证绩效目标的效率性，实现部门绩效目标与部门工作计划一体化，达到资金有效配置，使“绩效”观念贯穿于整个预算编制与执行过程。第三，考核年终项目执行情况。一是由各部门审核汇总下属各个单位、项目的年度计划执行情况，形成年度绩效与责任报告。包括本年度部门绩效执行情况、执行过程存在的困难与问题和下一年度的工作计划。二是由财政部门与审计部门对部门项目执行绩效结果做出内外部考评，引入科学的绩效评估方法，采取定性分析与定量方法相结合，逐步建立评估模型。第四，根据考核结果做出奖惩与预算调整。一是由政府根据内外部考评结果进行奖惩。对于绩效好的部门，给予奖励；对于指标完成不好的部门，则予以公告、削减直到取消预算。二是根据考核结果进行预算调整。财政部门按照各部门制订的计划情况以及工作绩效的考核结果调整下一年度财政预算，并提交人大审议。

（四）保障机制

（1）思想保障。建议进一步强化绩效理念，不断加大宣传培训力度，使广大财政、财务人员正确完整地理解和掌握绩效评价工作的内涵与意义，积极主动地实施绩效管理，提高管理水平和财政资金的使用效益。建立相关的激励惩罚机制，对绩效考核敷衍了事、弄虚作假的单位进行通报批评，并对单位公用经费进行削减。

（2）法律保障。从国外实践看，这项工作要取得实效必须得到立法的支持，而且要制度化、经常化。我国财政支出绩效评价工作由于起步较晚，仍处于试点摸索阶段，各部门、各单位对绩效评价、绩效预算的认识和熟悉还需要一个过程。同时，绩效评价部门对绩效评价、绩效预算的内在规律也有一个逐渐发现和掌握的过程。因此，相关考评制度和绩效预算规章的建立也是一个循序渐进的过程。这导致目前绩效评价、绩效预算的相关规章制度的法律层次较低，主要以财政部门的规范性文件为主。但这一事实也在客观上限制了绩效评价工作的权威性，使绩效评价工作有时难以有效开展，绩效评价结果难以有效应用。今后，要联合人大的力量，逐步将已经成型的绩效评价管理制度进行立法，提升绩效评价的法律地位，通过法律的力量，推动绩效评价的深入开展。

（3）制度保障。为切实贯彻落实重庆市绩效预算改革，需要建立起一套较为完善的预算绩效评价和管理的制度体系，为绩效预算管理工作的开展提供制度保障。以上海浦东新区为例，通过近五年的摸索和实践，浦东新区已经建立起了一套较为完善的预算绩效评价和管理的制度体系，为其绩效预算工作深入开展搭建了坚实的基础。结合浦东实际，浦东新区财政局先后制定了《浦东新区绩效预算改革试点方案》《浦东新区预算绩效评价管理办法》《浦东新区财政绩效预算管理办法》《浦东新区街道预算民主理财管理办法》等一系列规范化制度。那么，重庆市绩效预算改革必然需要一系列规范性制度的指引，例如，统一制定绩效评价的规章制度、绩效评价工作人员的工作制度以及有关管理制度或办法等。

（4）组织保障。绩效预算管理的最终实施，必然依赖于财政支出绩效预算评价机构、绩效预算管理人员的具体贯彻落实。所以，为保障重庆市绩效预算改革的顺利进行，应成立相应的财政支出绩效预算评价机构，并对现有财政工作人员进行必要的培训。不仅如此，英国和瑞典的财政或审计部门往往通过聘用、联合等方式，吸收一些专家、学者或中介机构专业人员协助进行某一具体项目的考评，或采取委托的方式将某些项目的考评工作交由中介机构完成，这也是值得重庆市政府进行绩效预算改革时值得借鉴的地方。

6.4 案例分析——渝北区预算绩效管理

（一）主要做法

（1）稳步推进实施。区财政局制定了“三步走”规划。第一步，通过对具体项目的事后评价促进项目单位逐步形成重视项目实施效果的意识。目前，渝北区正稳步推进项目事后评价工作，为指导预算部门绩效管理工作，积极引进专家和中介机构，通过对全区近年财政支出的梳理，对项目绩效评价指标进行深入研究，创新性地在全市范围内率先形成了比较齐备的项目评价指标库。该指标库共涉及100余类项目，为后续评价工作奠定了良好基础。第二步，以事中绩效跟踪促进项目绩效达成，将绩效意识逐步前移，重视项目实施过程中的绩效完成情况，及时发现问题并修正，以促进项目绩效的达成。第三步，以事前绩效目标管理全面推进预算绩效管理的深化。完善预算绩效目标的规范化管理，从源头促进财政支出的科学合理化，真正形成财政支出以目标为导向、以目标为考核，切实提高财政资金使用效益。

（2）精心组织安排。一是抓好制度建设工作。区政府办公室印发《关于全面推进预算绩效管理的通知》，主要从推进该项工作的重要意义、指导思想、基本原则、组成部分、保障措施等方面进行总体部署，系开展全区绩效管理工作的指导性文件；根据该通知精神，区财政局印发《渝北区预算绩效管理办法（试行）》，对预算绩效管理原则、组织分工、绩效目标、绩效跟踪、绩效评价、结果运用、绩效问责、绩效监督等方面进行了详细规定。该规定从渝北区财政支出实际出发，具有较好的操作性。二是精心组织项目评价。一方面，明确全区评价方案。区财政局出台《2015 年绩效评价工作方案》，并下发各单位、各部门。2015 年评价工作分重点评价项目和自评项目，其中重点评价项目涉及医疗、社保、教育、市政等 9 个重点民生项目，自评项目涉及农林水利、环境整治等 8 个项目。另一方面，规范细化工作流程。为搞好项目评价工作，在评价方案基础上，进一步落实并细化工作流程，制定了《预算评价工作要求》，对评价工作前期调研、流程再造、资料收集、绩效自评、中期汇报、专家评价会、绩效报告等进行了详细要求，并拟定了《绩效评价入户通知书》《绩效评价资料确认单》《专家、人大代表工作重点》《专家、人大代表评价书》《专家、人大代表意见汇总书》等规范性文件。三是通过“三请一走”，确保公正、公平。邀请区人大预算工委、人大代表参与绩效评价工作，既监督预算项目执行情况，又监督绩效评价开展情况；聘请专家参与评价，通过对市绩效中心推荐的专家进行审查，逐步形成稳定的区级项目绩效评价专家库，会同人大代表一同参与评价；招标中介机构参与评估，通过公开招标择优选择中介机构参与项目评估，形成中介机构、专家和人大代表以及参与评价的相关工作人员共同参与的综合绩效评价人员体系；走访项目现场实地调研，通过“走出去”，全面深入项目实施现场，通过开展实地调研、文献收集，梳理管理活动，进行流程再造，抓住关键性问题，设立核心指标，挖掘问题成因。四是强化目标申报管理。对年初预算金额在 100 万元以上的项目必须申报绩效目标，并细化到产出和效益，以此作为部门执行的方向，同时也作为跟踪、评价的参考依据。五是加强理论研究。与西南政法大学专家团队合作，开展预算绩效管理课题研究——预算绩效管理实施探索：以渝北区为例，以有效指导区预算绩效管理工作。

（二）取得的成效

（1）初步树立了重产出和结果的绩效理念。通过开展绩效评价工作，财政部门和各单位预算管理理念开始转变，逐步重视财政支出绩效问题、重视支出的责任和成本、重视产出和结果。以提高资金使用绩效为目标、以结果为导向的管理理念正在形成。

（2）强化了部门和单位的责任意识。通过设定明确和可衡量的绩效目标，财政部门和各单位更清楚地了解到财政支出所要取得的社会和经济效益，其职能和目标得到进一步明确；通过绩效评价，考评部门和单位绩效目标实际完成情况和取得的成效，并与下年度预算安排挂钩，在一定程度上强化了部门和预算单位的自我约束意识和责任意识。

（3）提高了财政资金的使用效益。财政支出绩效评价将部门预算与部门发展规划和年度工作计划有机结合，并进行跟踪问效，有利于整合财政资金，优化财政支出结构，减少财政支出的随意性和盲目性，增强预算的透明度，提高资金使用效率。

（三）加强预算绩效管理的几个重点

（1）牢固树立预算绩效管理理念。预算绩效管理强调“花钱更少、办事更多、办事更好”的理念与当前中央提倡的厉行节约、反对铺张浪费的有关精神以及社会公众的期盼不谋而合。因此，在预算绩效管理中，首先需要领导干部树立预算绩效管理理念。明确绩效管理的目的和改革方向，提高领导干部对绩效理念与绩效思想的重要性认识，并利用这种认识去推动政府、财政部门和用钱单位讲绩效，让领导干部树立起

“向绩效管理要财力，向绩效管理要科学分配机制”的思想。其次是财政人树立预算绩效管理理念。转变财政人的思想观念，增强责任感，加深财政干部对绩效的认识，明确财政部门在绩效管理中的职责和作用，为推进预算绩效管理改革创造良好的管理基础和条件。三是让预算部门领导树立预算绩效管理理念。让预算部门领导认识到绩效预算管理是在帮助部门提高资金使用效益和决策力，促进公共服务和社会管理职能的有效手段。

（2）加强规章制度建设。财政部门在绩效管理工作中承担着重要责任，发挥着重要作用。财政部门应积极研究制定适合自身实际的管理制度，包括财政支出绩效评价专家管理办法、财政支出绩效评价工作考核办法和财政支出绩效评价结果应用办法等。同时，要加快信息库建设，逐步建立专家库，探索建立评价项目数据库，完善评价指标库，使绩效评价更具可操作性。在此基础上，加强主管部门、中介机构和评价专家培训与交流，提高评价人员业务素质和操作技能。

（3）探索事前绩效评估。实现“关口”前移，确保财政资金用在“刀刃上”，为项目精准把脉。对新增的重大项目，应积极主动配合人大、政协、预算单位，会同专家学者及中介机构等进行事前绩效评估，对项目的必要性、可行性、绩效目标设置的科学性、申请资金额度的合理性、财政支持的方式等方面进行论证，做出予以支持、不予以支持、部分支持等结论，并根据结论安排项目预算。

（4）推进事中绩效跟踪。切实改变重收入轻支出、重分配轻管理、重使用轻效益的现状，财政部门、预算单位要建立绩效运行跟踪机制，以资金的使用管理、效果跟踪、调整纠偏、结果应用等作为工作重心，定期采集绩效运行信息并汇总分析，对绩效目标运行情况进行跟踪管理和督促检查，预判资金使用效益和实施效果，纠偏扬长，实现预算执行纠偏全覆盖，促进绩效目标的顺利实现。跟踪中发现绩效运行目标与预期绩效目标发生偏离时，要及时采取措施予以纠正。

(5) 深化事后绩效评价。客观、真实、全面反映财政资金的产出和效益，在广度、深度、厚度、力度等方面全面深入推进绩效评价工作。从个别重点领域到各领域的全覆盖，从当年情况向以前年度的延伸，从自评项目到重点项目，从项目支出到单位整体支出，切实加强领导、明确责任、注重协作、畅通沟通，充分发挥部门能动性，借助人大、政协、专家、中介等多方力量，抓实抓好评价工作。

(6) 注重绩效评价结果应用和问责。推进预算绩效管理，绩效结果的应用和问责是关键，直接关系到绩效管理工作的进程及成效。一是建立绩效评价报告机制，将评价结果作为政府及部门履责情况的重要反映，为后续政府决策提供参考。二是建立绩效评价结果反馈机制，将绩效评价结果及时反馈给被评部门，作为督导其改进预算管理的重要参考。三是建立绩效信息公开机制，逐步公开预算绩效信息，主动接受社会监督，认真倾听社会各界呼声，吸纳合理意见，不断改进预算绩效管理。四是建立评价结果与预算安排相结合的机制，把绩效评价结果作为下一年度编制和安排部门预算的重要依据，优先考虑和重点支持绩效好的部门项目，对绩效差的部门削减项目和资金，或取消无绩效和低绩效项目。五是运用绩效评价结果实施奖惩和问责。本着“谁用钱、谁负责”的原则，对在预算编制和执行过程中，由于故意或过失导致预算绩效管理未达预期目标或规定标准的，要提请监察部门实施绩效问责。

7　完善管理体制

7.1　完善事权与支出责任相适应制度

完善事权与支出责任相适应制度，是党的十八大确定财税体制改革的重点任务，既是政府本身治理能力建设的客观需要，也是建立科学财政体制的前提条件和促进财政体制协调运转的基础环节。

（一）事权划分现状

现阶段，我国政府间事权没有明确的制度化划分，除中央部分事权相对清晰外，其他事权划分都比较笼统和模糊，其事权现状大致如下：

（1）中央事权，主要包括国防、外交、国家安全、货币政策、中央本级一般公共服务和基本公共服务等。

（2）市级事权，主要包括市级一般公共服务和基本公共服务。

（3）区县事权，主要包括区县一般公共服务和基本公共服务。

（4）共同事权，主要包括公共安全、教育、文化体育与传媒、社会保障和就业、医疗卫生与计生、节能环保、住房保障、农林水事务、交通运输、资源勘探信息事务、粮油物资储备等一般公共服务和基本公共服务。

（二）支出责任现状

现行事权的支出责任划分基本上是中央与市以文件的形式处理，主要事权的支出责任现状大致如下：

（1）国防（地方）支出。一是人武部的办公用房、干部住房、民兵军事训练基地、民兵武器装备仓库及其附属设施等的新建、维修以及营具的购置、更新和水、电、暖设备等所需费用由当地政府解决。二是预备役部队建设所需正常经费，团部由所在区县政府解决，并纳入财政预算和单位年度经费预算。

（2）公共安全支出。一是武警部队人员经费由中央承担，其大队、中队、排、班、组及相应的执勤部队的营房、营具以及水、电、暖设备等所需费用，执勤岗楼、通信、照明、报警、监控等警戒设施费用，以及生活必需品的运输费用等由当地政府解决。二是公检法司部门的人员经费和公用经费由区县承担，业务办案经费和装备经费主要由中央和市承担，区县配套落实办案和业务装备经费。三是区县公安消防部队人员经费由中央承担，业务费基本支出（保障标准 4 万~6.5 万元/人·年）以及装备费由区县承担。

（3）教育支出。一是义务教育。农村义务教育学生公用经费补助由中央、市、区县分别承担标准的 80%、16%、4%，学校校舍维修改造资金补助由中央、市、区县分别承担标准的 50%、40%、10%，家庭经济困难女童免收作业本费和寄宿生住宿费由市承担。城市义务教育保障机制免学杂费由中央、市、区县分别承担 50%、40%、10%。义务教育阶段免费提供国家及地方课程教科书资金由中央和市承担，免费提供作业本资金由区县承担，初中阶段学生免费提供教辅材料资金由市承担；家庭经济困难寄宿生生活补助由中央、市、区县分别承担标准的50%、40%、10%。二是职业教育。中职学校学生免学费和提供助学金由中央、市、区县分别承担标准的80%、16%、4%，住宿费由市、区县分别承担标准的80%、20%。公办中职生均公用经费财政拨款和民办中职生均公用经费财政补助由市、区县分别承担标准的20%、80%。公办高职生均公用经费财政拨款由区县承担，民办高职生均公用经费财政补助由市、区县分别承担80%、20%。三是高中教育。高中在校学生公用经费由市、区县分别承担标准的20%、80%。四是学前教育。普惠制幼儿园生均公用经费补助由市、区县分别承担80%、20%，家庭经济困难儿童保教费和生活费补助由市、区县分别承担标准的80%、20%。学前教育校舍改造资金由中央与地方1∶1配套，区县承担地方配套的20%。五是大学生生源地贷款。中央高校和地方高校跨省就读的贷款利息由中央承担100%，在市就读的由市、区县分别承担80%、20%。中央高校和地方高校跨省就读的贷款风险补偿金由中央承担100%，在市就读的由中央、市、区县分别承担50%、40%、10%。

（4）科学技术支出。科学事业费、科技三项费、科研基本建设费和科技专项经费纳入同级财政预算，财政用于科技经费的增幅，应高于当年财政经常性收入增幅；区县科技三项费应占同级财政预算支出的1%以上，主城各区和区域性中心城市财政科技投入占本级财政预算支出比例逐步达到2%以上。

（5）文化支出。财政每年对文化建设投入的增长不低于同级财政经常性收入的增幅。一是中央财政对博物馆、纪念馆和爱国主义教育基地免费开放基本补助标准按东、中、西部地区20%、50%和80%的比例予以补助。二是区县公共图书馆、文化馆免费开放和村文化室运行补助标准由中央财政承担

80%，在地方财政承担的20%中，市与主城区按2∶8、市与贫困区县按8∶2、市与其他区县按5∶5比例分担。

（6）计划生育支出。一是农村部分计划生育家庭奖励扶助制度，计划生育特别扶助制度，国家免费孕前优生健康检查，纳入农村部分计划生育家庭奖励扶助制度的“半边户”，三级以上计划生育手术并发症政策资金市与区县具体分担为：市与贫困区县分别承担80%、20%，市与渝中区、江北区、沙坪坝、九龙坡区、大渡口区、南岸区、北部新区分别承担20%、80%，市与其他区县分别承担50%。二是独生子女父母一次性奖励及独子费由区县承担。

（7）社会保障支出。一是自然灾害救助。一般自然灾害救助由受灾区县承担，重大自然灾害市给予适当专项补助，特大自然灾害由中央、市和区县共同分担。二是涉军社保补贴。退役士兵安置费、义务兵优待金由区县承担，市级适当补助。关闭破产企业下岗军转干部、企业失业军转干部生活困难补贴和企业“三类人员”（老复员军人、企业参加核试验退役人员、企业参战退役人员）生活及医疗困难补助由区县承担。企业退休军转干部医疗补助由市主要承担，区县适当承担。在本市参加养老保险的企业退休军转干部生活困难补助由市承担，企业破产、关闭或与企业解除了劳动关系后退休的生活困难补助，由其户口所在区县承担。优抚抚恤对象生活补助市与区县分别承担90%、10%。四是再就业资金由区县纳入预算，市对区县给予转移支付和专项补助。五是保障性住房建设资金由区县承担，上级给予专项补助。

（8）医疗卫生支出。一是基本公共卫生服务。市补助每人每年32元，区县承担3元/人年。二是村卫生室基本药物制度。市按农村常住人口每人每年5元给予补助，区县按人口低于1 000人的村补助8 000元/年，人口在1 000~2 000人的村补助1万元/年，人口在2 000~3 000人的村补助1.2万元/年，人口在 3 000 以上的村补助 1.5 万元/年。三是基层医疗机构基本药物制度及绩效工资由区县承担，市级适当补助。四是重大公共卫生项目主要由市承担，区县配套。

（9）环境保护支出。一是农村环境整治项目由中央、市、区县分别承担 66.7%、13.3%、20%（2014 年上级未安排资金）。二是其他环境保护支出由区县承担，市级给予专项补助。

（10）农业支出。一是能繁母猪和育肥生猪保险补贴由中央、市、区县分别承担标准的 50%、15%、15%。二是病死猪无害化处理补贴由市、区县分别承担 75%、25%。三是屠宰环节病死猪及产品无害化处理补贴由中央、区县分别承担 60%、40%。四是水稻、玉米、马铃薯保险试点保费补贴由中央、市、区县分别承担标准的 40%、25%、10%。

（11）林业支出。一是集体林区地方公益林补偿由中央、市、区县分别承担 20%、64%、16%。二是巩固退耕还林成果后续产业项目由中央、区县分别承担 66.7%、33.3%；新一轮退耕还林工作经费市承担 5 元/亩，不足部分区县承担。三是森林保险保费补贴由中央、市、区县分别承担标准的 50%、30%、20%；商品林保险保费补贴由中央、市、区县、业主分别承担标准的 30%、25%、15%、30%。

（12）水利支出。一是山坪塘整治项目由市补助 5 万元/口，区县配套 1.5 万元/口，受益农户自筹 1.5 万元/口。二是农村安全饮水项目由市补助 729 元/人，区县配套 40 元/人。

（13）扶贫支出。一是高山生态扶贫搬迁由市补助 6 000 元/人，区县配套 2 000 元/人。二是贫困户人身保险试点保费由市补助 20 元/人，区县配套 10 元/人。三是对建卡贫困户实行 5 万元贷款支持，区县按 1∶2 比例配套落实风险补偿基金。

（14）交通运输支出。一是公路建设和养护由中央、市、区县分别负责国道、省道和县乡道的建设和养护。二是通达工程由市、区县分别承担 75%、25%。三是通畅工程市按 40 万元/千米定额补助。

（15）城乡社区事务支出。一是城市基础设施建设由区县承担，市级适当补助。二是城镇污水管网建设由中央、区县分别承担80%、20%。三是市级中心镇建设项目由区县按不低于市级专项补助资金的1∶1比例配套，农村D级危房改造由中央、市、区县分别承担0.75万元/户、1.35万元/户、1.4万元/户。四是污水处理通过收取污水处理费支出，污水处理费全额上缴市财政，市在提取1%的奖励资金后，返还区县20%用于治理污水处理项目及三级管网建设和城市污水处理费征收部门的代征业务费支出；拨付市水务集团80%专项用于区县污水处理项目的运行经费。五是垃圾处理由区县组织收取垃圾处理费全额用于垃圾收运、处置等。

（16）地质灾害防治支出。一是三峡后续项目由中央承担100%。二是国家和市级项目由中央和市安排，区县配套。三是区县项目由区县承担。

（17）资源勘探信息支出。支持企业发展资金，如产业技术成果转化项目补助资金、淘汰落后产能奖励资金、关闭小企业补助资金、地方特色产业中小企业发展资金、民族特需商品生产补助资金、其他企业补助资金等由中央补助、区县配套。微型企业扶持资金由市级承担，总额控制，包干使用。

（18）市级储备粮支出。新增任务费用区县全额承担，若委托市储备公司储备，区县承担委托储备粮费用455元/吨·年。

（19）三峡后续项目支出。一是产业结构调整项目。生态农业和工业基础设施建设中央补助60%，旅游业按基础设计总额中央补助30%，物流业按基础设计总额中央补助20%。二是职业教育和技能培训项目按不同类别分别给予200~3 000元/人标准进行补助。三是基础设施建设项目。干线公路按等级给予100万元~600万元/千米补助，通村公路按25万元/千米补助；人行桥和公路桥分别按2万元/平方米和8万元/平方米补助，城市防洪按不同等级按60%~80%进行补助。四是生态环境建设与保护项目。点源污染防治项目补助84%，森林植被恢复经济林按50%、公益林按100%进行补助，生物多样性保护按总额控制，关键技术研究与示范按100%进行补助。

（三）存在问题1——事权划分与执行缺乏规范性

（1）事权划分不清晰。除国防、外交、货币专属中央事权外，各级政府的职责并无明显区别，地方政府拥有的事权几乎是中央事权的“翻版”，如教育、科技、文化、社保、医疗卫生、环境保护等基本公共服务均是各级政府的共同事权，造成权力不清、责任不明、效率低下。

（2）事权划分不合理。一方面，区县承担了本应属于中央和市级的事权，主要包括计划生育、退耕还林、市级粮食储备、区域应急中心运行等，造成权责脱节，区县动力不足；另一方面，中央和市对支持地方经济发展、学前教育、农村基础设施建设等地方事务没完全放下去，可以无条件介入，既导致中央和市级部门陷入微观事务，又影响区县因地制宜条件作用的发挥。

（3）事权执行不规范。一是事权执行随意性大。中央、市以给项目、资金为条件，以评比达标和“一票否决”等考核形式干预区县事权，如教育、科技、计生、文化、农业、环保等事项还明确了具体的支出比例或标准。二是新增事权缺乏协调性。事权扩展或新增事权时，中央和市级部门下发文件“点菜”，区县被动接受“买单”，并要求财力配套跟进，客观上导致了事权下移。案例一：保障性住房建设任务属市下达指令性计划，建设量与实际需求量不符。以万州为例，符合廉租房保障条件的住户约3 050户，按平均每户50平方米计算，需15.3万平方米。2008—2011年廉租房建设指令性计划为1.34万套计64.3万平方米，总投入预计11.3亿元。中央、市补助 5.7 亿元，区自筹 5.6 亿元（缺口达 4 亿元）。公租房保障条件动态因素较大，具体数据无法统计，而公租房建设指令性计划为 58 万平方米计 9 410 套，中央补助 300 元/平方米，区县配套 2 410 元/平方米，需投入资金约 14 亿（缺口达 13 亿元）。案例二：污水处理应是区县事权，但收取的污水处理费却全部上交市财政，市财政在提取 1%的奖励资金后只返还 20%用于治理污水处理项目和三级管网建设及城市污水处理费征收部门的代征业务费支出，缺口较大；其余 80%由市财政拨付市水务集团专项用于区县污水处理项目的运行经费，但建成的二级污水管网水务集团又不予接收，运行十分困难。

（四）存在问题 2——事权与支出责任不相适应

1. 区县承担中央和市部分支出责任

一是区县承担中央部分支出责任。案例一：万州区 2014 年仅退役士兵安置费、义务兵优待金、军转干部生活困难补助等涉军社保支出达 5 000 万元左右，造成人口越多、兵员越足、贡献越大的区县支出越多、负担越重的尴尬局面，影响区县积极性。案例二：计划生育是我国的基本国策，应由中央向全国人民提供同等的公共服务，但其人员基本支出、公用经费、独生子女父母一次性奖励及独子费由区县全额承担，其奖励扶助制度等政策性支出，市与区县按不同比例承担。案例三：退耕还林是上游地区牺牲耕地还林、下游地区乃至全流域受益的公共产品，但巩固退耕还林成果后续项目支出区县承担了三分之一，新一轮退耕还林工作经费也承担了二分之一。

二是区县承担市级部分支出责任。案例一：粮食储备事关国家战略安全，地方粮食储备实行省长负责制，但新增市级粮食储备费用支出区县全额承担，若委托市储备公司储备，区县承担委托储备粮费用 455 元/吨·年，按万州区 3 万吨储备任务计算需支出 1 360 万元。案例二：市设在万州的医疗急救中心、救灾防灾应急处理中心、中毒控制分中心、血液采集供应中心、三峡工程生态与环境系统人群健康监测站以及流感网络监测、国家碘缺乏病网络、艾滋病确证、手足口病监测网络中心实验室等的运行保障经费基本由所在区县承担，市只对房屋租赁给予适当补助，其受益范围覆盖市内周边开县、云阳、城口、奉节、巫山、巫溪、忠县、梁平等行政区域，其他区县不用付出代价就可获得回报，加重所在区县财政负担，影响其积极性发挥。

2. 共同事权支出责任分担不合理

虽然中央和市对共同事权的支出责任做了比较明确的划分，但部分支出责任划分并不十分科学合理。案例一：高中教育是向高等教育输送优质人才的摇篮，贫困区县的孩子同样需要享受优质高中教育，将高中教育纳入义务教育体系更能促进教育可持续发展和教育公平。现行高中在校学生公用经费市级承担比例偏低，区县承担比例偏高。职业教育外溢性较强，生源来自全市乃至全国各地，受益方主要是大城市和制造业发达的沿海地区，公办高职的培训经费则由学校所在区县全额承担，公办中职学生生均公用经费财政拨款区县也占了大数，投入机制明显不合理，作为生源培养地且经济欠发达的区县投入大、受益小，积极性不高。案例二：科技服务范围较广，具有跨地域和较强外部性特点。科研资金投入集中市级科研院所，区县只得到少量扶持资金，特别是有一定区域影响力、技术实力较雄厚的区县科研机构投入严重不足。如三峡农科院是国家玉米原种育种基地和现代农业产业技术体系水稻、油菜、甘薯“综合实验站”建设的技术依托单位；万州水产研究所对胭脂鱼、岩原鲤等10多种珍稀鱼研究成果明显，但每年只获得50万元的扶持资金。案例三：基层医疗卫生机构标准化建设补助标准偏低，投资概算按照1 500元/平方米控制，市级补助按照70%安排。实际上，1 500元/平方米仅够一类费用中的土建费，不含二次装修、污水处理、消防控制、园林绿化等配套建设费，也不含科研、勘察、设计、管理费等二类费用，还不含征地拆迁等土地费用，实际区县承担了大头。以万州为例，城市规划区内建设费用约在 3 000 元/平方米，农村地区在 2 000~2 500 元/平方米。因此，这项达标在建设过程中要么施政效果被打折扣，要么举债建设。

3. 支出责任固化、缺失和碎片化

中央和市对区县的转移支付资金大多规定了具体用途，部分资金使用与区县实际情况不吻合，存在“撒胡椒面”和“一刀切”现象，资金使用效益不高。案例一：义务教育薄弱学校改造资金按规定基本用于农村学校，由于城市化的进程加快，大量的农民进城，孩子随迁就读，许多农村学校规模与生源不匹配，造成校舍浪费，而城区义务教育学校大班额现象严重，急需扩容，又无资金来源。教育设施设备“六大功能室”“班班通”未按需配备，有的农村学校特别是村小配备的钢琴、电子琴、电脑等无人能用，造成闲置浪费。案例二：村文化室补助标准 2 000 元中有 1 500 元由市新闻出版局集中统一采购，统一采购的图书不适合农村，有的村文化室长期无人问津。广播是农村文化主阵地的重要工具，是宣传党和国家方针、政策和传播健康文化的主要喉舌，但目前广播“村村响”运行维护经费严重不足。案例三：计划生育独生子女费 5 元/月，几十年如此，一次性奖励也只有几百元，如同“鸡肋”，食之无味，弃之可惜，未达到国策效果。案例四：林业生态效益补偿标准偏低（15 元/亩），农民只需砍一棵树便可抵上全年补偿，不愿意将自家林地纳入生态公益林管理。农业保险只侧重保意外事故，不保因疾病造成的灾害，基本保险赔偿额较少，农户参保意愿不强。案例五：社会救助政策政出多门，最低生活保障、特困人员供养、受灾人员救助、医疗救助、临时救助由民政部门负责，教育救助、住房救助、就业救助分别由教育、土地房管、人社等部门负责，既有按救助对象制定，又有按救助内容制定，救助资金分散，制度设计重叠，责任主体不明确，造成重复救助，救助效率较低，而失独家庭的养老、医保等救助基本缺失。

（五）存在问题3——支出责任与财力不相匹配

2014年市本级财政供养人员大约为16万人，占全市17%左右；区县财政供养人员大约为82万人，占全市84%左右。市本级一般公共预算收入741.49亿元，占39.2%；区县一般公共预算收入1 180.4亿元，占60.8%。市本级一般公共预算支出1 004.52亿元，占31.47%；区县一般公共预算支出2 299.2亿元，占68.53%。也就是说，市与区县财政一般负担之比大致为17∶83，公共财政收入之比大致为39∶61，一般公共预算支出之比大致为31∶69，而区县一般公共预算支出中的近50%是由上级税收返还和转移支付形成的。但现行转移支付制度还不完善，结构不合理，专项转移支付占比近60%，且很多项目还要求区县进行资金配套，加剧了区县财力紧张状况。由于事多财少，区县政府不得不大量举债，加大了财政和金融风险。

（六）对策建议

1. 明确划分事权

（1）加强中央和市级事权。一是将全国性的公共产品和服务作为中央事权，主要包括人武部、预备役部队等国防建设，公共安全中的武警部队建设，涉及司法独立公正的法院、检察院事务，计划生育，退耕还林等。二是将具有全市性和典型性的公共产品和服务作为市级事权，主要包括社会保险和涉军社保事务、市级储备粮、重大公共卫生、区域应急中心等。

（2）明晰共同事权。将具有一定外溢性和区域影响力的基本公共产品和服务作为中央、市、区县共同事权，主要包括：一是义务教育、高中教育、职业教育，二是基础科研和重大科技，三是文化事权中的三馆一站免费开放、重点文物保护等，四是社会保障事权中的最低生活保障、重大自然灾害救助、城乡居民医疗保障，五是基本公共卫生，六是住房保障、扶贫开发、环境保护等。

（3）确定区县事权。将地域特征多样化、信息外部性较弱的适合区县因地制宜管理的事务作为区县事权，主要包括学前教育、科技三费、一般自然灾害、临时救助、农村五保供养、敬老院建设、流浪乞讨、殡葬救助、一般医疗服务和普通公共卫生服务、治安管理、法律普及、法律服务、法律援助、城乡社区事务、农林水事务和一般公共服务等。

2. 明确共同事权的支出责任

（1）教育。一是公办中职生均公用经费财政拨款和民办中职生均公用经费财政补助市与区县由 2∶8 改为 8∶2 比例分担。二是公办高职生均公用经费财政拨款比照民办高职生均公用经费财政补助标准执行，即市级补助 80%，区县承担 20%。三是高中教育实行中央、市、区县三级负担，支出责任比照城市义务教育保障机制免学杂费标准，即分别按 50%、40%、10%比例分担。

（2）科技。基础科研和重大科技实行三级负担，按中央、市、区县按 50%、40%、10%比例分担。

（3）文化。一是三馆免费开放等文化惠民政策支出应在维持现行分担比例的基础上适当提高标准。二是电视“户户通”和广播“村村响”的运行及维修经费（含节目编排）市、区县 5∶5 比例分担。

（4）社会保障。一是涉军社保支出由市级承担；二是调整社会保障专项资金市级补助比例，区县类别统一按照五大功能区进行划分；三是居民医疗保险基金实行全市统筹，改变现行调剂金制度。

（5）医疗卫生。基层医疗卫生机构标准化建设补助标准应最低按 2 500 元/平方米投资概算，市级仍补助 70%。

（6）公共安全。一是法律普及、法律服务和援助支出责任由区县承担；二是公安支出责任由区县承担人员和公用经费，市级补助办案和装备经费；三是重大安全事故市与区县按 5∶5 比例分担；四是公安消防部队的人员经费由中央承担，装备经费由市承担，运行经费由区县承担。

（7）跨区域事务。跨区域事务的支出责任由市级与所在区县共同负担，运行经费由市承担，人员经费由所在区县承担。

（8）住房保障、扶贫开发、环境保护。一是取消保障性住房指令性计划，支出由中央、市、区县按 65%、25%、10% 比例分担；二是扶贫开发按国家级和市级贫困区县划定市与区县承担比例；三是环境保护按五大功能区定位分别合理划定市与区县的承担比例。

3. 调整优化市与区县财力配置

（1）调整两税基数返还系数。以 1993 年为基准年确定的两税返还基数导致区县两税返还额占上划完成数的比例逐年下降，严重影响区县积极性。以万州为例，2004 年返还额占上划完成数的 47%，2014 年返还额占上划完成数的 17%，递减比例达 30%。建议修正两税返还计算系数，返还系数由原来的 0.3 改为 0.7。

（2）调整市对区县的财政管理体制。将五大功能区财政政策纳入新一轮财政体制，新一轮财政体制对渝东北生态涵养发展区政策应与渝东南生态保护区政策一致，市财政不再参与个人所得税、营业税等税收分成。

4. 完善市对区县的转移支付制度

（1）转移支付是实现区县支出责任的必要财力保障。优化转移支付结构，科学设置、合理搭配一般性转移支付和专项转移支付，构建以一般转移支付为主导的转移支付体系，确保区县财力能实现支出责任。

（2）完善一般性转移支付。一是整合现行“1+4”转移支付办法，综合考虑各区县人口数量、环境承载能力、收入质量、标准收支缺口、债务管控等因素，测算区县财力和支出需求差额来确定均衡性转移支付规模和数量；提高均衡性转移支付占一般性转移支付的比重，逐步使均衡性转移支付占一般性转移支付的比重达到80%左右。二是市承担区县支出部分资金由市级纳入一般性转移支付范围，年初集中下达区县，由区县根据具体情况统筹安排使用。三是中央和市出台增支减收政策造成区县财力缺口，由中央和市通过一般性转移支付予以弥补。

（3）规范专项转移支付。一是取消义务教育薄弱学校改造资金用途农村与城区的划分，在保障农村学校生源与规模匹配的前提下，允许区县将资金用于城区义务教育学校扩容，解决“大班额”和入学难问题；取消“六大功能室”“班班通”教学设施设备购置的具体用途，由区县根据实际情况按需配备、合理使用。二是取消市新闻出版局统一集中的村文化室建设资金，交由镇乡根据当地农民的消费偏好提供适合的文化产品，由区县监督使用。三是整合支农资金和项目，以两年投入总量测算包干下达区县，结合区域发展、年度重点工作集中统筹安排，项目及资金安排使用情况定期报市级部门备案，并接受监督检查。四是三峡后续工作项目重庆切块资金按库区区县综合实物指标占比切块分配，由区县按照中央和市规定的使用范围并结合区域实际情况统筹安排使用，定期报中央和市级有关部门备案，并接受监督检查。

（4）取消考核挂钩和资金配套。一是取消教育、科技、文化、环保、计生、农业等支出与考核挂钩。二是中央和市级事权项目，不再让区县进行资金配套；确需区县资金配套的，应根据受益范围和受益程度明确市和区县应分担的比例，区县配套资金原则上不超过上级资金的30%。

7.2 构建基于五大功能区域的财政管理体制

市委四届三次全会通过的《关于科学划分功能区域、加快建设五大功能区的意见》，把全市划分为五大功能区。做好五大功能区建设需要搞好政策设计，而财政管理体制是其中的重要组成部分。重庆市目前执行的市与区（县）财政管理体制是2004年开始执行的，随着五大功能区的提出，重庆市市与区（县）财政管理体制也应当进行相应调整。

（一）重庆市市与区（县）财政管理体制基本内容

重庆市从2004年1月1日起实施了新的市对区（县）（自治县、市）财政管理体制，此后未再调整。其主要内容包括两个部分：一是实行体制分类指导，也就是说根据经济社会发展水平和财源分布状况，将区（县）（自治县、市）分为三类，即主城区、渝东南民族区（县）以及其他区（县），并分别适用不同的收入分成办法。二是实行分类扶持的财政转移支付体系。

（二）市与区（县）财政体制存在的问题

现行的财政体制对于促进重庆市县域经济发展和缩小区域差别、城乡差别起到了积极作用。但是随着重庆市区（县）社会经济的发展，尤其是随着五大功能区的提出，当前的市与区（县）财政体制已经不适应经济形势发展和各个区（县）功能定位的要求，这主要表现在这样几个方面：

1. 市与区（县）事权界定不清，政府间财政支出责任不明确

目前市对区（县）财政体制只解决了财权划分问题，而各级政府的事权边界和支出责任则很少涉及。这也导致市与区县在所有财政支出类别中都存在着交叉。事权是财政支出的基础，也是各级政府履行职能的边界，在财政体制中具有最为重要的地位。只有事权明确，各级政府才能明确自身的职责，实现分工明确。这种事权划分界定不清楚的问题，既混淆了每项事权的责任归属，又降低了各级政府的责任对等性，也不利于各级政府的预算约束。

2. 现行的收入分成办法不利于渝东北功能定位的实现

目前渝东北生态涵养区实行与都市发展新区相同的收入分成体制，即个人所得税和营业税的40%由市级财政分成。据统计，在现行财政体制下，市本级参与的渝东北税收分成收入由2009年的5.8亿元上升到2012年的13.1亿元。在渝东北生态涵养与保护功能绝对强化而发展经济的功能相对弱化的情况下，仍然将其与都市发展新区等同对待将不利于渝东北功能定位的实现。

3. 市级财政收入占比持续降低不利于区域差距和城乡差距的缩小

重庆城乡二元结构突出，区域发展不平衡。而在五大功能区定位下，两翼地区主要以环境保护为主，经济职能弱化。为此，市本级应当在全市财政中拥有较大比例的份额，以便于缩小城乡和区域差距。然而，近年来市本级财政收入占整个财政收入的比重有所下降。据统计，2004年市级财政占比为44.9%，而到了2011年则下降到41.6%，共下降3.3个百分点。这种市级财政收入占比持续下降的趋势不利于城乡和区域差距的缩小。

（三）政策建议

1. 进一步明确各个功能区的事权和支出责任

事权划分是财权划分的前提，也是各级政府履行职责的指导。针对目前市与区县事权不清的情况，要根据各个功能区的定位研究出台《市与区县政府间财政支出责任划分方案》，这一方案应当首先结合十八届三中全会精神，对重庆政府职能做一个比较清晰的界定。要规范支出责任划分体制，按照公共财政理念下的政府与市场的作用边界，合理调整财政支出的规模与结构，解决政府事权范围的“缺位”和“越位”问题。二是对市级财政与区县财政目前的支出职责进行梳理，按照各类财政支出职责受益范围的大小以及各类财政支出职责公平属性的差别，合理确定市与区县相应应当承担的主要职责。

2. 改革市与区（县）的体制分类与收入分成比例

重庆市由于“一圈两翼”因其功能定位的不同，而进一步划分为五大功能区，市对区（县）财政体制，也应当适应功能区划分的要求相应进行分类。具体来说就是将现行市与区（县）的三类体制分类，即主城区、渝东南民族区、其他区（县）改分为主城区（包括都市功能核心区和都市功能拓展区）、渝东北生态涵养发展区和渝东南生态保护发展区、城市发展新区新的三类体制。也就是说，将原归类于“其他区（县）”的渝东北与渝东南并为一类，则原归类于“其他区（县）”的都市功能拓展区单独归为一类，主城区的分类保持不变。

3. 在将区（县）按照其功能重新分为三类区域后，应当实行不同的收入分成办法

根据功能定位、经济发展水平以及未来发展方向，应当适当提高市对主城区的地方财政收入分成比例，取消市对渝东北生态涵养发展区的收入分成比例，维持市对城市发展新区和渝

东南生态保护发展区的体制格局不变。具体如下：①适当提高市级财政对主城区的分成比例，以进一步提升市级财政的调控能力。重庆市城乡、区域差距较大，市级财政应当拥有较强的财力空间，为此，应当提高市级财政在全市财政收入的比例。据测算，如果市级财政占比由目前的41.6%提高到2004年时的45%，则可使市级财政增加约55亿元的收入，对于进一步增强市级财政的调控能力具有重要意义。从其收入来源来看，都市功能核心区和都市功能拓展区经过长期发展，已经具备较强的自我造血功能和内生发展动力，有能力为全市区域之间、城乡之间的协调发展做出贡献，也应当成为工业反哺农业、城市支持农村的主要力量。因此，主城区应当成为市级财政可支配财力的主要贡献者和来源地。为此，一是可将市级参与分成的主要税种如营业税、增值税和所得税等的分成比例由目前的60%提高到65%，主城区分成比例相应降低。二是可将土地增值税、印花税和资源税等市级不参与分成的税种改为市与主城区按比例分成。②将渝东北生态涵养发展区的财政收入全部留给区（县），市财政不再参与分成。渝东北生态涵养发展区在功能定位中生态功能强化而经济发展功能弱化，需要超载人口的梯度转移。在现行市与区（县）财政体制下，渝东北生态涵养发展区与都市发展新区采取同样的财政体制，市级财政参与了区（县）部分收入的分享，不利于渝东北功能定位的实现。为此，建议将市参与渝东北收入分成的财政体制，改为与渝东南生态保护区一致的财政体制，即渝东北生态涵养发展区的财政收入全部留给区（县）。③优化财政转移支付，实行功能区导向的市对区县转移支付。市级财政提高财政收入占比的目标是加强调控，积极引导五大功能区协调发展。为此，有必要优化财政转移支付，更加注重基于各功能区的定位进行分配并总体上向城市发展新区、渝东北生态涵养发展区以及渝东南生态保护发展区倾斜。具体来说：都市功能核心区承担着金融创新、现代服务业中心的功能，要集中展现智慧城市和现代化大都市风貌。为此，财政转移支付要向鼓励现代服务业发展和促进城市升级改造倾斜。城市功能拓展区是全市科教中心、物流中心以及先进制造业集聚区。为此，市级财政应当优先考虑与产业升级相关的技术改造、贷款贴息、科技研发等转移支付补助。城市发展新区是全市未来工业化、城镇化的主战场。为此，财政转移支付应当注重于支持城市交通、能源、水利、水电供应以及污水处理等基础设施建设以及传统产业发展。渝东北生态涵养发展区和渝东南生态保护发展区的首要任务是加强生态保护与涵养。为此，要加大对于环境保护与生态涵养方面的转移支付力度，加大对于发展生态旅游等方面的基础设施建设转移支付力度，要通过均衡性财政转移支付满足两个功能区公共服务均等化所需的财力。

7.3 案例分析：巴南区村财镇管

农村经济越发展，村级财务及其监管就越重要。村级财务不仅关乎广大农民群众的切身利益，而且还直接影响到农村基层的党群干群关系，事关和谐稳定和经济可持续发展。为了促进村级财务规范运行，依法实施常态化监管，强化农村基层财务治理，目前重庆市大多数镇街都相继采取了“村财镇管”的管理模式。然而，由于观念性、体制性和机制性障碍的存在，其实际运行过程中还存在着诸多亟待完善之处。本部分拟对重庆市巴南区“村财镇管”进行分析。

（一）运行现状

巴南区共有 22 个镇街、198 个村。根据《重庆市巴南区人民政府办公室批转区农牧渔业局区财政局区民政局区审计局关于推进农村财务规范化管理的实施意见的通知》和《关于印发〈巴南区村社会计委托代理制实施方案〉通知》，截至2014年9月，除花溪街道外，目前已有21个镇街、190个村相继实施了“村财镇管”模式改革。其基本做法是在村民自愿、依法委托基础上，以所有权、使用权、收益权、审批权、监督权“五权”不变为前提，由镇街设立的会计委托代理记账办公室（以下简称“代账办”）与村社签订村社会计代管协议书，明确各自责任和义务。镇街代账办以村为核算主体，根据《村集体经济组织会计制度》，实现“资金账户、报账时段、报账程序、会计核算、会计档案”的“五统一”服务。各村不再设会计和出纳，只设一名报账员，主要负责村级收入、支出原始凭证的收集整理，村级备用金的领取、保管和定期向代账办报账。镇街代账办定期办理下辖各村收支核算，按季生成财务公开明细，经代账办和村务监督委员会审签后张榜公布，接受群众监督质询。巴南区“村财镇管”的实际运行模式有两大类型。一种是政府主管型。其基本特征是各镇街以经发办、财政所或农服中心为依托，设立代账办，由其负责“村财镇管”具体业务工作。未专设代账办的部分镇街，则由上述三个机构之一，兼负“村财镇管”具体业务工作的职责。政府主管型是巴南区“村财镇管”的基本运行模式（如图7-1所示）。另一种是政府主导、中介代账型。其基本特征是由镇街选聘的社会中介组织代账。2014年开始实施“村财镇管”的李家沱街道所采用的即是此种类型。限于篇幅，本部分仅就巴南区普遍采用的政府主管型“村财镇管”模式运行现状予以探讨。

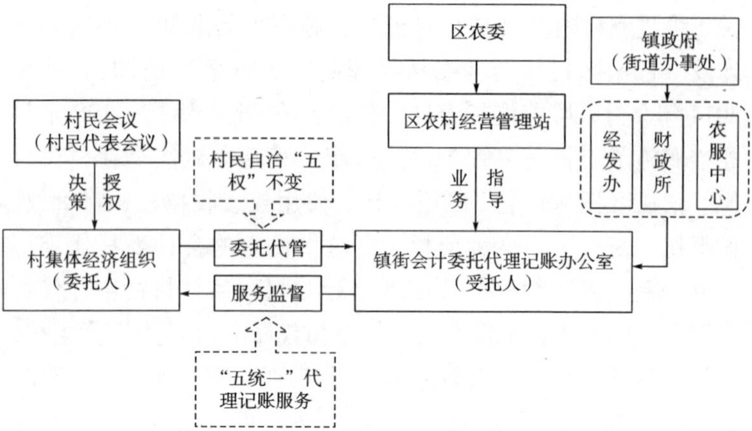

图 7-1　巴南区“村财镇管”的基本模式

（二）主要问题

1. 区、镇、村三级联动的“村财镇管”制度体系不够健全完善

“村财镇管”模式作用机制的有效发挥，需要健全完善的区、镇、村三级制度联动体系予以规范和保障。虽然早在 2004 年《巴南区村社会计委托代理制实施方案》就对该区实施“村财镇管”后的相关管理制度做了概括性的规定，但就总体而言，其内容涵盖尚不全面、操作条款也欠细化。如在区级部门横向联动、镇街代账办的设置和职责、村级报账员管理、“村财镇管”分级考核奖惩等方面的规定就不尽完备。在“村财镇管”专项制度建设方面，“村财镇管”工作的主管部门未能及时地以《中纪委、财政部、农业部、民政部印发关于进一步加强村级会计委托代理服务工作指导意见的通知》《农业部、监察部关于印发〈农村集体经济组织财务公开规定〉的通知》《农业部、财政部、民政部、审计署关于进一步加强和规范村级财务管理工作的意见》和《重庆市农业委员

会、重庆市财政局关于进一步加强农业财务工作的通知》等后续相关文件为依据，结合前期实施情况，对原有方案予以修订，对配套制度予以健全。同时，镇村两级“村财镇管”的专项制度建设也相对滞后，未能形成上下联动、左右协调、运行顺畅、执行有力的区、镇、村三级联动的制度保障体系。

2. “村财镇管”队伍素质不高，业务培训的针对性和实践性不够强

各级领导干部和相关业务人员的素质能力是保障“村财镇管”运行质量的关键。目前，巴南区“村财镇管”工作体系中所涉及的基层领导干部和相关业务人员在依法理财、规范理财和科学理财的政治素养、法治观念、政策水平、业务素质和操作能力等方面还比较薄弱，不足以更好地适应统筹城乡发展对“村财镇管”工作的新挑战和新要求。部分村社干部财经法规知识欠缺、遵纪守法意识不强，导致其在财经问题上制度执行不严、监督管理不力；村务监督委员会成员文化偏低、个别成员年龄偏大，依法履职的监管意识和素质能力不足；代账办财务人员特别是各村报账员绝大多数缺乏财会专业背景和必要的上岗培训、定期轮训，专业知识的欠缺往往导致财务处理不当或者错漏较多。虽然，区级有关部门也曾举办过一些农村财会人员培训，但由于在培训设计上缺乏与纪检监察、财政审计等相关部门的横向沟通、缺乏对“村财镇管”基层实际业务需求的深入了解，致使培训内容、师资配备、学习方式的针对性和实践性不够强，从而影响培训的实际效果。

3. 村务监督和财务公开与广大农民群众的期望尚有差距

村务监督和财务公开体现了村民自治的要求，是夯实农村“三资”管理的基层治理基础，也是促进“村财镇管”工作不断优化完善的重要力量。《中华人民共和国村民委员会组织法》第三十二条规定：“村应当建立村务监督委员会或者其他形式的村务监督机构，负责村民民主理财，监督村务公开等制

度的落实，其成员由村民会议或者村民代表会议在村民中推选产生，其中应有具备财会、管理知识的人员。村民委员会成员及其近亲属不得担任村务监督机构成员。”但据调查发现，仍然存在着个别村务监督委员会成员的任职资格与规定不符的情况，如巴南区有个别村的两委会成员兼任了村务监督委员会主任，部分村务监督委员会成员履职能力较弱、监督职能发挥缺位。同时，村务财务监督审签手续不全、民主理财记录泛泛而谈、村级财务“选择性公开”、财务公开督查不力以及对村民质询回应不够等情况也多有存在。上述问题虽然发生在村级财务领域，但究其根源，则与村级基层治理体系尚不健全紧密相关。正是目前农村基层普遍存在的村级治理体系不健全、治理能力薄弱的现状，使得“村财镇管”有序运行缺乏牢固完善的村级基层组织治理保障，进而严重制约和影响了“村财镇管”作用机制的正常发挥。

4.“村财镇管”模式的实际运行缺乏牢固的会计基础工作支撑

会计基础工作是会计工作顺利开展和会计信息质量水平的重要保证。就镇街的会计基础工作而言，巴南区部分镇街领导和村社干部对会计基础工作重视程度不够，致使镇街代账办或从事代账工作的财务人员未能实现100%的依法持证上岗；代账办所依托的镇街部门各有不同且多有调整变动，“村财镇管”工作的延续性受到影响；镇街代账办或者从事代账工作的财务人员绝大多数属于兼职，精力投入不足，为村级组织提供代账服务质量普遍不高；代账人员的编制和待遇导致部分代账人员难以安心工作，影响到现有代账工作队伍的稳定性；大部分镇街代账办使用的“农友”电算化软件存在操作不便、售后服务不到位、单机版不能联网等缺陷，不能满足会计核算及联网监管的工作需要；个别代账人员责任心和原则性不强，执行相关制度不严，存在迫于领导压力或担心得罪人而放松会计审核标准，弱化了会计监督工作的情况。此外，各村报账员基本上均为未持有会计从业资格证的非专业人员兼任，且兼职人员往往会随着村委会换届而调整变动，财务工作交接存在诸多不够规范之处。上述情况的存在，弱化了“村财镇管”模式实际运行的业务基础，严重影响到村级财务信息质量，以至于会计科目混用、建账不规范、账册使用不合规、对账结账有误、账实（资金、资产）不符、公款私存、非法票据（白条）入账等违规违法现象屡查屡犯、屡禁不止。

（三）相关建议

1. 上下联动完善管理制度体系，夯实“村财镇管”规范运行的制度基础

制度问题带有根本性、全局性、稳定性和长期性。构建和完善上下联动的“村财镇管”管理制度体系是夯实“村财镇管”规范运行的制度基础，也是促进“村财镇管”积极作用得以充分发挥的长效机制。巴南区应以《中共重庆市巴南区委办公室、重庆市巴南区人民政府办公室〈关于进一步加强农村集体资金资产资源管理的通知〉》为基准，由巴南区农委、纪检监察部门、财政局和审计局等区级部门协同联动，依据国家和重庆市的相关政策法规，立足本区“村财镇管”实践，在各自职责权限范围内，制定并出台《巴南区村社会计委托代理服务机构及人员管理暂行办法》《巴南区村集体经济组织报账员管理暂行办法》《巴南区村集体经济组织财务工作量化考核暂行办法》《巴南区“村财镇管”工作监督管理暂行办法》和《巴南区“村财镇管”工作责任追究暂行办法》等专项及配套制度。同时，还应在排查制度漏洞、监管盲点、管理软肋的基础上，以进一步增强制度规范的针对性和操作性为重点，将原有的《巴南区村社会计委托代理制实施方案》升级为《巴南区“村财镇管”工作实施细则》。此外，还应高度

重视对镇街、村社层级相关财务管理制度建设的推动和指导，帮助各镇街完善和制定《镇（街道）“村财镇管”工作管理细则》《村（社）财务及报账工作规范细则》等制度，将广大农民群众普遍关心的招待费、干部津补贴、工程项目招投标、集体经济合同等村社财务管理事项明确纳入制度规范体系，从村社财务活动的源头夯实以制度管权、按制度办事、靠制度理财的基础。

2. 以实践为导向实施分层培训，推进“村财镇管”工作的干部队伍建设

以问题为抓手，以实践为导向，培养能够依法理财、规范理财和科学理财的“村财镇管”干部队伍是夯实“村财镇管”人本基础的关键之所在。巴南区应按照《中央组织部关于加强和改进基层干部教育培训工作的意见》《财政部关于开展农村财会人员财政支农政策培训工作的通知》《财政部关于进一步加强财政基层培训工作的指导意见》等文件规定，由“村财镇管”工作的区级主管部门会同其他区级相关部门联合出台《重庆市巴南区“村财镇管”领导干部、工作人员培训工作实施方案》，启动巴南区“‘村财镇管’千人培训计划”。力争从2015年起用2~3年的时间，对巴南区实施“村财镇管”的21个镇街、190个村的21名镇街分管领导、380名村干部、63名代账机构负责人及财务人员、190名村报账员和近600名村务监督委员会委员实施分层次、全覆盖的定期轮训。在培训内容的设计上，根据各受训对象在“村财镇管”工作中的不同定位和职责各有侧重。其中，镇街领导和村社干部侧重于党风廉政纪律和财经政策法规的培训；镇街代账机构负责人、财务人员和各村报账员侧重于最新财经会计制度、基础工作规范和电算化操作等内容的培训；村务监督委员会成员侧重财经法规和监管知识的培训。在培训方式上，应改变过去偏重理论讲授的方式，更加突出实践导向和操作能力，在前期调研准确了

解培训需求的基础之上，采取面授讲解、实作训练、现场观摩和警示教育等多种行之有效的培训方式。

3. 依法强化村级组织治理基础，进一步理顺“村财镇管”工作管理体制

依法完善农村基层组织的治理结构和内部控制体系，增强农民群众民主理财监督能力，拓展农民群众民主理财监督渠道是推动“村财镇管”工作健全完善的重要举措，也是不断提高广大农民群众对“村财镇管”工作认可度和满意度的必然要求。巴南区应在统一各镇街代账办依托机构的基础上，厘清镇街农发办、财政所、农服中心与代账办的关系，建立健全镇街代账办的内部控制体系，理顺“村财镇管”的镇街工作组织管理体制，逐步实现农村集体“三资”（资产、资金、资源）管理的一体化。同时，还应充分发挥各村党支部的战斗堡垒作用，在各村基层党组织的统筹领导下，一方面要厘清各村两委会的工作职责和财务权限，使其在村级财务及其管理活动中能够依法履职而不越位；另一方面，要完善村务监督委员会（民主理财小组）成员的产生和退出机制，培养和提高村务监督委员会成员的民主理财责任意识以及依法履行村级财务监督职责的能力，确保其在任不缺位、履职能监管，做实“村财镇管”工作的村级组织治理基础。

4. 启动“村级财务阳光工程”，不断提升广大群众对“村财镇管”的满意度

让广大农村群众更为有效地依法行使对村级财务的民主监督权力，让村级财务在阳光下运行，这是促进“村财镇管”工作不断完善的重要举措，也是持之以恒地将党的群众路线教育实践活动推向深入的有力抓手。因此，巴南区应当在广泛征集实施“村财镇管”后农民群众对村级财务公开合理诉求的基础上，从进一步依法完善村级财务公开的内容、严格规范财务公开程序、健全财务公开监督机制、强化财务公开质询回应

和提高村民民主理财监督能力五个方面入手，实施“村级财务阳光工程”。通过采用农家院坝会、乡村广播、民间文艺演出等多种贴近基层农民群众的微宣讲形式，讲授农村财经法规政策，提高村民参与民主理财监督的觉悟和水平。同时，还应当针对巴南区在外打工的中青年村民比例较高，留守的老年村民民主监督能力有限等实际情况，有效地利用手机 APP 软件、掌上巴南、巴南微云等信息平台资源，启动并逐步推进巴南区村级财务网络公开工作试点，使外出务工村民能够“无障碍”地履行财务知情权和民主监督权，拓宽“村财镇管”民主监督工作的群众参与面，提高其参与监督的有效性，不断提升广大基层农民群众对“村财镇管”工作的满意度和放心度。

5. 加强动态适时监管，搭建“三维协同”的集成化监管平台

从制度、机构、技术三个维度入手，以建章立制为基础、以部门协同为依托、以技术控制为手段，搭建巴南区“村财镇管”工作的“三维协同”集成化监管平台，是进一步强化对“村财镇管”日常运行动态监管的有效手段。巴南区应以贯彻实施《行政事业单位内部控制规范（试行）》为契机，严格按照《关于进一步加强农村集体资金资产资源管理的通知》所明确的部门职责，形成由区农委定期组织工作检查和组织指导农村财务审计监督工作；由区纪检监察部门依法查办农村集体“三资”违规违纪问题；由区财政督促财务管理人员严格执行财务法律法规；由审计局负责对农村集体经济组织审计工作进行指导的多部门协同联动的巴南区“村财镇管”运行监管工作格局。同时，还应将“村财镇管”工作纳入巴南区区级有关部门和镇街的年度综合目标考核体系，明确“村财镇管”工作的“一把手”负责制和责任追究制。此外，还应鼓励和支持镇街“村财镇管”工作逐步由会计电算化向财务管理网络化升级，并借此进一步实现农村集体“三资”管理的网络技术集成控制。建议应由巴南区区级主管部门牵

头，相关区级部门联合参与，投入专项资金开发具备实时监控、远程查询、业务处理、在线分析指导、合同和租金收取到期提醒、保密等功能的“巴南区农村集体‘三资’动态监管信息平台”，通过信息技术控制，减少人为干预、强化异动预警，实现对财务违法违纪行为防控的前置化，从而更好地保障农村集体“三资”的安全完整，为巴南区统筹城乡发展做实基层财物保障基础。

8 规范政府债务

2014年9月21日，国务院印发《关于加强地方政府性债务管理的意见》，全面部署加强地方政府性债务管理。强调要全面贯彻落实党的十八大、十八届三中全会精神，按照“疏堵结合、分清责任、规范管理、防范风险、稳步推进”的原则，建立“借、用、还”相统一的地方政府性债务管理机制。一是加快建立规范的地方政府举债融资机制，二是对地方政府债务实行规模控制和预算管理，三是控制和化解地方政府性债务风险。同时，新预算法将规范地方政府债务、防范化解财政风险作为一项重要内容，重点解决地方债借、管、还三个层面的问题。首先，新预算法赋予地方政府适度的举债权，解决怎么借的问题；其次，新预算法规定对地方政府债务实施分类管理和规模控制，将地方政府的债务分类纳入预算管理，接受地方人大监督，并且要接受上级行政和上级立法机关的监督，解决怎么管的问题；再次，新预算法规定了政府和企业的责任，解决怎么还的问题。具体而言，属于企业的债务，政府如果需要支持，就给予补贴或是以PPP模式支持；属于政府的债务，完全公益或既是公益且现金流也不足的债务，就转成政府债务，纳入预算管理。

重庆高度重视政府性债务管理工作，严格落实中央关于政府性债务管理各项规定，提出“债务要有数、规模要有度、债务要分类、管理要有规、用债要有方、结构要调整、偿债要有责”的总体要求，积极采取有效措施，严格控制债务规模，优化调整债务结构，切实防范债务风险。

8.1 建设债务管理制度

在2007年重庆市政府制发《关于加强基层政府性债务管理工作的意见》的基础上，2010年，重庆市政府制定了《关于加强政府性债务风险管控工作的意见》《关于加强管控防范政府性债务风险的通知》等债务管理制度。2013年全国审计工作会议后，结合中央的新要求和债务管控的新情况，草拟了《重庆市政府性债务管理办法》，同时修改完善《区县政府性债务管理目标考核办法》《重庆市政府融资平台管理办法》及《重庆市政府性债务风险预警办法》，待全国政府性债务管理办法出台后，将结合重庆实际情况完善上述办法，尽快出台。

8.2 成立债务管理机构

2013年6月，为适应新形势下加强政府性债务管理的需要，经市政府批准，重庆市财政局在原涉外处基础上组建政府债务管理处，实现地方政府性债务财政全程归口管控和内、外债的统一管理。在市级和区县全面建立了七部门联席会议制度，定期召开联席会议，实行信息共享和共同决策，在出台文件措施、债务清理核实、平台规范管理、债券发行分配等方面积极配合，分工协作，形成多部门齐抓共管的格局。

8.3 动态监控债务规模

自2010年以来，重庆市以区县政府性债务管理为重点，形成了月报、季报、年报统计制度，结合政府性债务统计系统，实现了全市政府性债务数据实时全面统计和动态监控。在2013年全国政府性债务审计基础上，规范债务填报口径，严禁虚报、瞒报债务数据。仅2014年上半年，就先后6次发文要求市级平台和区县完善地方政府债务管理系统基础信息，从而提高了债务数据质量，夯实了债务管理基础，并进一步健全月报、季报制度，实现了全市政府性债务数据实时全面统计和动态监控。

8.4 加强债务风险预警

2010年至2012年，重庆市政府将原有的“1+5”评价指标优化为以负债率、债务率为主，区县财力增长，对上级依存度和当年偿债率为辅的“1+1+3”综合评价指标体系，科学衡量政府性债务风险，并按照“红色风险、橙色预警和绿色可控”进行分类管理和指导。市财政局先后6次对区县进行预警。2014年3月，利用债务率等指标，综合考虑债务类别、债务承受能力等因素，对全市区县2013年年底的政府性债务实施风险预警评价，并对风险区县进行约谈，“点对点”指导相关区县制订控债、降债方案。对风险过高或有特殊情况的个别区县，进行专题研究，市财政局形成专报送市政府协调有关部门，群策群力指导和帮助其化解风险、渡过难关。将债务管控工作纳入了区县主要领导实绩考核，引导区县重视政府性债务风险防控，科学发展、可持续发展。

8.5 清理债务融资平台

按照《国务院关于加强地方政府融资平台公司管理有关问题的通知》等文件精神，规范清理平台公司。对融资平台公司进行分类摸排，将区县功能交叉、竞争力不强和偿债能力较弱的平台公司予以整合、撤销和转型，对保留的融资平台公司，加强土地等资产的注入，将抵押做实，提高偿债能力。并通过“五个注入”“三个平衡”和“三不原则”，创新市级融资平台公司管理机制，有效提升平台管理水平和偿债能力。规范政府担保行为，坚决制止地方政府违规担保行为。出台了《关于进一步规范政府投资项目 BT 融资工作的通知》，从严控制市级项目 BT 融资建设，一律不再审批区县项目 BT 融资建设。高度重视举债与偿债资源配置平衡，坚持量入为出，确保政府性债务偿还资源配置不落空。

8.6 优化债务结构

争取金融机构支持，增加银行贷款资金、企业债券、证券资金、保险资金等中长期资金的融资比重，努力降低债务成本、优化债务结构。市财政局积极指导债务负担较重的市级融资平台公司和区县，制定“控总量、调结构、降风险”的工作措施，落实偿债资源配置及动态平衡方案，科学拟定减债措施和计划，把偿债工作落到实处。

8.7 建立偿债准备金制度

重庆市财政局于2006年出台《重庆市外债还贷准备金管理暂行办法》、2012年出台《重庆市市级财政偿债准备金管理暂行办法》，全面建立市级偿债准备金制度，要求区县参照制定本级偿债准备金制度。市财政按照年初地方政府性债务余额的一定比例设立了偿债准备金，资金从预算内财力、土地出让收益、国有资本经营收益等中安排，资金实行财政专户管理。同时，市财政局加大对市级集团和区县资金调度总量，简化主城土地出让成本划拨程序，加快资金拨付进度，缓解偿债压力，防止债务资金断链。

8.8 案例分析：江北区政府性债务化解

江北区地方政府合理举债的核心是突破地方政府当期财政吃紧的约束，通过更加灵活的筹资方式筹融资金，解决发展中存在的问题，以提前的“财政消费”来推动地区经济发展转型升级和促进社会事业发展，并通过经济发展带来的财政收入预期确保政府性债务的偿还。

（一）江北区政府融资平台公司基本架构、职责及债务性质

自2002年以来，江北区为推动全区经济社会发展和转型升级，先后提出了“1364”“1595”及“三中心两基地”发展战略，推动上述战略顺利实施的核心是庞大的资金保障，而对一个2003年财政收入仅3亿多元的“吃饭财政”来说，挑战

是巨大的，也是不可承受的。为打破资金“瓶颈”，江北区先后建立了“九大工程”，并组建了相应政府融资平台，通过其合理举借政府债务，全力推进各项建设。根据各政府融资平台公司承担的主要职能和负债资金用途，江北区政府融资平台公司可划分为三类：

第一类是承担政府城市道路等社会公益设施建设的公司。主要有区城市建设有限公司、区滨江路建设投资公司、区路桥建设有限公司等。这些公司负债所投资建设的项目追求的是社会效益，无法获得经济利益，其债务的偿还需要政府财政安排预算资金解决。

第二类是承担政府推进城市化建设进程，负责旧城及棚户区改造和新区开发建设的政府国有企业（或事业单位）。主要有重庆北部土地储备中心、重庆盛景实业（集团）有限公司、重庆润江农业发展有限公司、重庆港城工业园区建设有限公司、重庆观音桥商圈建设有限公司等。这些公司负债所投资开发的项目既有社会效益，也可获得经济利益，即土地“一级”开发，其债务的偿还可通过其储备的“一级”土地出让后取得的收入予以保障，可不需要政府财政安排预算资金解决。但因其承担了政府指定的工作任务，当其土地出让取得的收入不足以保障债务偿还时，政府应承担最后偿还的责任。

第三类是按市场经济规律管理和经营政府资产或为政府提供特定服务的国有企业。主要有江北区国有资产经营管理有限责任公司、重庆中鹏实业有限公司、重庆创源房屋拆迁有限公司等。这些公司负债所投资开发的项目追求的是经济利益，其债务的偿还可通过其取得的收入予以保障，不需政府财政安排预算资金解决。但因其是政府国有企业，从政府信用角度，政府有救助责任。

根据市政府和市级相关部门考核指标测定，近年来，江北区各类政府公司总体负债水平规模适度，完全处于政府绿色可控范围。

（二）江北区政府融资平台在推动全区发展中的重要作用

10年来，江北区政府融资平台在推动全区经济社会发展中取得显著成绩。观音桥商圈跃居全市之首，港城工业园区跻身全市园区前列，全区城市化进程提档提速。在产业发展方面，产业结构全面转型、升级，形成了以金融保险、商贸物流、制造业和房地产业为主的“四大支柱”产业，一改过去长安汽车一枝独秀、一业独大的局面。在城市化进程方面，全区城市化面积由初期的30%上升到现在90%，道路基础设施“四通八达”，城市面貌日新月异。在财政经济实力方面，由过去的“追赶期”全面进入“领跑期”，财政收入总量由3亿多元跃升到80多亿元，稳居主城第一。财政统筹促进经济社会发展能力显著提高，江北区“吃饭型财政”已成功向“公共型财政”转型升级。在社会事业方面，随着财政实力增强，民生保障投入大幅增加，各项社会事业全面发展。教育、卫生保障水平全市最高，教育资源不公平、“入园难”“看病贵、看病难”等问题得到有效缓解；“人人有工作、家家有房住、贫困有救助”的“三有”社会保障体系全面建立；城市公园、体育中心、艺术文化中心等群众文化生活载体日趋完善。政府的合理负债极大地推动了全区经济社会发展，平安、幸福、靓丽的江北形象日益显现。

（三）政府性债务的客观“冲动”缺陷

政府性债务的偿还性决定了政府性债务必须要有适度的规模控制和建立可行的偿债机制，做到“当期可承受，长远可持续”。现行体制下地方政府负债“冲动”产生根源主要表现在两个方面：一是地方政府和银行间的责任约束较弱，滋长地方政府“无限”举债。地方政府没有破产机制，所以银行不怕给政府贷款。地方政府认为，一旦自己还不起钱，最后上级政府不会不救。二是政绩考核的制度缺失，助长地方政府“无限”举债。部分地方政府领导抱着“击鼓传花”的思想，只管投入不问产出，只管用钱不问还钱，上届不问下届事。

（四）对策建议

如何根除这种推动地方债务高增长的动力？

首先，要完善地方政府官员的激励约束机制。在激励方面，不能片面强调招商引资和短期经济增长指标。在约束方面，地方政府的主要领导要对地方债务长期负责，即使离任后，也要将其在任期间的债务增长纳入绩效考核，杜绝以不负责任的融资透支地方未来发展空间的短视行为。

其次，要强化地方政府和银行的责任，打消“反正有上级政府背书”的幻想。市场经济天生存在缺陷和失灵的可能。在理想状态下，政府干预经济确实有一些优势。但当经济已具有相当规模，市场力量已获得较大发展时期，地方政府应适时淡出，让市场发挥配置资源基础性作用。政府应该解决市场不能解决的问题，提供市场无法提供、无力提供或者不愿提供的公共品和服务，凡是市场能够解决的事情，都应该交给市场。

（五）防范和化解江北区政府债务风险的财政选择

财政部门作为政府性资金运行管理的核心部门，防范和化解政府债务风险是财政部门的重要职责。近年来，江北区财政在防范和化解区政府债务风险方面进行了大胆的探索和尝试，始终坚持统筹兼顾、综合平衡的理念，不断完善政府债务防控体系，确保通过合理的政府负债，既保障全区经济社会建设资金需求，又安全绿色可控。从取得的成绩和实践看，防范和化解政府债务风险的财政选择主要应从以下三个方面入手：①加强统筹管理，掌控债务规模。建立健全全区债务规模、结构和安全性动态监测体系，全面核实清理各政府平台银行债务、担保债务、债务转借等情况，定期定量分析各单位债务举借风险状况，对债务规模实行总额控制。调动各类资金对各融资平台“三角债”进行清理，理顺平台之间的转借关系。切实加强对各平台新增债务的合理性、合规性审核，重点把握资金使用效率和偿债资金来源，确保各自债务处于可控范围。②清理存量资产，提升经营管理，降低债务风险。切实加强对全区各平台资产清理，督促各平台公司完善相关资产产权手续，强化政府资源集中掌控和合理调度，化解债务风险敞口。积极推进国有企业分类改革，关停并转一些资产质量不高、管理混乱的国有企业，推进国有企业按市场经济规律实施自主经营和管理，提升自身经营能力，提升高资金使用效益，努力盘活存量，防范和降低债务风险。③建立健全债务偿还综合预算平衡体系。一是在政府层面，财政部门要本着“早谋划、早安排”的政府债务风险管控理念，建立健全跨年度政府债务本息偿还财政综合预算管理体系，强化各时间节点政府性资金调度和各部门、公司间统筹协调，确保政府债务偿还零风险。二是各政府融资平台要结合自身经营状况，建立健全跨年度自身债务本息偿还综合预算管理体系，认真履行“找钱、用钱、还钱”的自主经营责任制。

8.9 案例分析：石柱县政府性债务管控

随着融资规模和政府债务的迅速增长，各级政府偿债风险日益加大，如不加控制，严格管理，必将影响经济社会发展大局，影响财政的稳定运行。加强地方政府性债务管控，对于防范和化解潜在的财政金融风险，建立健全地方政府举债融资机制，促进经济发展方式转变具有深远意义。

（一）石柱县政府性债务管控主要做法

（1）完善了政府性债务管控制度。根据相关法律法规规定，石柱县人民政府先后下发了《关于进一步做好政府性债务管控工作的通知》《关于进一步加强政府性投资项目建设管理的通知》《关于进一步落实政府性债务偿债主体责任和加强政府性债务管控工作的通知》《关于进一步深化投资体制改革的实施意见》《关于进一步加强政府性债务管理的通知》等一系列政府性债务管理文件，明确了政府性债务归县财政局管理，确定了政府性债务管控目标（债务率控制在100%以内、逾期债务率控制在10%以内），规范了政府性债务举借审批程序，分解了到逾期债务偿还责任，建立了债务明细台账、按月通报、风险预警、责任追究制度，加强了对政府性债务举借、资金使用、到期偿还、债务风险的监督管理，初步构建了“举借有度、管理有序、偿还有责、监管有力”的债务管理体系。

（2）摸清政府性债务余额底细。在国家审计、存量债务甄别、市里多次检查的基础上，石柱县建立了政府性债务管理台账系统，做到债务增减变化心中有数，并按月汇报和通报变动情况。据调查：一是到2015年4月底全县政府性债务余额为344 966万元，与年初比净增22 961万元，增长7%。按照年初财政预算综合财力测算总债务率61.6%，比年初增加4.1个百分点，离风险预警点还有38.4个百分点，政府性债务总体可控。二是2015年应偿还到逾期政府性债务146 643万元，其中1~4月已偿还27 059万元，5~12月还要偿还119 584万元。到4月底逾期债务16 905万元，逾期债务率4.9%，在可控范围内。

（3）加强到逾期政府性债务的管控。从2013年开始，石柱县加大了政府性债务主体单位偿还到逾期债务的责任，对当年到逾期政府性债务偿还任务进行了分解，落实了偿还责任，取得了良好效果。与2013年全国政府性债务审计数据相比，债务余额从365 332万元下降至344 966万元，下降5.57%；债务率从84.69%下降至61.6%，下降了23.09个百分点；债务余额单位从174个减少到38个，减少136个。逐渐将行政事业单位债务全部化解，目前债务主要集中在鸿盛公司、国资集团公司、教育系统、卫生系统、财政部门、交通部门，乡镇基本消除了债务；债务笔数从762笔减少到180笔，减少582笔；2013年7月至今共计偿还政府性债务18亿元。

（4）调整优化政府性债务结构，降低逾期债务率。一是加快清偿高利息债务。年利率在10%以上的债务优先消化，到目前为止存量债务最高利率只有8.61%，平均利率约为6%左右，大大降低了偿债成本。二是通过土地出让、经营收入、税费结算、财政安排、争取上级专项和地方债券等多种形式，积极筹集资金偿还到期政府性债务，降低逾期债务率，2013年7月至2015年4月共计偿还到逾期债务18亿元。三是积极与债权人协商调整还款期限，将近期到期债务调整到以后2~3年偿还，降低逾期债务率，确保债务风险可控。2014年协商调整还款期金额6.5亿元，2015年1~4月到期债务调整至下半年还款金额7 690万元。四是积极争取地方债券资金置换存量债务，变短期债务为中长期债务，缓解当期偿债压力。经初步了解，市财政局第一批地方债券分配石柱县2.8亿元，其中：3年期3 300万元、5年期9 600万元、7年期6 600万元、10年期8 500万元，在一定程度上减轻了近两年筹资偿债的压力。

（二）石柱县政府性债务管控问题剖析

该县政府性债务管控工作取得明显成效，但在调研中也发现，尚存在如下几个方面的主要问题：

（1）全县近三年偿还政府性债务的压力巨大。据调查统计，全县2015年应偿还14.7亿元、2016年应偿还10.2亿元、2017年应偿还7.9亿元。其中，2015年已偿还2.7亿元，还需筹资偿还12亿元，原计划出让土地收入和争取地方政府债券偿还，目前土地出让无人揭牌，难以取得土地出让收入，市财政局初步分配该县的地方债券也只有2.8亿元，当年偿债还差资金9.2亿元，筹集资金偿还债务的压力巨大。

（2）政府性债务财政兜底偿还的风险极高。一是县鸿盛公司、县国资集团公司债务本应用政府配置给两大公司的资源、资产、资本合理运作予以偿还，但由于当时房地产业疲软，土地难以出让，自身无法筹集偿债资金，增大了财政的兜底偿债风险。二是采用地方政府债券置换到期存量债务，虽然减轻了债务单位眼前的偿债压力，但相应地方债券债务转嫁到县财政，地方债券到期后难以向转借单位收回资金，财政兜底偿还的风险增大。三是目前县财政对外调度资金余额达到19.5亿元，调度资金虽有偿还主体单位，但绝大部分财政调度资金实则有去无回，形成了隐形的政府性债务，不仅严重危及财政国库资金的正常运转，而且还增大了全县政府性债务额度和债务率，增大了财政的运行风险。

（3）政府性建设项目宏观统筹管理不够。这是导致政府性债务居高不下的根本原因，体现在三个方面：一是县鸿盛公司、县国资集团公司政府性建设项目债务底细不清。据调查：目前两公司的存量政府性债务余额为287 785万元，占全县政府性债务余额的83.42%，在这些庞大的存量债务中究竟有多少属公益性政府债务，有多少属经营性公司债务底细不清、情况不明。同时，在两公司新建项目中，建设资金筹集预算不细，政府、市场边界不清，建设资金筹用还职责不明。二是在建项目建设资金缺口大、筹集难。经2014年存量债务甄别统计，该县利用债务资金的在建项目35个，概算总投资93.8亿元，后续资金需求58亿元，其中2015年后续资金需要13.9亿元，这些在建项目原计划采用融资方式解决建设资金，由于“国发43号文件”明确规定取消平台公司为政府融资职能，地方举借债务只能通过省级政府代发地方政府债券举借，同时限定债务规模，到目前为止，市里对该县的债务规模额度还未下达，在建项目地方债券的发行未公布，在建项目后续建设资金难以保障。三是新建项目宏观统筹不力，项目论证深度不够，项目库建设较差，项目建设时序安排欠合理，发改委审批项目、县财政或业主筹集建设资金，形成项目审批和建设资金预算管理脱节，无形中增加了政府性债务。

（三）石柱县政府性债务管控对策建议

（1）合理控制债务规模，切实加强风险管理。虽然市里还未下达该县政府性债务规模，但要切实加强领导，控制债务规模，强化债务管控，做好风险防范。县财政局必须将清理甄别后经法定程序批准的存量债务，分类纳入预算管理，并多方筹集资金，按时偿还到期债务，确保全县债务率控制在100%以内、逾期债务率控制在10%以内。同时，要结合全市生态功能区建设要求和全县经济社会发展规划，切实加强政府性债务的中长期动态预算管理，科学有序举借政府性债务，确保限额管理、举债有度、风险可控。

（2）加强建设项目管理，确保科学有序运行。一要严格把控基本建设程序，对基本建设项目必须按照规定程序申报立项、审批、设计、招标、施工，坚决杜绝未批先建、少批多建、随意变更增大投资形成政府性债务的行为。二要严格把控市场边界，发挥市场主体作用，切实加强政府性建设项目管理，科学有序安排政府性建设项目，既确保续建项目资金不断链、新建项目资金有预算，又从源头上控制政府性债务，降低财政管理和经济运行风险。三要认真研究县鸿盛公司和县国资集团公司的财政管理体制，建议对两公司的存量债务进行全面审计甄别，摸清政府性债务底细，有计划地予以化解；对新建项目进行严格管理，防止政企不分和经营性建设债务转化为政府性债务，并进一步完善两公司的财政管理体制，促进企业按照市场化规则规范运作和科学管理。

（3）切实加大追责力度，严防非生产性债务发生。一是各乡镇和县级行政事业单位，必须坚持有多少钱办多少事的原则，切实加强财务运行管理，凡是未落实资金的项目不得启动建设，杜绝修修补补、运转困难等原因形成隐形政府性债务。二是县审计部门要切实加大经济责任审计力度和债务公开曝光力度，县监察部门要切实加大责任追究力度，对凡是未按政府性债务管理规定办理造成新增政府性债务的，一律追究相关责任人员的责任，确保规范管理和科学发展。

8.10 案例分析：渝北区政府性债务防控

（一）债务规模与结构

渝北区围绕“控规模、降成本、强管理”的总体工作思路，按照“总体可控、当期可承受、远期可持续、量力而行、尽力而为”的原则，坚持“看菜吃饭”，从严控制本区债务规模，强化对债务风险的管控。

（1）债务余额变化。截止到 2014 年 6 月底，渝北区政府性债务余额为 122.65 亿元。较 2013 年年末净减少 7.67 亿元，降低了 5.88%；进而比 2013 年 6 月底减少了 27.50 亿元，降幅为 18.30%。

（2）债务余额结构。从举债主体看，2014 年 6 月底政府性债务余额中，国有公司或控股公司和融资平台公司为主要举债主体，举债的债务额分别为97.58亿元、8.51亿元，分别占比79.56%、6.94%。从债务资金来源看，2014年6月底政府性债务余额中，银行贷款、信托融资、债券、回购（BT）为债务资金的主要来源。其中，银行贷款60.18亿元，占49.07%；信托融资40.81亿元，占33.27%。从偿债年度看，2014年6月底政府性债务余额中，2014年下半年应偿还26.44亿元，占比21.56%，2015年到期偿还55.95亿元，占比45.62%。从资金投向看，93.84%的债务资金被用于公益性项目。其中，用于市政建设78.56亿元，占比64.05%，用于生态环境和环境保护15.08亿元，占比12.29%。

（二）债务成因分析

通过对2013年全国政府性债务审计确定的，截至2013年6月30日，渝北区政府性债务150.27亿元进行分析，渝北区政府性债务形成的具体原因是土地政策调整、考核机制、金融危机扩大内需地方配套、重点项目征地拆迁及建设区级包干等。

（1）直接债务。政府直接性债务主要是镇街及各部门用于基础设施建设、教育卫生文化等公益性项目建设形成的债务，该部分债务为财政直接支付的硬性债务。

（2）市级重点工程建设形成债务。主要包括：一是30万平方米旧城改造工程，二是机场三期工程、一横线、机场路绿化项目、南联络通道等市级重点项目，三是中央公园征地、拆迁、安置、绿化和地下车库等配套及延伸工程，四是国博中心、中央公园的配套设施建设。

（3）各开发区形成债务。各园区配套水电气基础设施、学校、消防、公园等公益设施的建设资金原计划用土地收益进行平衡，但因土地收益平衡项目调整，特别是工业地块成本和出让的倒挂，使得园区无资金来源。

综上，渝北区政府性债务的形成，是基于特定历史时期经济发展的需要，对于保障重庆市重点工程建设的顺利实施，维持渝北区经济社会健康发展提供了必要的财力支持。同时，这些债务基本用于公益性项目（占比93%），形成了大量资产，但是基本上不带来真正现金流。

（三）渝北区政府性债务的风险分析

1. 主要问题

（1）债务总量大，管控区间小。一方面，根据2013年年底的债务分类，渝北区债务总量较大，处于风险预警区域，在化解的同时往往需要“借新还旧”，控制难度较大；另一方面，渝北经济社会发展任务重，市级重点项目配套较多，特别是危旧房改造等，既要保障重点项目的推进，又要保障区内经济健康发展，财政资金缺口较大，债务管控的区间小。

（2）短期债务多，还债压力大。债务还款时间多集中在2014年、2015年。其中，2014年7~12月及2015年共计需偿还债务82.39亿元，占债务总额的67.17%，还款压力空前。

（3）融资难、成本高，债务负担重。由于对融资平台公司的监管日趋严格，传统融资渠道不畅，而通过银行贷款难，发行债券等要求高，各园区、国有公司只有选择成本相对较高的融资方式，进一步加重了债务负担。

（4）对土地成本返还的依赖程度高。各园区及国有公司还款来源较单一，主要靠土地成本返还。按现形土地政策，成本返还需市级5个部门联审，加之公益设施（如修建学校、卫生院、消防站等）建设不计入成本，每亩土地可返还的成本仅为80万~120万，使得各园区形成硬性资金缺口较大；同时，土地挂牌不顺利、土地成本返还不畅通，必然导致短期还款压力增大。这种背景下，“举新债还旧债”成为当前还款的主要方式之一。

2. 债务风险指标分析

财政部《2014年地方政府性债务风险预警测算说明》，把以前审计口径的一、二、三类债务即政府负有偿还责任的债务、政府负有担保责任的债务和政府可能负有救助责任的债务划分为一般债务和专项债务两类。债务风险指标分为三个，即一般债务率（预警线为100%）、专项债务率（预警线为100%）和逾期债务率（预警线为10%）。2013年年底渝北区政府性债务处于风险预警区域，按2014年预计财力计算，6月底一般债务率和逾期债务率均低于风险线，而专项债务率仍然高于风险线。

3. 渝北区债务风险的辩证分析

预警指标对当前和今后一段时间债务风险的量化分析具有一定的科学性和合理性，对预警指标的利用需要结合特定地区的实际情况，具体问题具体分析。对于渝北区债务风险预警指标，需要综合考虑以下方面：

（1）对渝北区债务风险水平的探讨。渝北区一般债务率和逾期债务率均低于预警值，而专项债务率高于预警值。原因在于：一方面，由于历史原因形成的债务存量规模体量大，短时期内难以迅速消化，同时，已开工的市政项目仍需大量资金投入，专项债务规模不降反增；另一方面，作为政府性基金重要组成部分的土地出让金由市财政直接补贴企业，未能在区政府性基金预算财力中体现。

（2）对债务风险预警指标的探讨。对于投向公益项目的专项资金而言，现行方法所计算的债务率无法体现未来现金流对当前债务余额的支撑状况，因而无法全面揭示该项目的财务风险水平。换言之，专项债务率无法对债务风险水平进行准确预警。参照企业财务分析和绩效评价的思路，可以设置资产负债率、内含报酬率和经济增加值等指标，全面评价施工项目的成本效益及其财务风险。

（3）综合考虑债务与发展的关系。债务本身是经济发展的必要手段，债务融资也并不必然伴随财务风险。改革开放特别是西部大开发以来，重庆市发展步伐显著加快，基础设施、生态环境、群众生活、城乡面貌发生了巨大变化。当前，丝绸之路经济带的推进建设，更为重庆扩大开放、实现赶超创造了前所未有的历史性机遇。各级政府部门应当顺势而为，加快经济发展和社会改革的步伐，而不能背负债务风险的历史包袱裹足不前。应当全面权衡债务风险与地方经济发展的关系，在控制财务风险的前提下妥善利用发行地方债券等多种融资方式，加快促进地方经济发展。同时，只有经济健康发展，才能为债务偿还提供稳定持续的现金流，从根本上化解债务风险。

（四）渝北区加强政府性债务管理的主要实践

1. 建章立制，强化债务日常管理

（1）完善债务管理组织机构。2013 年 6 月成立了投融资工作领导小组（下设办公室），负责政府投融资及债务管理的全面工作，明确成员单位的职责。2014 年 5 月，调整充实了投融资办工作人员，进一步明确工作职责，加强了地方政府性债务的统计分析、登记备案、借贷审批和债务资金使用管理工作。

（2）完善债务监督管理机制。制定了《重庆市渝北区政府投融资及债务管理暂行办法》等规范性文件。主要做法有：对政府投融资及债务实行计划管理，总额控制确定全年的融资数额，明确了融资申报计划及审批程序；确定对债务管理实行年度总额控制、对区级部门、镇街、园区债务管控纳入年度目标考核，各园区的债务管控纳入国有企业负责人经营业绩考核，与绩效年度薪酬直接挂钩；强化绩效评价，由区审计局牵头每年四月前对上年的债务情况进行审计。2014 年印发《渝北区投融资办关于进一步规范投融资管理的通知》等文件，进一步强化了债务监督管理，加强事前控制力度。

（3）建立债务风险预警机制。设立了以负债率、债务率、偿债率为重点的政府性债务监测指标体系。对政府性债务的债权债务关系、借贷时间、借款数额及用途、还款期限、偿还情况等进行登记造册，设置明细台账，开发投融资及债务动态管理网络平台，对债务进行动态监测管理，加强事中风险预警控制。

（4）建立政府性债务偿还机制。按照“谁举债、谁偿还”的原则，通过财政预算安排、结余调剂、盘活融资经营收益等途径，确保政府性债务控制在可控范围之内。通过完善偿债准备金制度，根据财力状况调整偿债准备金拨备额度，科学筹措偿债资金，确保了政府性债务有稳定的偿还资金来源。一是从总量化解债务，进行动态平衡，对债务的偿还从时点上保障，加大债务主体责任。二是由于社会事务形成的债务，应由财政部门承担的部分，财政部门根据债务到期情况安排资金进行偿还。三是国有公司承担的湖库整治、立面改造等形成的债务，财政争取逐年安排资金进行归还。四是国有公司承担的旧城拆迁工程形成的债务，结合全市棚户区改造进行统筹，逐步化解债务。

（5）规范投融资管理。2014 年 4 月，在区政府第 54 次常务会议上专题研究规范全区投融资管理相关事宜，进一步规范了投融资管理，从制度上防范和化解长期债务的潜在风险。主要做法有：一是要求各单位应在下达的政府性债务控制范围内进行统筹融资，未经审批不得进行融资贷款。二是严格融资审批程序。各融资单位根据当年资金需求、债务控制额度等要求，事先与金融机构达成融资合作初步意见，制订融资方案，提出融资申请，经分管区领导签字同意后，报区投融资办；区投融资办商请有关部门对融资申请进行初审，提出相关建议报区投融资工作领导小组审批。三是加强对资金的拨付及使用审批。要求各单位对单笔收入在1亿元及以上的资金，在安排支出前须将使用计划报分管区领导审批后交区投融资办备案；工程性资金单个项目300万元及以上的报分管区领导审批拨付。

2. 多管齐下，积极化解债务风险

（1）加强逾期债务管理。对逾期债务进行了清理，查明原因，落实债务单位的偿债责任，要求制订偿债计划，多渠道化解拖欠工程款。跟进合同管理，加强对合同的过程管理和动态管理，根据工程实际进度，约定还款时间。力争2014年年底消除逾期债务。

（2）加快资金回笼。加快土地出让，积极争取市级重点建设项目和土地成本返还资金的尽快回笼，加快资金流动，及时化解债务，减少融资额度。

（3）加强与银监部门协作，控制信贷风险。同银监部门加强协作，督促商业银行建立以项目风险、融资平台公司风险和地方政府财政风险综合一体化风险评估模式，严格审查新增贷款，并对既有贷款风险进行动态评估。对于财政部门明令禁止的贷款项目，可由银监部门直接控制贷款发放，从源头上杜绝违规借贷行为。对于银监部门认定的政府融资平台公司，财政部门应及时掌握相关信息，加强管理监控。

3. 多措并举，保障区域经济发展

经济发展与债务风险相伴而生。区域经济的高速发展，一定程度上催生了地方政府性债务规模的急剧扩大，从而可能导致债务违约风险；为控制风险而急剧缩减债务规模则有可能带来已开工项目的资金流枯竭，较大程度上影响区域经济发展，进而导致更大的债务违约风险。如何在控制债务风险的大前提下保障区域经济发展，成为地方政府所面临的重大课题。渝北区政府的主要思路有：

（1）积极争取市政府给予园区政策支持。一是争取市级重点工程及市区共建项目资金的支持。二是争取对中央公园土地政策的支持，将中央公园土地出让收入在扣除征地拆迁、土地整治成本、所承担的项目支出后，全额用于区内债务的消化。三是争取两江新区政策的优惠。积极做好协调工作，尽力将收入分配向渝北区倾斜，以缓解渝北区承担的社会事务及城乡统筹支出压力。

（2）拓展低成本债务融资渠道。优化债务结构，优先偿还高融资成本的贷款、BT项目借款，禁止新上BT项目；建立规范透明、以政府债券为主体的投融资机制，对企业带经营性质的项目融资，鼓励和支持发行债券、银行贷款、融资租赁、债权转让等，切实降低融资成本；用长债置换短债，用低成本债置换高成本债，有效化解政府性债务。

（3）积极探索国有资本运营方案。分情况、分单位、分阶段地选择以降低负债率为核心的股权融资模式，以盘活存量为核心的证券化模式和以用好增量为核心的低成本模式。下一步将对全区国有公司进行改革，通过整合资源，注入优质资产，兼并重组，提高资源使用效率和国有公司的整体实力，做实国有公司，促进其造血功能。

（4）积极探索创新财政投融资模式。目前渝北区正在研究产业引导股权投资基金管理实施方案，推进全区经济结构调整和产业升级，充分发挥财政资金引导作用。探索PPP、夹层融资等多元化融资模式，鼓励社会资本通过参股、控股等模式，参与基础设施建设，从培植财源、增大财力方面来探索解决渝北区债务率较高问题。

第二篇　降成本

2013年11月，党的十八届三中全会审议通过了《中共中央关于全面深化改革若干重大问题的决定》（以下简称《决定》），提出了“完善和发展中国特色社会主义制度，推进国家治理体系和治理能力现代化”的总目标，并将财政定位为“国家治理的基础和重要支柱”，提出新时期财政改革的目标是建立现代制度。这就意味着，在过去20年经济改革基础上的全面深化改革拓展为包括经济、政治、文化、社会、生态文明等方面的整体性、系统性的重构，而财税改革依然是本轮改革的突破口和主线索。而在这幅波澜壮阔的改革蓝图中，有七个重点工作任务。

一是建立规范的现代增值税制度。力争在“十二五”全面完成“营改增”改革任务，进一步减轻企业负担，推进产业转型升级与商业模式创新。完善小规模纳税人简易计税制度和出口退税等政策，增强增值税的规范性。随着增值税制度改革的推进，应适当减少税率档次，趋向单一税率。

二是进一步发挥消费税调节功能。适当扩大并调整消费税征收范围，把高耗能、高污染产品及部分高档消费品纳入征收范围，放大消费税引导合理消费行为的作用。研究将消费税由目前主要在生产（进口）环节征收改为主要在零售或批发环节征收，以弱化政府对生产环节税收的依赖，增强对消费环境的关注。

三是加快资源税从价计征改革。实施其他应税品目资源税从价计征改革，同时清理取消相关收费基金，理顺资源产品税费关系。逐步将资源税征收范围扩展到占用或开发水流、森林、草原、滩涂等自然生态空间，适时启动资源税立法工作。

四是加快推进房产税制度改革。加快推进房地产税立法，统筹考虑税收与收费等因素，合理设置房地产建设、交易和保有环节的税费水平。将房地产税作为区县级主体税种，通过调整市与区县政府间的收入划分，推动财力与事权相匹配的财政管理体制进一步优化。

五是建立健全综合与分类相结合的个人所得税制度。适当合并相关税目，形成合理税率，完善税前基本扣除，加快完善个人所得税征管配套措施，为个人所得税制度改革与功能发挥创造条件。

六是开征环境保护税。推动环境保护费改税，按照合理负担、便利征管的原则进行顶层设计，加快立法进程，尽快实现“正税清费”“绿化”税制，促进形成节约能源资源、保护生态环节的发展方式和消费模式。

七是加强和改进税收优惠政策设定。按照统一税制、公平税负、促进公平竞争的原则，加强对税收优惠政策的规范管理。清理已出台的税收优惠政策，对未到期限的要明确政策终止的过渡期，对带有试点性质且具有推广价值的，应尽快转化成普惠制，在全国范围内实施。

9　制定税收优惠政策

微型企业作为我国实体经济的重要基础，主要集中在制造业、农业、服务业和高新技术产业等经济领域，其发展状况已经成为我国实体经济的晴雨表。在目前“成本税费双高、融资招工两难”的困境下，微型企业生产经营困难。因此调整现行微型企业的税收政策，加大对微型企业的税收优惠力度，可以培植和推动微型企业的发展壮大，进而带动就业，促进经济均衡发展。

9.1　现行微型企业税收扶持体系

该体系包含两个方面：一是国家针对微型企业出台的税收优惠政策；二是地方政府出台的税收扶持政策，即所谓的“税收补助、奖励、返还”。

（一）国家税收优惠政策

（1）直接扶持中小微企业的政策。一是提高增值税、营业税起征点。自 2013 年 8 月 1 日起，对月营业额不超过 2 万元的小微企业，暂免征收增值税和营业税。二是小型微利企业减半征收所得税政策。自 2014 年 1 月 1 日至 2016 年 12 月 31 日，对年应纳税所得额低于 10 万元（含 10 万元）的小型微利企业，其所得减按 50%计入应纳税所得额，按 20%的税率缴纳企业所得税。三是营业税改征增值税。对小规模纳税人而言税负降低，一方面税基由含税收入调整为不含税收入，另一面税率相对营业税降低。四是个人所得税税前费用扣除标准提高至 3 500 元/月。对个体工商户业主、个人独资企业和合伙企业自然人投资者的生产经营所得依法计征个人所得税时，个体工商户业主、个人独资企业和合伙企业自然人投资者本人的费用扣除标准自 2011 年 9 月 1 日起调整为 3 500 元/月。个体户向其从业人员实际支付的合理的工资、薪金支出，允许在税前据实扣除。五是符合条件的小型微利企业适用 20%的优惠税率。年度应纳税所得额不超过 30 万元，从业人数不超过 100 人，资产总额不超过 3 000 万元的工业企业；年度应纳税所得额不超过 30 万元，从业人数不超过 80 人，资产总额不超过 1 000 万元的其他企业。

（2）鼓励金融机构支持微型企业发展的政策。一是银行对小微企业借款合同免征印花税政策。自 2011 年 11 月 1 日起至 2014 年 10 月 31 日，金融机构与小型、微型企业签订的借款合同免征印花税。二是中小企业信用担保机构营业税免 3 年政策。对符合条件的中小企业信用担保机构从事中小企业信用担保或再担保业务取得的收入（不含信用评级、咨询、培训等收入）三年内免征营业税。三是农信社、村镇银行、农村资金互助会、小额贷款公司等营业税减按 3%政策延长。对农村信用社、村镇银行、农村资金互助社、由银行业机构全资发起设立的贷款公司、法人机构所在地在县（含县级市、区、旗）及县以下地区的农村合作银行和农村商业银行的金融保险业收入减 3%的税率征收营业税政策的执行期限延长至 2015

年 12 月 31 日。四是创业投资企业所得税优惠政策。创业投资企业采取股权投资方式投资于未上市的中小高新技术企业两年以上的，可以按照其投资额的 70%在股权持有满两年的当年抵扣该创业投资企业的应纳税所得额。五是中小企业信用担保机构所得税税前扣除政策。符合条件的中小企业信用担保机构按照不超过当年年末担保责任余额 1%的比例计提的担保赔偿准备，允许在企业所得税税前扣除；按照不超过当年担保费收入 50%的比例计提的未到期责任准备，允许在企业所得税税前扣除。中小企业信用担保机构实际发生的代偿损失，符合税收法律法规关于资产损失税前扣除政策规定的，应冲减已在税前扣除的担保赔偿准备，不足冲减部分据实在企业所得税税前扣除。

（二）重庆财税扶持政策

（1）税收政策。根据市政府《关于大力发展微型企业的若干意见》、市政府办公厅《重庆市微型企业创业扶持管理办法》和《关于对微型企业进行后续帮扶指导的实施意见》、市财政局《关于微型企业财政扶持政策的补充通知》的文件精神，自微型企业成立次年起，以企业注册资本（最高不超过 15 万元）中的个人出资部分为限，对其上年实际缴纳的增值税、营业税、企业（个人）所得税地方留存部分，予以财政扶持。

（2）其他财政政策。一是资本金补助政策。对新办微型企业，财政给予户均 3 万元的资本金补助，每户具体金额根据注册资本、所属行业、雇工人数等计算，最高不超过 5 万元。二是融资扶持政策。对承贷银行按贷款基准利率向微型企业发放的创业扶持贷款，市财政给予 1%的奖励。对承贷银行出现的微型企业贷款风险损失按照市、区县两级财政各承担 1/3 给予补偿。对微型企业创业扶持贷款提供担保且担保费率不高于

1%的担保机构，市级财政给予 1%的补贴。三是政策采购政策。面向中小微企业出台了专用采购目录，目录内产品和服务，只有中小和微型企业才能投标。对小型企业投标报价给予 6%的扣除，微型企业给予 8%的扣除（注册资金 15 万元及以下的微型企业给予 10%的扣除），用扣除后的报价参与评审。免收微型企业的招标文件（含谈判、询价）工本费和交易服务费。获得政府采购合同的中小企业在融资和履约保证等方面提供专业化服务。鼓励大中型企业与小型、微型企业组成联合体共同参加政府采购招投标。小型、微型企业的协议合同金额占到联合体协议合同总金额 30%以上的，与小型企业联合的可给予联合体 2%的报价扣除，与微型企业联合的可给予联合体 3%的报价扣除。征集了 50 家微型企业作为市级部门文具类定点协议供货商，要求市级部 20 万以上的办公文具采购，在电子交易平台采购。四是社保政策和行政事业性收费等方面，继续执行国家及重庆市有关小微企业扶持政策，如微型企业社会保险补贴、免费创业培训补贴，以及免征小型微型企业注册登记费、土地登记费、林权证工本费等 22 项管理类、登记类和证照类行政事业性收费等。

9.2 微型企业税收政策存在的问题

（一）税收政策层面存在的问题

（1）增值税方面。一是税负仍然不公。小规模纳税人不能进行进项抵扣，无增值也要纳税，增值额高于按 3%征收率计算的税额也按 3%计税造成了实际税负的不公。二是由于小规模纳税人不能使用增值税专用发票，只能由税务机关按实际征收率代开，造成一般纳税人不愿与小规模纳税人进行交易，进而在一定程度上制约了部分中小企业的发展。三是市场的竞争激烈，大多数小企业及个体经营者成本高、负担重，目前核定的增值税起征点（月营业额200元）仍然偏低。

（2）营业税方面。一是部分税收优惠政策不尽合理。一些特殊行业享受了税收优惠政策，如高利润医疗行业还享有税收优惠、对为安置自主择业的军队转业干部就业而新开办的企业未做从业范围限制就给予税收优惠等，造成了税负不公，不利于企业间公平竞争。二是对转让采矿权、经营许可权获取暴利行为的税收管理政策空缺。此行为违反其他管理部门的规定，导致具体的税收征管政策不能出台，但政府相关部门对此行为又不能完全实施有效防治。三是营业税起征点存在与增值税起征点核定的同样问题，月营业额20 000元的起征点仍然偏低。

（3）企业所得税方面。一是企业所得税税负仍然过重，不利于中小企业健康发展。二是企业所得税税制烦琐不利于其贯彻执行，再加上若干减免扣除和其他优惠规定，使得原本烦琐的所得税制度更加不易把握和操作。税收制度的复杂化在给纳税人申报、计税带来诸多不便之时也给逃税和避税行为提供了可乘之机。三是对小型微利企业减按20%的税率征收企业所得税优惠，存在有名无实的情况。经对重庆市万州区等地开展调查，发现在申请享受小型微利企业优惠备案登记时，按照重庆的备案类减免税工作程序要求，税务管理机关要求申请企业必须提供社会中介机构出具的财务审计报告。按照中介机构收取的审计费用计算免征的企业所得税比支付的审计费用还少。如万州某企业年所得28 000元，2010年可免征企业所得税为28 000×50%×20%＝2 800（元），支付审计费用在500~3 000元，因此部分小型微利企业不愿申请享受备案减免所得税使优惠名存实亡。四是按照西部大开发税收优惠政策规定对从事新办交通，电力、水利、邮政、广播电视业务的企业给予

“二免三减半”的企业所得税优惠，对从事国家鼓励类产业的企业在2010—2020年给予减按15%税率征收企业所得税的优惠，但由于从事以上业务对企业资质、技术、经济实力要求较高，符合此条件要求的中小企业较少，故此优惠政策对大多数中小企业不具有实际意义。

（4）西部大开发税收政策方面。西部地区中小企业符合现行的西部大开发政策优惠条件的占比很低；相反，在东部沿海等地由于高新技术产业较为发达，企业起点较高，符合税收优惠政策条件的中小企业远远多过西部地区，实际上得到的税收政策扶持也更多，如《国务院关于实施〈国家中长期科学和技术发展规划纲要（2006—2020年）〉若干配套政策的通知》规定，在高新技术开发区内新创办的高新技术企业自获利年度起两年内免征企业所得税等。

（二）政策扶持存在的问题

（1）政策扶持效果有限。为支持小微企业发展，国家及重庆市出台了一系列税收减免政策。如《财政部、国家税务总局关于小型微利企业所得税优惠政策有关问题的通知》规定：自2012年1月1日至2015年12月31日，对年应纳税所得额低于6万元（含6万元）的小型微利企业，其所得减按50%计入应纳税所得额，按20%的税率缴纳企业所得税。《财政部 国家税务总局关于金融机构与小型微型企业签订借款合同免征印花税的通知》规定：自2011年11月1日起至2014年10月31日止，对金融机构与小型、微型企业签订的借款合同免征印花税。《重庆市人民政府办公厅关于调整重庆市增值税和营业税起征点的通知》规定：将增值税和营业税的起征点调整为20 000元。在执行上述优惠政策后，小微企业所需缴纳的税额普遍较少。

（2）公司注册资本登记制度改革带来新问题。《中共中央关于全面深化改革若干重大问题的决定》明确把注册资本由实缴登记制逐步改为认缴登记制，此项改革意味着设立企业将无资本金门槛，且营业执照上只登记公司认缴的注册资本总额。按照现行的微型企业税收扶持政策，补助依据注册资本中个人出资部分为上限确定，由此可能造成个人出资额未到位，而税收补助已到手的情况，与该政策的设计初衷相悖。

（3）不利于培养公民的纳税遵从度。不断提高纳税人的税法遵从度，对于提高税收征管的质量和效率，确保国家的财政收入，实现税法的公平正义和国家宏观政策目标有着十分重要的意义。公平的税制、严格的执行是培养公民纳税遵从度的基础，而这种以税收为来源的补助形式，被认为是一种变相的税收减免，往往给社会造成一种税收不严谨的假象，不利于公民纳税遵从度的培养。

9.3　完善微型企业税收的政策建议

（一）基于税收政策层面的建议

（1）调整和完善增值税、营业税政策。一是将小微企业的起征点改为免征额，或者再次适当提高增值税和营业税起征点，给予小规模纳税人一定的资本积累空间；二是对于无建账能力仍需按小规模纳税人征收的小型企业，进一步调低增值税征收率，减轻这部分企业的税收负担；三是加快“营改增”进程，降低税率，增大抵扣范围。

（2）改革和完善企业所得税政策。一是降低企业所得税税率。在国家对西部大开发给予多种税收优惠的大背景下，应对西部地区中小企业在企业所得税政策上给予适当倾斜，如改革之初东部沿海经济特区就享受了企业所得税减按15%征收的优惠政策。二是扩大中小企业所得额扣除范围。首先，对属国家鼓励发展类产业的中小企业在投资回报期间一律免征企业所得税，即企业所得额的扣除在依现行所得税法扣除外，还将企业用于还贷的贷款利息和抵减投资纳入扣除额范围；其次，鼓励企业加大科研与开发投入，扩大加速折旧的使用范围，明确规定用于研究开发活动的新设备、新工具，可实行双倍余额递减法或年数总和法等加速折旧办法，提高投资回收速度和加快高新技术产品市场的形成。

（二）基于税收扶持层面的建议

建议将现有政策调整为：自微型企业成立次年起，对其上年实际缴纳的增值税、营业税、企业（个人）所得税地方留存部分、最高不超过 15 万元予以财政扶持。其中，按注册资本实缴制成立的企业，补助额度以注册资本中的个人出资部分为限；按注册资本认缴制成立的企业，补助额度以两年内缴纳税收的地方留成部分为限。理由是坚持“存量不变，增量调整”原则，对按注册资本实缴制成立的企业，仍按原政策执行。对于按注册资本认缴制成立的企业，因税收补助上限无法再与企业注册资本挂钩，故将政策调整为补助额度以两年内缴纳税收的地方留成部分为限。

（三）基于金融扶持层面的建议

进一步拓展微企融资多元化渠道，政府部门要主动引导市场、平台、银行、保险、科研等部门，鼓励金融企业创新专门的融资手段，提高融资服务效率。一些市场明确、前景良好的微企，政府部门与学校、科研可以探索联合担保，优化微企的融资环境。与此同时，要建立完善的微企的征信体系与违约预警系统，做好防波堤，逐步将资本市场与实体市场的桥梁打通，引入私募股权投资机构和创业投资机构，形成完整高效的担保、互保、联保机制，打造完整的微型企业生存生态链。

（四）基于其他扶持层面的建议

政府作为管理部门，既要有为，又要做到“无为而治”，微企需要政府的引导与服务，尤其需要来自法律法规层面的保护与支持，而一旦形成足够的规模，简政放权是最好的扶持。优化发展环境，强化权益维护，融洽税企关系是政府职能部门的首要目标，但微企是创业者的孵化器，未来企业家的摇篮，如何将微型企业打造成正常企业乃至大型企业，培养一批有责任、创新的企业家，才是微企政策的最终落脚点。微企得到的各项保护与扶持，应该建立相应的退出机制与标准，严格的进出制度才是培养强者的摇篮，微企的定义与产生不应该只是扶持弱小。政府的帮扶初衷，应该从本地战略发展层面出发，建立良性循环的市场环境，满足不同阶段企业发展的需要。政府要有意识地引导微企，将创业与创新结合，企业与科研结合，立足市场，让“微企群”变成企业家的培养基地，打造一批优质、稳定的龙头产业。

9.4　案例分析：涪陵区财税优惠助推小微企业发展

按照“放开、减负、解难和引导”的要求，以调整结构、优化环境、加大投入和减负解难为突破口，以提质增效为核心，充分发挥创造就业、养护弱势群体的力量，促进小微企业快速健康地发展壮大，真正成为就业的主渠道和经济增长的新支撑点。

（一）涪陵区支持小微企业发展现状

（1）发展快且成效显著。一是小微企业发展速度快。从2010年8月到2014年9月止的四年间，全区共发展微企7 850户，注册资金达到8.8亿元，在重庆市微型企业发展年度考核评比中，连续三年名列第一。二是小微企业社会贡献大且成效显著。2013年，全区小微企业实现增加值69亿元，比上年增长了8.8%，占全区总增加值（GDP）的10%实现利税总额59.2亿元，比上年增长了19.4%；上缴税收6.89亿元；安排从业人员23万人（微企5.6万人），占全区就业率总数的17.2%。

（2）全面落实财税扶持政策。一是区级财政调整优化财政支出结构，挤出财力2 300万元，设立小微企业小额贷款保证保险风险补贴专项资金和“助保贷”风险补偿铺底资金。二是拨付兑现2010年至2014年9月的6 270户微企的创业资本金补助20 624.55万元，户平3.29万元；累计拨付培训微企创业人员7 000余人的培训费665万元；共办理微企各种退税417万元和微企贷款贴息127万元。三是区国税和地税部门严格按国家发展小微企业减免税收的有关政策规定，2013年至2014年9月，国税减免的1 214户，减免税收金额833.95万元，6 869.4元/户；地税减免的1 091户，减免税收金额733.24万元，6 720.8/户。四是减少和取消工商登记费、企业年鉴费、质量检测年检费、发票工本费和银行开户费等行政事业性收费。

（3）多举措组织金融贷款。截至2014年6月末，全区小微企业银行贷款余额达到了130.39亿元，占各项贷款总额的29.89%，较年初增加了18.5亿元，同比增加了1.47亿元，增长了16.54%，高于全部贷款增速8.34个百分点；不良贷款余额1.66亿元，比年初减少315.02万元，不良率为1.27%，比年初减少了0.25个百分点；小微企业的综合金融覆盖率为31.8%，贷款覆盖率为8%，贷款获得率为76%。

（4）建立创业服务体系。一是领导高度重视。全区成立了小微企发展领导小组，下设办公室，负责日常的发展工作，同时建立了区四大班子领导、区小微企领导小组成员、乡镇街道主要领导组成的定点联系协调小组。二是在全区建立了49个小微企业创业指导站、20个创业服务指导小组和创业服务平台。三是建立创新制度。涪陵区政府先后出台了《关于大力发展微型企业的若干意见》《关于进一步完善微型企业扶持政策的意见》等12个文件，促进了全区小微企业规范有序健康地发展。四是创新发展模式。大力发展园区示范带动工程，取得了突破性的进展。目前，全区已建成了国家级小微企业科技孵化园1个、市级微企业孵化园2个、区级微企业孵化园2个和微企特色村5个。这些示范工程共发展微企2 000多户，占全区微企总数的25%，其中发展示范户300个，扶优扶强户30个。

（5）其他措施。实行了目标管理，奖惩兑现，调动了发展的积极性并加大了监督检查力度，严肃查处违纪违法行为。

（二）涪陵区支持小微企业发展存在的问题

涪陵区小微企业的发展在取得成效的同时，依然存在认识不统一，片面追求发展速度，忽视了提质增效；产业结构不合理，企业发展质量较差；财政资金使用分散，没形成规模效益，后期扶持力度不够，部分企业生产经营困难；税收政策不适应发展需要；融资难、融资贵等一系列问题，制约着小微企业的发展。

（三）财税政策建议

（1）创新扶持方式。整合资源扩大规模，加大财政投入力度，提高财政资金的使用效益。一是积极争取中央和市加大对该区的支持力度，扩大全区小微企业发展专项资金规模，缓解该区财力拮据，无财力扶持小微企业发展的状况。二是加大资金整合力度，优化支出结构，新挤出一定数额的财政资金，用于建立小微企业贷款风险保证金，重点向小微企业倾斜，增强财政扶持小微企业发展的能力。三是清理全区现有的各项小微企业扶持发展资金，除了微型企业创业补助资金和微型企业专项发展资金专款专用外，其余各项小微企业扶持发展资金（包括国家级、市级和本级）归并整合打捆使用，建立全区小微企业贷款风险保证金，全区可达到3 000万~4 000万元，按照市场化运作方式，实行有偿使用，委托给银行扩大贷款额度，绩效鼓励滚动发展，扩大小微企业贷款风险保证金的规模，增强防范风险的能力，切实有效地解决小微企业“贷款难、贷款贵”问题，促进小微企业快速稳健发展壮大。

（2）实行税制改革。改革税制，合并税种，降低税负，简化程序，切实减轻纳税人的负担。一是合并税种，将小微企业现行缴纳的企业所得税、增值税和营业税、城市建设税、教育附加和印花税等十多税种合并征收“小型微型企业统一税”，并由地方税务征收机关征收管理。二是降低税负，将企业所得税计征额由现在的3万~6万元提高到10万~15万元，按50%计入应纳所得额和按西部大开发15%的税率征收企业所得税；增值税、营业税起征点由现在月销售额2万元提高到3万~5万元，其他税种也相应调整。逐步过渡到小规模以下的小微企业不纳税，超过免征税额的小微企业实行低税率。在享受优惠税收政策时间上，应从小微企业成立之日起，享受3~5年时间止，不再频繁变动调整。三是简化程序，将现行按月申报纳税改为按季申报纳税，并减少不必要的纳税申报材料。四是调整地方税收留成部分给予两年补贴政策。对缴纳增值税的小微企业不能享受上缴中央75%税收的补贴政策问题，可采取专题向中央反映，安排专项资金解决，也可在现行的中央发展小微企业专项补贴资金中挤出部分予以解决。五是继续取消不合理的行政事业性收费和经营性收费，切实减轻小微企业的负担和降低成本。通过上述政策措施的落实到位，将大幅度地降低企业税负和生产成本，极大地调动企业发展生产和经营的积极性。

（3）推动政府采购。增大政府采购政策倾斜力度，大力支持小微企业的创新发展。财政每年要安排不低于年度政府采购项目预算总额18%~20%的份额专门面向小微企业进行采购。政府每年要组织2~3场小微企业产品服务专场采购会，开展小微企业专场招标采购工作。在政府采购评审中，对小微企业的产品报价给予10%的扣除。鼓励大中型企业与小微企业组成联合体共同参加投标采购，小微企业占联合体协议金额30%以上的，给予联合体2%~3%的价格扣除，用扣除后的报价参与评审。同时，推进政府采购信用担保试点，鼓励金融机构和专业担保机构优先为获得政府采购合同的小微企业提供信贷支持。

（4）实行融资补贴。鼓励小企业利用产权交易融资，通过股权、专利权、商标权、知识产权转让融资。逐步扩大小微企业集合票据、集合债券、集合信托和短期融资融券等发行规模，对小微企业采取上述方式融资的，按照发行成本的一定比例给予财政补贴。发展金融租赁业，鼓励为小微企业提供设备融资租赁服务，满足企业购置设备和固定资产资金需求。积极稳妥地发展私募股权投资和创业投资等融资工具，完善创业投资扶持机制，支持初创型和创新型小微企业发展。鼓励小微企业借力资本市场发展，积极培育创新型、科技型企业成为创业板上市后备企业，促进小微企业通过多层次资本市场进行融资。

（5）加大科技投入。利用财税政策，提升小微企业创新能力。积极争取国家和市科技型中小企业技术创新基金的支持，充分发挥区级科技型小微企业技术创新基金的引导作用，大力扶持全区科技型小微企业创新发展。推动实施小微企业创新能力建设计划，鼓励有条件的小微企业建立研发机构，积极开展市上和该区的科技计划项目研究；鼓励行业创新企业孵化平台整合小微企业的创新资源；鼓励产业技术创新战略联盟向小微企业转移扩散技术创新成果；鼓励大型企业、高校和科研院所向小微企业开放研发试验设施，与小微企业开展智力、技术和经济合作，推动产学研成果转化与应用。支持在小微企业集聚的区域建立健全技术服务平台，集中优势科技资源，为小微企业技术创新提供支撑服务。

（6）出台相关法规。尽快建立小微企业法律法规体系，保障小微企业的合法权益。要借鉴国外一些国家的立法经验，结合我国特别是重庆小微企业发展的实际，建立适合中国国情的小微企业法律法规体系，以保障小微企业的合法权益。目前，最紧迫的是制定“小微企业基本法”“小微企业发展银行法”“小微企业投资法”和“小微企业融资法”等法律法规体系，以后再逐步加以完善。使其有章可循，违者必究，严惩不贷，为小微企业发展创造公平的竞争环境，为融资提供法律支持和保护，确保小微企业持续稳定发展茁壮成长。

9.5 案例分析：酉阳县微型企业扶持政策

（一）帮扶体系框架

根据“政府主导、部门联动，统一规划、分步实施，就业为先、定向扶持，加强监管、防范风险”的原则，酉阳县建立了发展微型企业六大帮扶体系。目前，全县支持发展微型企业的政策框架已基本形成。

（1）领导责任体系。成立了由常务副县长任组长、分管副县长担任副组长，县政府办、工商局、财政局、国税局、地税局、经信委等27个委、办、局主要领导担任成员的微型企业发展工作领导小组，领导小组下设办公室，由县工商局局长兼任办公室主任，具体负责处理日常事务。

（2）政策扶持体系。根据市政府大力发展微型企业的相关精神，县政府于2010年出台了《关于大力发展微型企业的实施意见》及《微型企业创业扶持管理实施细则》，县微企领导小组出台了《关于成立县微型企业创业评审委员会的通知》及《关于严格执行财政扶持资金测算方式的通知》，县财政局出台《关于对微型企业实施财政扶持政策的通知》等文件，每年把大力发展微型企业作为政府的重点工作，每次评审委员召开评审会议时，都组织财政、税务、人社、银行等部门对微型企业发展进行沟通研究。目前，已建立了微企申请、创业培训、资金评审、注册登记、政策兑现、后续帮扶和工作监管等一套较为完整的操作规程。

（3）资金扶助体系。酉阳县实行“1+X”的运作模式，即：在“投资者出一点”的基础上，采取“财政补一点、税收返一点、金融机构贷一点、规费减一点”等资金帮扶模式扶持微型企业发展。县财政每年安排扶持资金加大对微型企业的扶持力度，从2010—2012年财政预算安排1 000万元配套资金予以扶持。从2012年起严格执行税收扶持政策，兑现税收奖励资金67.8万元。同时，重庆银行和农商行等金融机构，积极支持创业者解决创业资金融资问题，目前银行信贷支持微型企业1 360万元。

（4）孵化平台体系。重庆市酉阳县桃花源创业孵化基地是重庆市人力社会保障局、市财政局、市微企办等相关部门审批的市级创业孵化基地。基地帮扶专员对创业者进行综合项目创业分析，并对创业者进行创业或就业指导，在基地的统一孵化园进行有序的运营和发展，企业运行进行产业化规模发展后进入政府产业园区发展，让微小型企业顺利有序地发展壮大。

（5）创业培训体系。为提升微型企业发展质量，培养创业者企业管理能力，创业者免费接受系统的创业培训，经培训合格的创业者才有资格申请财政创业资金补助。为保证培训质量，还采取了集中授课、案例讲解、课堂讨论、学教互动等培训形式，截至2012年年底，全县已开展微型企业创业培训班16期，培训人员1 862人。

（6）监督管理体系。酉阳县累计发展微型企业1 757户，大部分分布在乡镇政府所在地，县微企办实行不定期抽查，这部分企业监管起来较为容易，但其中涉及的种养殖业、加工业企业分布较为分散，发展后的微型企业的存活情况由所在片区工商所进行监督管理，工商所事多人少，监督和服务困难，经初步统计分析，有3%的微型企业因各种原因停业。

（二）微型企业发展存在的问题

1. 发展方面

（1）抗风险能力较弱，部分企业生存周期短。通过调研发现，由于地方政府及部门每年竭力完成年度目标任务，相关部门在创业者创办微型企业的把关上不十分严格，微型企业数量剧增的同时，质量没有同步提升。同时，基层工商所在开展微型企业创办者实地检查时，由于量大、分散等因素，只能采用抽查的形式，不能对每户创业申请者实地查看，部分企业不符合或基本符合申办条件也进入微型企业行列。抽查的企业中，停产歇业的占3%、生产（经营）规模较小的占61%、生产（经营）规模较大的占36%。从微型企业发展行业分类来看，从事信息和文化创意等新兴行业特别少，从事传统经营行业的较多，竞争力明显偏弱。

（2）创业者学历偏低，无经营管理经验，管理手段简单、粗放，创新能力不强。根据统计数据，大专毕业生 105 人，占创业者的 6%，其余创业者学历较低，对自身企业发展目标十分茫然，更无现代企业管理的理念和企业管理团队，基本上都是家庭作坊式的生产（经营）企业。部分创业者创办微企的目的是为了争取补助资金，没有从发展壮大的思路上去思考。

（3）新增就业作用不十分明显。酉阳县近几年发展的 1 757 户微型企业中，个体转为企业 469 户，经检查，财政补助资金基本用于房屋租赁或购置设备等，没有扩大生产（经营）规模，没有（或较少）雇佣新的工人，企业只是名字有称谓的改变，扩大就业再就业的初衷效果不佳，新办微型企业也只每户带动就业 4~7 人。

2. 资金方面

（1）财政配套资金压力大。微型企业资本金补助、贷款贴息及贷款风险损失补偿由区县配套一定资金予以安排，虽然市级承担比例较高，但由于每年发展数量多，地方政府配套的资金额度也较大，而且承担微企办发展及监管微型企业的工作经费（每年 50 万元左右），贫困区县财政压力尤为突出。

（2）补助资金审核困难。按照相关规定，微型企业评审委员会审定的补助额度交财政履行完相关审批程序后，必须及时将补助资金拨付到企业办，再由微企办根据企业提供的发票进行审核，将审签的资金支付申请表交金融机构作为企业支付资金的依据，这种方式仅能实现形式上的审查，无法核实企业是否真的支付了货款、设备、工人工资及房租等，财政资金的使用效果不能充分体现。

（3）微型企业规模小，账务不健全，企业融资难。从抽查的微型企业来看，大部分微型企业经营或生产规模小，没有专职会计进行账务核算，加上企业贷款抵押物不足，银行都谨慎放贷或不予放贷，企业流动资金和硬件投入资金明显不足，影响企业的提档升级。

（三）转变微型企业扶持方式的思路

1. 发展方面

（1）进一步创新发展环境。一是打造微企产品和服务信息平台。为促进微型企业持续、快速、健康发展，建立微型企业信息网络平台，将微型企业经营或服务项目实行网络公开，及时捕捉市场信息；组织开展微型企业之间、微型企业与其他大中型企业之间的业务交流、订单对接活动，扩大微型企业的经营空间和规模，助推微型企业做大做强。二是借力微型企业信息平台，做好部门数据衔接及共享，例如：工商部门输入微型企业基本情况，国税、地税部门每个月将企业的纳税额、利润等数据发送到数据库，实时动态地监测企业发展，为企业提供贴身式的网络服务。三是扩大现有的一些项目奖励等政策使用范围，既用于支持中小企业发展，又用于支持微型企业发展，并向微型企业倾斜，同时，将一些分散于部门的扶持政策加以整合，充分发挥政策叠加效应。

（2）量质并举明确发展思路。微型企业发展不能只注重数量的多少，应以质量的突破作为发展的思路，结合企业经营现状、人员素质、发展计划等综合因素来预判，作为审核能否获得通过的重要依据。微型企业支持行业应实行限制，重点支持发展高新技术、环保节能、文化创意、生态农业和现代服务业。做好三步走的发展思路，第一步是大力发展微型企业，做到量质并举；第二步是将已发展的微型企业发展为中小企业；第三步是将中小企业培育成区县级龙头企业。

（3）利用孵化平台做好培训。孵化平台有大量的培训专家，利用此平台对微型企业创办者进行不定期的系统培训，例如：企业法律法规、创业知识、企业财务、市场经济等方面的培训学习，做到让微型企业投资者有发展前景、有致富目标、有工作措施。

2. 扶持方面

（1）扩大补助资金支付范围。目前财政补助资金只对符合微型企业申报条件且为新成立的企业进行支持。为提升企业质量，应扩大补助资金资助范围，对已办成企业后的“九类人群”，且从没有获得上级补助的微小企业，经过相关部门联合检查及审核后，对于企业发展前景好、有现代企业经营管理理念的创办者，再给予财政资金扶持，以提高企业存活率，提高企业生产或经营规模，减少或避免套（骗）取财政资金的现象发生。

（2）进一步完善金融扶持政策。金融扶持事关微型企业的存活率和成长率，根据此次的摸底调查，有7成以上的微型企业有贷款需求，已获得贷款支持499户，仅占有需求意愿的41%。但大多微型企业规模小，无抵押担保物，且数量又多，加上银行对企业的贷款审批程序和风险管控较为严格，导致微型企业融资贷款较为困难。目前，尽管县内两家金融机构为微型企业设计了信贷金融产品，但这只能在一定程度上缓解创业者创业资金融资问题。要真正解决融资问题，还需出台相关融资贷款更加优惠的扶持政策，确保微型企业能及时、便捷地获得贷款。

3. 监督方面

（1）加强财政补助资金监督。微型企业申办成功后，支付财政补助资金时，重点审查财政资金的流向，微企办、金融机构要严格确保支付的资金用于企业本身硬件支出，人社局及财政局重点检查从业人员和会计账簿的设置情况，真正实现创业带动就业和企业自身发展壮大。同时，引入中介机构对企业进行财务抽查，对注销、借用、骗取财政资金的行为及时予以法律追究。另外，工商、税务、财政等部门要建立联合审批制度，防止套取、骗取、抽逃财政扶持资金。一旦发现企业创办者有抽逃资金或骗取资金的行为，银行要立即冻结该微型企业的账户，工商部门要将其创办者列入创业黑名单，公安机关应查证其行为做出相应处理。对于列入创业黑名单者，既不能在银行贷款，也不能再创业办任何公司。

（2）加大金融支持资金监督。发展微型企业过程中，部分企业得到了金融部门的大力支持，但不能就此放松对其资金的监管，相关职能部门和金融机构应加大对微型企业使用金融资金的监督，对发现企业将银行贷款用于企业经营之外或贷款时限已到但无特殊理由逾期不归还的微型企业，应按相关规定加大惩罚。

（3）建立微型企业监督体系。严把初审、培训、评审、巡查、年检、变更、注销、查处“八关”，建立好微型企业信用监管平台，形成微型企业信用监管体系，确保监管到位。同时，在扶持微型企业发展过程中，也要重视对微型企业安全生产和依法缴纳就业人员社会保障费等的监管，使其能够健康成长。

10 地方税改革

地方税是地方财政收入的主要组成部分。自 1994 年分税制改革以来，我国已经初步构建起了地方税体系，地方税业成为增加国家宏观调控能力和地方政府履行政府职能、提供公共服务的主要收入来源。随着税制改革的不断深入，尤其是 2013 年 8 月 1 日起营业税改征增值税在全国范围内试行，作为地方税主要收入来源的营业税由地方税变为共享税，地方税规模缩小，地方政府缺乏主体性税收，财权与事权不统一。为保证公共服务的有效提供，地方财政面临着增加新的税源、开征新的税种、完善地方税体系的重要任务。党的十八大提出“构建地方税体系，形成有利于结构优化、社会公平的税收制度”，十八届三中全会通过的《中共中央关于全面深化改革若干重大问题的决定》提出“深化税收制度改革，完善地方税体系”，税收制度改革和优化也会对地方税体系产生深远影响。因此，完善地方税体系，既有助于优化税制结构，理清中央与地方税收关系，促进经济结构转型，也有利于发挥地方政府资源配置职能，更好地服务于履行地方政府职能的需要。

10.1 地方税的内涵及构成

地方税这一概念，包括三个因素的归属：收入归属权、征收管理权、立法权。地方税是指划归地方征收、管理或由地方政府征收使用，构成地方财政固定收入来源的税收。通俗地说，地方税就是根据中央与地方事权划分状况，按照财政管理体制的规定，根据中央或地方法，由地方负责征收管理，其收入由地方专享的各类税收的总称。地方税一般应具有三个基本特征：一是税基具有明显的地域特征，其课税对象和范围相对固定于某一区域，不随纳税人的流动而流动；二是收入具有地方受益性，纳税人所缴纳的税收与其享受的地方公共产品和服务是对称的，收入具有一定的弹性，可以基本满足地方政府的公共支出需要；三是征收管理的便利性，地方政府及其职能部门在征管方面更易于掌握税源，方便管理。

所谓地方税体系，是指包括地方税制、征收管理以及司法保障在内的整个地方税的立法、执法和司法所组成的统一体。其具体内容包括：

（1）地方税税制体系，即地方税的税制组成体系，它包括地方税管理体制、地方税税种结构及其法律法规体系。

（2）地方税征管体系，即地方税征收管理活动各要素（包括管理服务、征收监控、税务稽查、机构组织等）相互联系和制约所表成的整体系统。

（3）地方税保障体系。它包括地方税的司法保障体系、税务代理和其他的协税护税网络。

党的十八届三中全会通过的《中共中央关于全面深化改革若干重大问题的决定》（以下简称《决定》）为我国未来一个时期经济社会改革指明了方向。该决定中关于税制改革的有关内容也对我们完善地方税体系提供了重要的指导。

一是中央与地方税收体系格局将会重构。《决定》提出“推进增值税改革，适当简化税率”。从税种归属来看，营业税改为增值税后变为共享税，中央财政收入增加。同时，《决定》提出“保持现有中央和地方财力格局总体稳定，结合税制改革，考虑税种属性，进一步理顺中央和地方收入划分”，为此，中央也需要让渡部分税种给地方。我们判断，消费税将取代“营改增”试点中受到冲击的营业税，成为未来地方政府的主体税种。此外，《决定》提出“加快房地产税立法并适时推进改革”，房地产税也将成为未来地方政府的重要税种。

二是地税征管职能将会有所削弱。《决定》提出“完善国税、地税征管体制”。未来的主线应当是中央税由国税部门征收，地方税由地税部门征收，重要的共享税由国税部门征收。按照这一规则，企业所得税今后将统一由国税征收。个人所得税也将由地税代征改为国税部门征收。尤其是增值税改革完成后，目前由地税局征收的部分增值税将统一由国税局征收。由于增值税、营业税和所得税是我国前三大税种，总体上来说，这些税种的征管机关由地税局划归国税局，将增强国税而削弱地税的税收征管职能。同时，《决定》提出“调整消费税征收范围、环节、税率”，我们判断，消费税由生产环节改为消费环节征收后会划归地税征收。而新开征房地产税也会增加地税的职能。但总体来说，地税征管职能会有所削弱。

三是地方将获得有限而明确的税收管理权。《决定》提出“按照统一税制、公平税负、促进公平竞争的原则，加强对税收优惠特别是区域税收优惠政策的规范管理。”这表明，地方政府的税收优惠政策将被严格管理。同时，《决定》提出“税收优惠政策统一由专门税收法律法规规定，清理规范税收优惠政策”，这表明中央将出台系统性的税收优惠法律法规。我们判断，在税收管理权高度集中于中央的格局不变的前提下，中央政府将会对地方政府的税收优惠权限做出明确的规定，地方政府也将获得有限的税收管理权。地方政府将会对地方税的主要税种有调整权、减免权等，对一些次要的税种还有一定的税收立法权。

四是地方政府需要做好研究以使自身处于有利地位。尽管《决定》确立了税制改革的大体方向，但具体的改革方案却是不确定的。例如，2013 年“营改增”后出现了两套税收分成体制，在“营改增”试点结束后，这两套分成体制如何合并是不确定的；又如《决定》提出“加快资源税改革，推动环境保护费改税”，这些税种是作为地税还是国税对重庆更为有利也需要分析。因此，这就要求我们充分权衡利弊得失并积极争取对我们有利的改革方案。

10.2 重庆市地方税体系现状

实行分税制以来，重庆市地方税体系的基本框架已经形成，税收征管制度建设也不断加强，税收在保证财政收入稳定增长、发挥宏观调控功能、调节社会分配不公等方面，发挥了重要的作用。

（一）地方税收规模

（1）税收规模。我国是典型的中央集权制国家，行政机构分为中央、省（直辖市）、市、区县四级管理，税收体系分四级管理。重庆因为是直辖市，实行市直管县，行政机构只有三级，相应的税收体系也只有三级。以征收权为标准划分，中央政府征收的税种称为国税，地方政府征收的税种称为地方税。2012 年，重庆市地方税收 896 亿元，占地方财政收入的 52.6%，占 GDP 的 7.8%，与国际上集权制国家水平相比较

(如法国1996年地方税占地方全部收入的58.6%，2002年度日本地税收入占总税收的41.6%)，基本一致（见表10-1)。

表10-1 2012年地方税收规模水平

	地方税收入(亿元)	地方财政收入(亿元)	GDP(亿元)	地方税占地方财政收入比例(%)	地方税占GDP比例(%)
重庆	896	1 703	11 409	52.6	7.8

（2）比较分析。重庆与全国及其他直辖市比较，在地方财政收入中地方税收入占比较低，如上海地方税收入占地方财政收入比重达到90%以上，北京、天津、全国平均水平也分别达到60%以上，而重庆地方税收入占比还不到50%。比较地方税收入占GDP的比重，重庆为14%，高出全国平均水平5个百分点，与北京、上海基本持平（见表10-2)。

表10-2 2012年地方税收规模比较

	全国(地方合计)	北京	天津	上海	重庆
地方税收入(亿元)	47 319	3 124	1 105	3 426	1 679
地方财政收入(亿元)	61 078	4 512	1 760	3 743	3 799
GDP(亿元)	518 942	17 879	12 893	20 181	11 409
地方税占地方财政收入比重(%)	67	69	62	91	44
地方税占GDP比重(%)	9	17	8	16	14

（二）地方税收结构

（1）税收构成。目前全国开征的税种共有18种，分别是增值税、消费税、营业税、企业所得税、个人所得税、资源税、城镇土地使用税、土地增值税、房产税、城市维护建设税、车辆购置税、车船税、印花税、契税、耕地占用税、烟叶税、关税和船舶吨税。这些税种中，消费税和关税属于中央税，营业税、城镇土地使用税、土地增值税、房产税和城市维护建设税等属于地方税，增值税、企业所得税和个人所得税等属于中央与地方共享税，其中增值税中央与地方分享比例分别为75%和25%，所得税中央与地方分享比例分别为60%和40%。从重庆市税收结构来看（见表10-3），营业税是第一大税种，占税收收入的37.94%，企业所得税（12.35%）和增值税（8.90%）是第二和第三大税种。此外，契税、城市维护建设税、耕地占用税等税种也占有一定的比例。

表10-3　　　　重庆2012年税收收入构成

	金额（万元）	占比（%）	规模排行
税收收入	9 701 657		
#增值税	863 346	8.90	3
营业税	3 680 455	37.94	1
企业所得税	1 198 016	12.35	2
个人所得税	329 838	3.40	7
资源税	86 945	0.90	10
城市维护建设税	555 483	5.73	5
房产税	274 317	2.83	8
印花税	146 610	1.51	9
耕地占用税	528 606	5.45	6
契　税	849 502	8.76	4

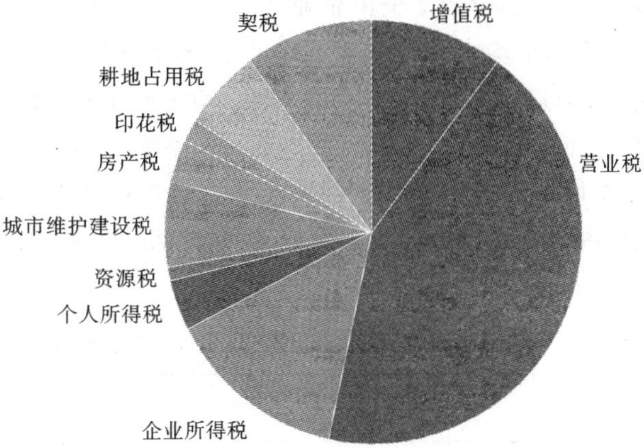

图 10-3 2012 年重庆税收结构

（2）比较分析。重庆市与全国比较：从全国地方税收收入构成来看，其主要集中于营业税、增值税、企业所得税、个人所得税以及与土地和房地产相关的税种（包括房产税、城镇土地占用税、耕地占用税、土地增值税以及契税），分别占地方税收收入的 33%、14%、16%、5%和 21%，这几项税种占地方税收收入的比重达到 89%。从重庆地方税收收入构成来看，营业税、增值税、企业所得税、个人所得税以及与土地相关的税种占地方税收收入的比重分别为 38%、9%、12%、3%和 28%，这几项税种合计占地方税收收入的 90%。二者相比，全市营业税和土地相关税种分别高于全国平均水平 5 和 7 个百分点，增值税和企业所得税比全国平均水平低 5 和 4 个百分点。

重庆与其他直辖市比较分析：从税收收入中各主体税种来看，全市增值税占税收收入的比例最低（9%），上海占比最高，达到 19%，全市比上海低 10 个百分点。全市营业税占比为 38%，与北京、天津接近，比全国平均水平高 5 个百分点，比上海高12个百分点。全市企业所得税和个人所得税占比为15%，比全国平均水平低6个百分点，比北京和上海均低18个百分点，与其他直辖市差距较大。全市土地相关税种占比最高，比全国平均水平高7个百分点；比上海高13个百分点，比北京高14个百分点，比天津高8个百分点；其中土地增值税、耕地占用税和契税与其他直辖市相比比例较高（见表10-4、图10-2）。

表10-4　2012年重庆与全国及其他直辖市地区税收收入对比表

	全国（地方合计）		北京		天津		上海		重庆	
	总额（亿元）	占比（%）	总额（亿元）	占比（%）	总额（亿元）	占比（%）	总额（亿元）	占比（%）	总额（亿元）	占比（%）
税收收入	47 319		3 124		1 105		3 426		970	
国内增值税	6 737	14	314	10	149	13	667	19	86	9
营业税	15 542	33	1 152	37	400	36	897	26	368	38
企业所得税	7 571	16	752	24	187	17	806	24	119	12
个人所得税	2 327	5	281	9	49	4	318	9	32	3
资源税	855	2	0. 8	0	2	0		0	8	1
城市维护建设税	2 934	6	160	5	71	6	149	4	55	6
房产税	1 372	3	110	4	40	4	92	3	27	3
印花税	691	1	44	1	23	2	57	2	14	1
城镇土地使用税	1 541	3	16	1	17	2	31	1	30	3
土地增值税	2 719	6	132	4	58	5	233	7	79	8
车船税	393	1	22	1	8	1	14	0	5	1
耕地占用税	1 620	3	10	0	15	1	12	0	52	5
契税	2 874	6	126	4	79	7	145	4	84	9

资料来源：《中国统计年鉴（2013）》。

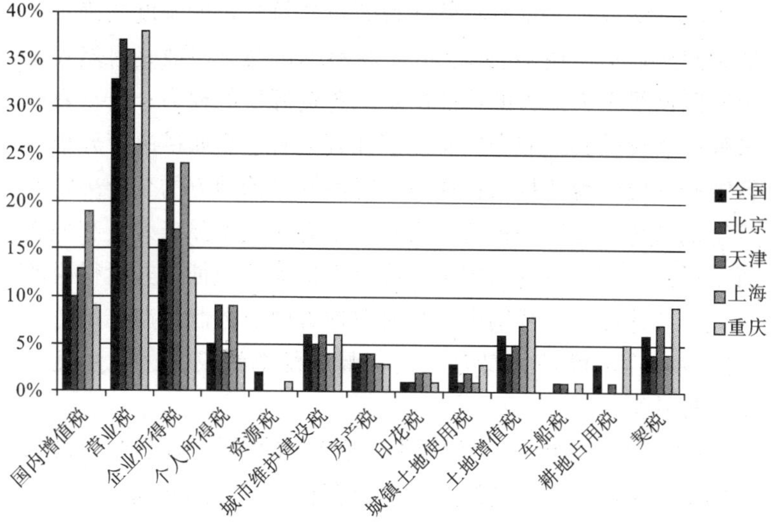

图 10-2 全国直辖市税收收入比较图

（三）地方税收权限

（1）税收权限。税收权限是指税收权利和收入在中央政府和地方政府之间的划分和管理问题。税收权限的核心是税收立法权，同时还包括征收管理权、政策调整权等。中国的税收权限高度集中于中央，几乎所有地方税的税法、条例，以及大多数税种的实施细则，都由中央制定和颁布，地方只有征收管理权限及制定一些具体的征管办法和补充措施的权限。《国务院关于实行分税制财政体制的决定》规定："中央税、共享税以及地方税的立法权都要集中在中央。"这一规定构成了我国现行中央与地方税收立法权划分制度的框架。目前由我国地方政府享有和行使的税收立法权如下：一是现行城市维护建设税房产税、车船使用税、城镇土地使用税等税种条例及规定，省级政府对这些税种条例享有制定施行细则的立法权。二是现行一些中央地方共享税和地方税的基本法赋予了省级政府享有如下税法立法权：①享有在营业税暂行条例规定的幅度内确定本地区娱乐业适用税率的权力；②享有对因意外事故、自然灾害等原因遭受重大损失的情况决定减免资源税的权力；③享有对未列举名称的其他非金属矿原矿和其他有色金属矿决定开征或暂缓开征资源税的权力；④享有对民族自治地方的企业决定实行定期减免企业所得税的权力；⑤享有对残疾孤老人员和烈属所得税以及因严重自然灾害造成重大损失等减征个人所得税的权力。总体而言，我国中央政府对地方政府控制过严，地方政府既没有确定税基的权力也没有调节税率的权力（除了几个小税种外）。

（2）比较分析。这样一种高度集中的税收权限划分模式，虽然确保了国家税法的统一，但也存在几方面的问题：

一是地方政府完全无法决定自身的税收权限、税收构成和规模，难以使地方税收的征管与本地复杂的经济情况及千差万别的税源情况充分协调，无法使地方政府充分利用税收杠杆调节地方经济运行的问题。例如：中央要求开征的税收，地方没有相应的税源，或因税源小而不足以开征；相反，随着地方经济的发展，地方具备了某种税源，需用税收进行调控，但地方却无权开征相应税收。地方税体系缺乏一定的自主权及具有稳定收入来源的主体税种，导致地方财政收入远远无法满足财政支出需要，不得不严重依赖中央财政转移支付。2012 年重庆市地方一般预算收入为 1 703 亿元，而地方财政一般预算支出达到 3 046 亿元，地方财政自给率仅为 56%，地方财政支出中将近一半需要依赖于中央对地方的财政转移支付。

二是造成地方性收费和基金侵蚀地方税税基的现象。一些符合条件本应以税收形式征收的地方性收费或基金项目由于地方政府无税收立法权而不能征税，这削弱了地方税作为地方政府财政收入主要来源的地位，制约了税收规模的扩大，并促使地方政府不断通过收费扩大自己的财力，造成收费项目多，规模大，甚至“费挤税”现象的出现。重庆“费挤税”现象尤为突出。非税收入包括专项收入（如排污费收入、水资源费收入、教育费附加收入和矿产资源补偿费收入等）、行政事业性收费收入（如公安、法院、司法、工商行政和税务等行政事业性收费等）、罚没收入、国有资本经营收入、国有资源（资产）有偿使用收入和其他收入。2012 年重庆非税收入 733 亿元，占地方公共财政预算收入的比重达到 43%，比全国平均水平高 20 个百分点，分别比北京、天津和上海高 37、6、39 个百分点。尤其是其中的行政事业性收费收入占非税收入比重高达 41%（比全国平均水平高 10 个百分点，比北京和天津分别高 17、13 个百分点），行政事业性收费收入占地方公共财政预算收入的比例高达 18%（比全国平均水平高 11 个百分点，比北京、天津和上海分别高 17、7、14 个百分点）（见表 10-5、图 10-3）。

表 10-5　2012 年重庆与全国及其他直辖市地区非税收入对比表

单位：亿元

	全国		北京		天津		上海		重庆	
	总额（亿元）	占比（%）	总额（亿元）	占比（%）	总额（亿元）	占比（%）	总额（亿元）	占比（%）	总额（亿元）	占比（%）
非税收入	13 756		190		654		316		733	
行政事业性收费收入	4 202	31	45	24	186	28	139	44	301	41
专项收入	2 819	20	88	46	59	9	104	33	113	15
罚没收入	1 519	11	43	23	15	2	24	8	29	4
国有资本经营收入	1 335	10	-30	-16	40	6	-9	-3	125	17
国有资源（资产）有偿使用收入	2 740	20	36	19	260	40	43	14	113	15
其他收入	1 141	8	7	4	91	14	14	4	50	7

表10-5(续)

	全国		北京		天津		上海		重庆	
	总额(亿元)	占比(%)	总额(亿元)	占比(%)	总额(亿元)	占比(%)	总额(亿元)	占比(%)	总额(亿元)	占比(%)
公共财政预算收入	61 078		3 314		1 760		3 743		1 703	
税收收入	47 319	77	3 124	94	1 105	63	3 426	92	970	57
非税收入	13 756	23	190	6	654	37	316	8	733	43
行政事业性收费收入	4 202	7	45	1	186	11	139	4	301	18

资料来源:《中国统计年鉴(2013)》。

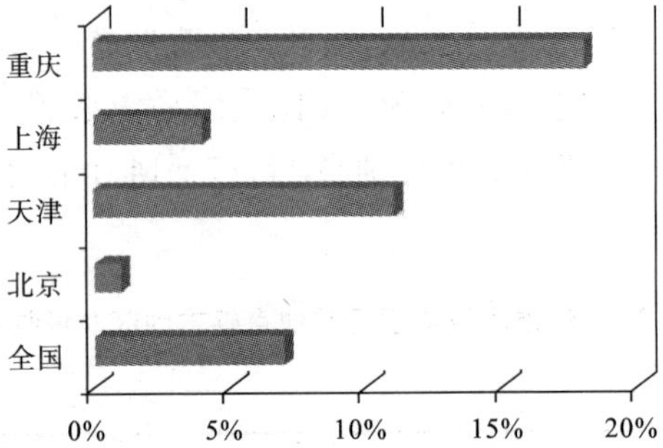

图 10-3　2012 年重庆与全国及其他直辖市行政事业性收费收入占地方公共财政预算收入比例比较表

10.3 “营改增”对重庆财政收入的影响

随着改革的深入和经济社会的迅速发展，我国已经处于加快转变经济发展方式的攻坚时期，通过新的税制改革倒逼经济结构调整和提高国家综合实力具有重要意义。为此，“十二五”规划明确提出了“要改革和完善税收制度，扩大增值税的征收范围，相应调减营业税等税收，合理调整消费税范围和税率结构，完善有利于产业结构和服务业发展的税收政策”，这是我国现阶段税制改革的目标及走向。按照建立健全有利于科学发展的财税制度要求，国家大力进行一系列税制改革工作，主要包括“营改增”的试点推广、房产税的试行、资源税的试行，等等。这一揽子措施有其积极意义，如：有利于完善税制，消除重复征税；有利于社会专业化分工，促进三次产业融合；有利于降低企业税收成本，增强企业发展能力；有利于优化投资、消费和出口结构，促进国民经济健康协调发展；等等。但同时税制改革（特别是“营改增”）将对地方税体系带来极大冲击：一方面地税系统丧失主体税源，地税收入锐减，地方财权进一步弱化；另一方面税收征管矛盾突出，地税系统丧失以票控税的主动权。

地方第一大税营业税的“营改增”自 2012 年 9 月 1 日开始试点，2013 年 8 月 1 日试点范围扩大到全国，国务会议上提出力争在“十二五”期间全面完成“营改增”改革。按照“十二五”规划与财政部门的部署，“营改增”将在一两年内推广到全部服务业，并把不动产纳入增值税抵扣范围从而实现增值税的完全转型，预计将直接减税 9 000 亿元左右。“营改增”在完善增值税体系的基础上，通过统一税制、公平税负、消除重复征税，打通工商、服务两类产业的抵扣项目，不仅保证了制造、销售类企业各阶段抵扣链条的完整，还扩大了服务行业的进项扣除范围，因此成为一项从个别服务企业延伸至上下游产业链的双重减税政策。同时，减轻中小企业税负是“营改增”的重点内容之一。财税〔2013〕37 号文规定，应税服务的年应税销售额未超过 500 万元的纳税人适用 3%的征收率，同时，对月应税销售额 2 万元以下的企业或个人免征增值税。对中小企业占比较高的服务业来说，与原来按 3% 或 5% 全额计征营业税相比，行业整体税负将显著减轻。

由此可见，营改增对地方财政收入的影响是非常大的。本书将对“营改增”试点及全覆盖对重庆财政收入的影响进行分析和预测。

（一）“营改增”试点对重庆财政收入的影响分析

重庆市从2012年起就启动了“营改增”试点准备工作。市财政会同国税、地税等相关部门，组建了领导小组，明确了部门分工，开展了典型调研，组织了业务培训，并就试点对相关企业和行业的影响做了大量测算分析。

试点税源结构：全市应纳入试点的企业（即试点纳税人）约3.2万户。从行业看，交通运输业1.2万户，占37.5%；部分现代服务业2万户，占62.5%。从规模看，一般纳税人（年销售额在500万元以上）0.2万户，占6.3%；小规模纳税人3万户，占93.7%。

试点影响测算：通过市级财税部门的摸底调查及静态测算，“营改增”试点后纳税人税负持平或下降的有3.1万户，为96.9%；纳税人税负上升的有0.1万户，为3.1%，税收增减品迭后为减税2.9亿元，总体情况与先行试点省市基本一致。

分析全市试点纳税人，主要呈以下特点：一是试点涉及企业及税额较少，此次全市纳入试点的企业仅3.2万户，相较北京18.4万户、上海16.4万户，户数偏少；2012年实际缴纳营业税28亿元，占当年全市营业税368亿元的7.6%，比重不大。二是以小规模纳税人为主，计3万户，占93.7%。因此，总体判断，“营改增”在全市试点，对相关企业、行业以及财政的影响不大。

试点实际情况：市国税局2013年9月22日发布消息称，全市“营改增”首个征收期已于16日结束。截至当日，全市“营改增”上线系统成功完成31 164户纳税人“营改增”纳税申报，入库税额达 1.14 亿元①。

重庆“营改增”试点行业范围及税率变化见图 10-4。

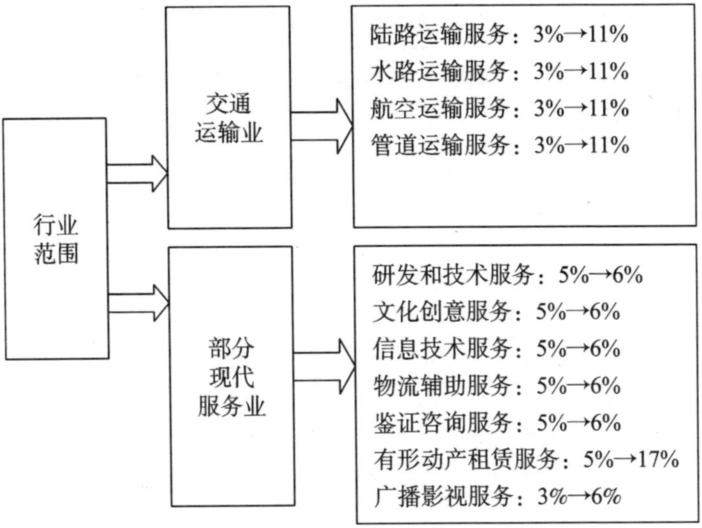

图 10-4 重庆“营改增”试点行业范围及税率变化

（二）“营改增”全覆盖对重庆财政收入的影响分析

“营改增”影响分为直接减税效应和间接减税效应两方面。直接减税主要来自于原营业税收入改为增值税收入的直接减损，间接减税则源于服务业进项抵扣增加导致的增值税收入的下滑。

（1）“营改增”直接减税效应。据测算，2012 年度全市进入试点范围的行业应纳营业税额为 27.4 亿元（约占 2012 年营业税总量 368 亿元的 7%），改为增值税后应纳增值税额为 24.5 亿元，实际税负直接减少 2.9 亿元。按照这一比例，2015 年重庆营业税收入（按过去五年平均增速 26%计算）将

① 数据来源：重庆市财政局网站。

达到 736 亿元，“营改增”全覆盖大概直接减税 78 亿元左右（见表 10–6）。

表 10–6　　重庆市营业税收入

年份	营业税收入（亿元）	营业税增速（%）
2007	117	
2008	145	24
2009	185	27
2010	242	30
2011	344	42
2012	368	7
2015（预测）	736	平均增速 26（算数平均）

（2）“营改增”间接减税效应。根据资料数据显示，全国间接减税规模相当于直接减税额的 1.7 倍，如果按全国平均水平测算，2015 年全市“营改增”的间接减税规模将达到 133 亿元。如果参照其他税源结构相似地区（即一般纳税人和小规模纳税人比例相似），2015 年全市“营改增”的间接减税规模最高将达到直接减税规模的 3 倍，即 399 亿元。

（3）“营改增”对重庆财政收入的影响。预计 2015 年，全市营业税收入将达到 736 亿元；由于“营改增”全覆盖，按照直接减税效应测算，营业税减为 0，增值税增加 658 亿元；按叠加间接效应测算（按全国平均水平），增值税由于进项额抵扣增加，将减少 133 亿元；增值税增减品迭后仅增加 525 亿元（658–133）。目前，“营改增”之后原归属地方的营业税收入，改征增值税后收入仍归属地方，税款分别入库，暂时对中央政府和地方政府的财政收入都不会产生太大的影响。但这一方案只是暂时性的，而且以后肯定会调整。如果“营改增”后仍执行现有的增值税 75∶25 的税收分成比例不变，按照增值税25%的分享比例测算，全市增值税仅增加131亿元。因此，如果按现行比例测算，到2015年“营改增”全覆盖后，全市财政收入将锐减605亿元（736-131），地方收入的下滑形势异常严峻。

全国及部分省市“营改增”试点减税效应的基本情况见表10-7。

表10-7　“营改增”试点减税效应的基本情况

地区	营改增时间	总减税额（亿元）	直接减税额（亿元）	间接减税额（亿元）	间接与直接减税规模比（%）	一般纳税人与小规模纳税人比例（%）
全国	2012. 1	1 147	426. 3	720. 7	1. 69	21：79
上海	2012. 1	210. 3	45	165. 3	3. 67	35. 2：64. 8
北京	2012. 9	176. 7	—	—	—	21：79
江苏	2012. 10	67. 54	47. 6	17. 46	0. 37	19. 1：80. 9
安徽	2012. 10	10. 2	2. 6	7. 6	2. 92	11：89
福建	2012. 11	6. 64	2. 92	3. 72	1. 27	11. 4：88. 6
广东	2012. 11	23. 48	10. 67	12. 81	1. 2	16. 6：83. 4
天津	2012. 12	32. 9	16	16. 9	1. 06	38. 5：61. 5
湖北	2012. 12	17. 77	4. 77	13	2. 73	14：86
重庆	2013. 8	—	—	—	—	10：90

资料来源：中国税务报网站及各地财政厅或国税局网站。

10.4 地方税体系面临的问题

（一）税收法律体系不完善

地方税体系构建中缺乏有力的法律效力支持，主体税种不明晰。当前我国地方税立法级次低、权威性低，税收法律体系不完善，法制建设滞后。在我国现行税法中，由最高立法机关通过的只有三部法律，而其他多数税收法规条例是由全国人民代表大会常务委员会授权国务院制定的。其结果导致授权制定的税收法规条例与其他法律缺乏衔接和配合，重实体、轻程序，税法解释政出多门，互不统一。造成地方税体系乃至整个税收体系建设缺乏依据和规范，甚至出现地方政府非法使用或滥用税收立法权的现象。

（二）地方税政权限不完整

我国的地方税管理权限高度集中于中央，几乎所有地方税种的税法、条例以及大多数税种的实施细则都由中央制定，地方税的减免权、税目与税率的调整权等管理权限也基本集中在中央，地方只具有征收管理权及制定一些具体征税办法和补充措施的权限。这种高度集权的管理模式，难以适应各地复杂的经济环境和税源状况，影响了地方政府以本地税收调控经济和保障收入的职能发挥。

（三）地方税种结构不合理

我国的地方税种具有三个显著特点：一是不健全，某些重要税种缺失。二是不科学，现有税种零散交叉。仅房地产税类就包括契税、房产税、耕地占用税、土地增值税、城镇土地使用税5个税种，不少税种还存在征收交叉现象，如城镇土地使用税与耕地占用税、土地增值税与企业所得税。三是不完善，主体税种尚未成熟，难以为地方政府提供稳定的财源。

（四）地方税收地位不突出

目前地方政府的税收收入高度依赖共享税种，地方税种在收入规模上远未达到其应有的地位。这种状况极大地弱化了地方政府行使职权的物质基础。为了弥补收支失衡，一方面导致土地财政、税外收费和债务性融资问题日益突出，另一方面导致本地财力严重依赖于上级转移支付。

（五）税务征管机构不协调

税务征管机构不协调主要体现在两个方面：一是国、地税机构分设与形势发展不协调，二是国、地税机构之间工作不协调。一方面，随着经济社会发展、税源结构变化和财税改革深入，国、地税两套机构分设带来的弊端日渐显现，其核心表现就是由机构增设、人员增加、程序烦琐和手段落后共同导致的征税成本持续升高。另一方面，两套税务机构的工作关系尚未完全理顺，仍存在税收征管范围划分不尽合理、工作配合不够密切、操作程序不够规范等问题。如何协调两者关系，在征税范围、机构职责和人员安排上做相应调整，将是地方税体系构建不可回避的重要问题。

10.5 地方税体系理论依据及国外经验

市场经济国家，无论是集权还是分权，都按照公共财政分税制分级财政的要求，建立起了相应的地方税体系来保证地方的财权。

（一）税种划分的原则

在财政联邦制下，不同层级的政府拥有不同的税种。由于各个税种的课税对象、课税范围、对经济的影响以及对于征管机构效率的影响都是不同的，因此也就存在着在中央与地方之间的税种划分问题。

（1）马斯格雷夫的七原则。美国著名财政学者马斯格雷夫提出过税收的划分应该遵循以下七项原则：①以收入再分配为目标的累进税应划归中央，因为对收入的再分配应该由中央政府在全国范围内进行调节，实现公平目标应该以全国为疆界；②作为稳定经济手段的税收应划归中央，而具有周期性稳定特征，收入起伏不大的税收应划归地方，因为稳定经济是全国性的职责，应由中央政府履行；③地区间分布不均的税源划归中央，否则会引起地区间税收收入不平衡；④课征于流动性生产要素的税收最好划归中央，否则会引起资源在地区间流动，扭曲资源在地区间的优化配置；⑤依附于居住地的税收（如销售税和消费税）较适合划归地方；⑥课征于非流动性生产要素的税收最好划归地方，因为这不会引起资源在地区间的流动；⑦受益性税收及收费对各级政府都适用。

（2）杰克·M.明孜的五原则。加拿大学者杰克·M.明孜也提出过税种划分的五条原则：①效率原则，税收划分要尽量减少对资源优化配置的影响；②简化原则，应使税制简化，便于公众理解和执行，提高税务行政效率；③灵活标准，有利于各级政府灵活地运用包括预算支出、税收补贴等措施在内的一系列政策工具，使税收与事权相适应；④责任标准，各级政府的支出与税收的责任关系应协调；⑤公平标准，要使全国各地区间的税种结构、税基税率大体上平衡，即各地居民的税负应平衡。

（3）塞力格曼的三原则。美国财政学家塞力格曼对税收划分提出了效率、适应、恰当三项原则。①效率原则，按照划归哪一级政府可以更有效地征税为标准来确定税种的归属，即如果某种税由地方政府征收效率更高，更有利于及时足额地把税款征收入库，则就将这种税划归地方税，相反，应划归中央税；②适应原则，税基较宽的税种应划归中央税，税基较窄的税种应划归地方税；③恰当原则，税种的划分应有利于、至少不损害税收负担的公平，这就要求税源布及全国范围，在全国范围内征收的税种，应该划归中央，而税源只在部分地区存在，因而只在部分地区征收的税种，应该划归地方。

以上从不同的角度、不同的研究视角提出的税种划分原则为我们研究税种划分提出了丰富的理论依据，也成为世界各国税种划分的重要参考。

（二）税种划分的实践

由于世界各国政治经济制度和经济发展水平千差万别，税制结构和税收状况差异很大，因此各国在实践中对于税种的划分也各不相同。

1. 美国

美国是个联邦制国家，它一直实行彻底的分税制。为保证各级政府有一定财力，能够提供其事权范围内的服务，每级政府（联邦、州、地方）都有与其事权相对应的税收体系。

（1）税收体系。①联邦政府的税收体系。联邦政府的税收体系以个人所得税、公司所得税和工薪税（社会保险税）三大直接税为核心，辅之以货物税、遗产税、赠与税和关税。州政府的税收体系。②州政府的税收体系以营业税为主体，辅之以个人所得税、公司所得税、货物税和各种使用税。③地区政府的税收体系。地区政府以财产税为主体，辅之以个人所得税、营业税和其他税收。可见，美国的分税制主要采取税源共享的方式划分税收收入，联邦、州和地方政府可以同时征收个人所得税、公司所得税、营业税。另外，主要税种在各级政府之间合理配置，所得税、营业税、财产税这三大税种分别归属于联邦、州和地方政府，使三级政府各自拥有稳定可靠的收入来源。

（2）中央与地方税收收入比例结构。中央税收收入比重较大，联邦各项税收约占税收总额的60%左右，州税约占25%，地方税约占15%左右。其中，财产税是地方政府税收收入的主要来源，约占地方税收收入的10%。地方税收收入（州和地区政府税收）占税收收入总额的比例保持在40%左右。

（3）税收权限的划分。在美国，三级政府都有自己独立的税收立法权和税收征管权。联邦税法由国会制定和修改，州和地方政府也都有独立的课税权。这使美国形成了统一的联邦税收制度和有差别的州及地方的税收制度并存的格局。在具体实施中，各州和地方的税收政策差异甚大，联邦、州和地方政府各有一套税务征管机构，征管方式也各具特色。

2. 法国

法国是一个单一制的中央集权制国家。其分税制总体上说财权、财力收支集中，不设共享税或同源课税。

（1）税收体系。法国的税收分为中央、省、市镇三级管理，分税制采取完全划分税种的做法。中央税主要包括个人所得税、公司所得税、增值税、消费税、登记税、印花税、工资税和关税等。前四种税占到总税收收入的85%左右。其中增值税比重最大，所得税次之。地方税分为直接税和间接税，主要包括行业税、居住税、建筑土地税、非建筑土地税、财产转移税、娱乐税等。直接税税基主要有收入、住房、财产，间接税主要是对产品或服务的交易或使用征收的税。法国地方的直接税比重是50%左右，间接税是15%左右，其他是35%左右。

（2）中央与地方税收收入结构。税收收入结构以中央税为主体。在法国，以增值税、所得税为主体税种的中央税收占总税收的85%左右，而以财产税为主要税种的地方税仅占15%以下。地方税在地方全部收入中的比重约为60%。

（3）税收权限划分。法国税收管理权限高度集中于中央。税收立法权包括开征权、征税范围以及如何分配税收收入等，均由中央统一规定，具体的税收条例、法令由财政部制定，地方政府负责执行。但地方有一定的机动权，如可以制定地方税的税率，有权对纳税人采取某些减免措施，有权开征一些捐费。

3. 日本

日本是一个单一制国家，行政机构分为中央、都道府县和市町村三级。以征收权为标准划分，中央政府征收的税种称为国税，地方政府征收的税种称为地方税，包括都道府县税和市町村税。

（1）税收体系。税种划分为国税、都道府县税和市町村税，每一级政府都以两种税为主体税种。国税包括个人所得税、法人税、酒税、继承税、赠与税、印花税等税种，并以个人所得税和法人税为主体；都道府县税包括都道府县居民税、事业税、汽车税等，以居民税和事业税为主体；市町村税包括市町村居民税、固定资产税、市町村烟税等，以居民税和固定资产税为主体。

（2）中央与地方税收收入结构。财权偏重于中央，征收范围广的税种大部分划归中央，中央财政集中了相当部分的税额，国税在全国税收收入总额中处于主导地位。一般来说，中央税收占税收总额的60%左右，都道府县税占到15%左右，市町村税占20%左右。这种税收体系，既能使中央有较强的宏观调控能力，又保证了地方政府的经济自主权。

（3）税收管理权限划分。日本税收管理体制相对集中。税法由国会统一制定，内阁为实施税法制定政令，都道府县和市町村等各级地方政府根据政令制定条例。日本在税收管理体制上，偏重于中央集权，税收立法权都归国会，各税法都要经过国会批准，地方有独立管理地方税种的权力，但要受国家制定的《地方税法》的限制。地方税收原则上只限《地方税法》所列的法定税种，但当地方政府出现收不抵支情况时，经过地方议会讨论通过，并经自治大臣批准，可以开征法定以外的普通税。地方税的大部分税所实行的正常税率都由地方税法规定，但对一些特定税种，都规定了税率的上限，还有一些地方税有全国统一的法定税率，地方不得自行改变，此外，像法定税以外普通税这些税种，税率由地方自行规定。

（三）可供借鉴的经验

发达国家的税收管理体制在事权与财权的划分上，虽然因国情而异，采用的标准不同，形式和方法也多种多样，但有一些共同的成功经验可供借鉴：

（1）地方税收入规模和主体税种的可确定性。在公共财政框架下，不同类型分税制国家地方税收入规模和主体税种具有确定性。如以分权型分税制为代表的美国，州政府掌握20%以上的收入，销售税是其主要税种；地区政府掌握15%左右的收入，财产税是其主要税种。以集权型分税制为代表的法国，地方税占25%左右，主要税种有行业税、居住税和建筑土地税。以集权与分权相结合型分税制的日本，地方政府掌握的地方税有25%左右。而每一级政府都以两种税为主体税种，道府县的主体税种是道府县居民税和事业税，市町村的主体税种是市町村居民税和固定资产税。

（2）中央集中必要的财力实施宏观调控。中央掌握主要税种，从而集中或管理了全国较大部分税收收入。例如美国联络联邦政府各项税收约占税收总额的60%左右，法国中央税收占总税收的85%左右，日本中央税收占税收总额的60%左右。凡涉及国家权益和宏观调控的税种都划归中央，税收立法权及国家主要税种的管理权限在多数国家都由中央掌握。如关税，因涉及商品进入国境和世界市场，有关国家权益，各国均由中央政府直接管理，即便是在分权比较彻底、地方有权立法的美国，宪法也规定禁止任何州政府课征进出口关税。

（3）地方拥有一定的税收管理权限。不管分税制是分权型、集权型，还是集权与分权相结合型的，在保持中央政府主导地位的前提下，中央政府一般都会赋予地方一定的税收管理权限，特别是拥有一定的地方税立法权。地方政府对地方税的主要税种有调整权、减免权等，对一些次要的税种还有一定的税收立法权。当然，由于分税制分权程度的不同，地方政府拥有税收管理权限的程度也是很不一样的。从美、法、日三国分税制的实践看，各种税的征收权限、管理权限和税率的调整权限归属哪一级政府，法律一般都有明确的规定。

10.6 完善重庆地方税体系的目标、原则及思路

（一）目标

坚持税收法定主义原则，科学合理划分税权，改革和完善地方税制，构建稳定与独立的地方税体系。通过完善地方税体系，实现事权和财权的统一，提高地方财政自给能力，推动政府转变职能，同时，也确保其他重大税制改革的顺利推进。

（二）原则

（1）市场经济的原则。十八大进一步强调了市场经济的基础性作用，完善地方税体系，一定要有利于市场经济的完善

和发展，有利于资源的有效配置，有利于促进经济的发展。

（2）效率原则。效率原则包括经济效率原则和税收本身的效率原则。完善地方税体系，要充分考虑税权的合理划分，方便中央税收征收管理和组织收入，又要方便地方的税收征收管理和组织收入，有利整个经济的发展性。税收本身的效率原则，是指以最少的税收成本获得最多的税收收入。降低税收成本，提高税收效率，要运用先进科学的方法管理税务，要简化税制。

（3）事权和财权相结合的原则。事权，就是某一级政府所拥有的从事一定经济事务的责任和权利。财权即某一级政府所拥有的财政管理权限，包括财政收入权和支出权。从市场经济发展的要求来看，中央与地方事权和财权的界定，可根据各级政府对各项经济和社会事务的把握方式和适应程度，并考虑公平与效率的关系。

（4）不重复原则与不抵触原则。地方税收立法权在行使的过程中应当遵循不重复原则和不抵触原则。首先，地方税收立法权应当仅限于中央拥有专属立法权的中央税、共享税、全国统一开征的地方税之外。除法律另有规定之外，地方不得与中央重复立法。坚持不重复原则与不抵触原则，可以从根本上保证我国税收法律体系统一于税收基本法和宪法，使地方税收立法始终处于国家立法体系之中。

（5）分税制原则。分税制是现代市场经济国家的基本做法，它的完善是与地方税体系的健全分不开的，没有发达的地方税就不能实现一级政府一级预算的原则，推进规范的分税制改革也就是一句空话。

（三）思路

建立科学、规范的地方税体系，必须确立地方税制改革的指导思想——税权合理划分，并以此为依据，进一步规范地方税收的立法权、管理权、收入规模和管理体制等。

（1）完善分税制财政管理体制。规范的分税制应该严格按照事权决定财权，财权决定税权的原则来合理划分中央和地方的税权。税权包括立法权、政策调整权和征管权。目前，除征管权基本上归属地方外，立法权和政策调整权仍高度集中于中央。因此，应通过完善分税制财政管理体制，赋予重庆市必要的立法权和政策调整权。对收入较多、涉及社会收入分配公平、具有宏观调控意义的全国普遍开征的地方税种，中央享有立法权和政策解释权。对税源普遍但经济影响小的税种，立法权在中央，税收政策解释权在地方。对税源零星分散、收入规模小、未在全国普遍开征的税种，立法权和税收政策解释权均在地方。

（2）确立合适的主体税种。地方税主体税种一般应具备以下特征：收入不易发生周期性波动，能保证收入来源相对稳定；税基较广，收入规模较大，且具有非流动性。其收入在地方税体系中占有较大比重，能够满足地方经济发展的要求。具有适度的弹性，收入规模能够随着经济的增长而相应增加。

（3）深化税制改革。一是重新划分税种归属。二是优化现有地方税税种结构。三是开征新税种，如开征环境保护税，将现有各种有关环境收费改为征收环境保护税，对排放废气、废水、废物、噪音 4 种行为，按对生态环境的不同危害，设计不同的税率，实行从量计征；开征教育税或开征遗产赠与税，以缓解收入分配不公。

10.7 完善重庆市地方税体系的相关政策建议

为保证地方财政有足够资金用于日常经费开支，以及地方经济发展的需要，须建立一套完整有效的并能适应地方特殊情况的地方税体系。

（一）基本前提条件

（1）正确划分政府与市场边界。应根据市场经济的基本原则，分析哪些责任属于市场，哪些责任属于政府，属于市场而市场化不够的领域要继续市场化，属于政府而政府缺位的应该由政府重新负起责任。

（2）合理确定中央与地方的财权与事权。需要合理确定中央与地方各级政府间事权范围，在确定各级政府的事权范围基础上，根据其事权范围所需财力的大小配置相对应的财权，以保证各级政府拥有与履行其事权责任相对应的财权保障。政府间的税收划分应充分体现弹性、公平、便于管理等原则，将那些与稳定国民经济、收入再分配有关的税种以及税基流动性大的税种，比如个人所得税划归中央，将那些税基流动性较小的税种以及易于由地方政府征收的税种，例如不动产税划归地方。

（3）赋予地方适度税收自主权。应根据地方具体情况赋予一定的税收自主权（包括一定的设税权、税种选择权、税率调整权）和举债权。以便地方政府能根据各自具体情况灵活掌握。同时，也应保留一定税项，以支持当地需要的公共事业的发展，保证地方政府较好履行自身职能。

（4）转移支付规则透明化和制度化。转移支付的规则应透明化和制度化，对财政比较困难的地区实行规范化的财政转移支付，以保证不同发展水平的地区和不同收入水平的群体能够享受到大致均等化的公共服务，并切实改善绩效考核办法，使之最终实现不开发的发展和不开发的富裕。

（5）政府间财政关系法制化。成熟市场经济国家的财政分权都十分强调财政分权的法制化原则。我国财政分权改革的重要任务就是把政府间财政关系引导向法制化的轨道，以宪法和法律来规范和监督财政，走法制财政与民主财政之路。

（二）政策建议

完善地方税体系，应按照党的十八大“加快改革财税体制”的总体要求，进一步完善政府间财政关系，优化政府内部财政管理，逐步形成税权相对独立、税种相对完整、收入相对稳定、征管相对协调的地方税体系。

（1）探索不同类型税权划分，形成相对独立的地方税权体系。国家政体和地区间经济发展不平衡的现状，决定了我们不可能建立完全分权型的地方税体系，只能实行中央地方兼顾型，即以中央立法为主，地方立法为辅。根据不同税种的属性和功能，具体可分为三种类型。①中央集权型。对全国统一开征、税基流动性较大、与稳定国民经济、调整收入分配有关的税种，如资源税、未来的社会保障税和遗产赠予税等，由中央统一立法和解释。②中央主权型。对全国普遍开征、作用范围仅限于地方、对全国统一市场没有太大影响的税种，如契税、印花税、城建税等，由中央统一立法，地方政府可以确定实施细则和征管办法。③地方主权型。对具有地方性特点的税源开征新税种，如对本辖区内特有的大宗产物课征特产税、对本区域具有税收特征的收费或基金改成地方税种，赋予省级政府完整的立法权和征管权，但需报中央及全国人大备案并接受监督。

（2）推进三大主体税种改革，形成相对完整的地方税种结构。地方税主体税种应该具备税基坚实、范围广泛、规模较大等特征。从我国看，应尽快推进房产税、资源税和城建税改革，将其打造成地方税体系的三大支柱。

（3）依据税改阶段分步实施，形成相对稳定的地方收入规模。地方税体系构建是个长期过程，为保证地方政府拥有稳定的收入来源、更好地履行职能，应根据税改的不同阶段，采取不同的目标和对策。①税改初期增加转移支付。为弥补地方税改革之初对地方政府收入的冲击，应进一步完善均衡性转移支付测算办法，增加一般性转移支付规模和比例，保证地方政府拥有一定的财力规模。②税改中期提高分享比例。在地方税改革已经启动、主体税种尚未成熟的情况下，为减少过于依赖转移支付所带来的成本损耗，宜考虑调整相关税种的收入归属与分享比例。如应提高增值税地方分享比例（比如将25%调高到40%），等地方税成形后，共享部分再顺势减少。③税改后期做实地方税种。地方税体系的形成最终需要地方税种的支撑。在地方税改革后期，应通过开征新税种、调整现有税种、减少共享税种的方式，适当提高地方税种的收入规模和所占比重，使其既能调动地方政府的征收积极性，又能满足中央财政的统筹需要。

（4）深化相关财政经济改革，形成相对协调的财税管理关系。完善地方税体系，形成协调有效的税收征管制度，必须深化相关财政经济改革，主要是处理好三层关系。①处理好中央和地方的财税关系。完善中央与地方之间的事权与支出责任。目前，可建立基本公共服务的共享与分担机制。②处理好区域政府间的财税关系。尽快制定制度性规范措施，有效化解税收与税源背离的负面影响，同时，应规范政府行为、严格税收执法，彻底改变各种违反税法的先征后返、税收优惠、减免收费、相互引税等恶性竞争状况。③处理好税务系统间的财税关系。进一步规范国、地税机构的职责范围，加强工作协调配合，加快征管改革步伐，通过建立统一的办税大厅、信息网络和纳税检查，实现国地税联网运行、信息共享。同时，按照降低税收成本和税收负担的原则，探索两税合并的大部制改革，合理设置机构、安排相关人员。

（三）构成重庆市地方税体系的主要税种分析

地方税体系的主要税种选择的指导思想是将税基分布均匀、税基流动性小、对整个国民经济不发生直接影响的税种确定为主体税种。从税收收入取得的来源上，有明显的地域性的税种，如资源税、房产税、车船税、契税等确定为地方税；从收入的用途上，对带有明显地区受益的税种划分为地方税，如城市维护建设税、耕地占用税等。按照“优化税制结构、公平税收负担、规范分配关系、完善税权配置”的原则，改变原本不受重视的格局，逐步构建科学、合理的地方税制。

1. 全面推广资源税改革

将环境污染性资源纳入资源税的改革范围，以销售额为计税依据实行从价计征，提高税率，在当前的资源和环境形势的约束下，是未来资源税改革的重点。未来资源税改革将使资源税成为名副其实的地方税主体税种。

2. 推进房产税改革

在起步阶段实行高征收起点、收缩征收范围，并实行地区弹性税制，以消除改革阻力。

3. 有选择地开征环境税

选择防治任务繁重、技术标准成熟的税目（二氧化硫、氮氧化物、二氧化碳、污水、固体废弃物），开征环境保护税。应主要遵循“费改税”和适度负担原则，设计相对合理的环境税税率，以污染产品的数量为计税依据。

4. 推行其他地方税种改革

对印花税、契税、耕地占用税等，进行税率、税基等方面的调整，以逐步适应地方财权、财力与事权相匹配的需要。

（1）印花税。对印花税基本保持原有的税收制度，仅将印花税的征税范围扩大到《中华人民共和国合同法》所列举的巧项合同，再适当提高购销合同、产权转移书据、建筑安装工程承包合同的税率。由于印花税具有自行贴花、自行完税的特点，地方要加强印花税的管理，以保证印花税收入。

（2）车船使用税。对车船使用税的改革，首先是将车船使用税与车船使用牌照税合并，纳税人为在我国境内所有使用车船的单位和个人。由于我国已成为世贸组织成员，关税税率逐年降低，我国国内的汽车拥有量也将逐年攀升，车船使用税收入有望进一步增加，成为构成地方税收入的重要组成部分。

（3）耕地占用税。随着城市化进程的加快，城市周边地区的耕地占用迅速增加，我国的农用耕地迅速减少，保存原有的耕地占用税还是必要的，同时适当提高耕地占用税的单位税额，即可为地方提供一定的税收收入，又可以以税收方式限制耕地的占用，保护我国有限的耕地资源。

（4）开征遗产税、赠与税。当前我国国民收入的分配结构发生了很大变化，高收入人士的大量涌现，为开征遗产税提供了充足的税源。通过开征遗产税、赠与税，可以合理增加地方财政收入，还可以起到缓解贫富差距矛盾的目的，同时此项收入可以用于社会公益方面的支出，使遗产税开征后更具有社会意义。

（5）开征社会保障税。将现行的采用向社会筹集社会保障基金的形式调整为开征社会保障税，对社会和职工双向征收，从根本上解决部分地区社会保障基金筹集不足的问题。这样可以为社会保障提供充足的资金，并实行专款专用，在真正意义上形成全社会的互济机制。

第三篇　补短板

针对一些地区基础设施，生态环保以及脱贫、教育、卫生等领域发展相对不足，区域间、城乡间分化现象较为突出的问题，进一步提高公共产品供给的精准性和有效性，重点实施脱贫脱困补短板、基础设施补短板、生态环境补短板、社会事业补短板等工程。

11 脱贫脱困补短板

为深入贯彻落实习近平总书记关于扶贫开发的重要讲话精神，以及市委、市政府关于扶贫攻坚的重大决策，重庆加快了贫困地区贫困群众脱贫的步伐。

11.1 扶贫攻坚对财政投入的要求

扶贫攻坚既是民生工程，也是民心工程，更是政治任务。这项工作事关全面小康。从重庆的实际情况看，实现全面小康的难点和重点在 18 个贫困区县、1 919 个贫困村和 166 万贫困人口。如果到了 2020 年，还有一批群众生活在贫困线以下，那就不能称为“全面小康”。我们必须下大力气补齐这块短板。这项工作事关社会公平正义。一个社会如果贫富差距过大，一部分人收入很高，还有一部分人收入很低、挣扎在贫困之中，这样既不公平，还会产生让社会不稳定的隐患。这项工作事关经济可持续发展。进入新常态后，经济发展面临增长动力转换、有效需求不足等问题，加大对贫困地区和贫困人口的投入，既可以增加有效投资、稳增长，还可以扩大消费、惠民生，促进经济的良性循环。可以说，加大扶贫攻坚投入，是“稳增长”“调结构”和“惠民生”的重要抓手，一举多得，有利于经济社会可持续发展。市委、市政府提出了扶贫攻坚“三年任务、两年完成”的目标，即2017年年底基本完成扶贫攻坚主体任务，2018年做好各项收尾工作。这是刚性任务、政治任务，必须按时、保质完成，即使是时间紧、任务重、难度大，市与区县两级财政也要敢于担当、直面困难，切实发挥好政府财政投入在扶贫攻坚中的主导作用。

首先，扶贫攻坚是公共财政的内在要求。公共财政本质属性是提供公共产品和公共服务。像扶贫攻坚这样市场机制难以有效发挥作用的领域，公共财政就要及时跟进、及时补位。市委、市政府提出，要“发挥政府投入在扶贫攻坚中的主导作用”。道理就在这里。政府投入的主体就是财政投入，财政必须担起这个担子。

其次，加大财政投入是有效减贫脱贫的重要法宝。扶贫攻坚需要政府财政拿出真金白银。“十二五”以来，我们坚持一般公共预算的75%以上用于区县和基层，对区县的补助共计4 125亿元。其中，补助贫困区县的2 086亿元里，专项用于扶持贫困区县和贫困人口的政策资金就有150亿元左右。贫困区县的人均财力从8.8万元提高到14.3万元。以2014年为例，市对18个贫困区县一般公共预算补助575亿元，其中，财力性转移支付305亿元，占区县补助总额的一半以上，支撑区县65%的一般公共预算支出。近两年，全市减少贫困人口83万，贫困发生率进一步降低，这些成绩的取得，都和加大政府财政投入密切相关。

最后，只有解决好财政政策和资金管理中存在的突出问题，才能保证如期完成脱贫任务。尽管这些年来财政政策和资金在扶贫攻坚中发挥了重要作用，有力推动了脱贫减贫，但是，以扶贫攻坚的新任务、新要求来衡量，我们的政策设计、资金管理还存在一些不足和问题。比如，管理责权模糊问题。对各类扶贫资金政策的管理主体、管理责任划分不明，导致部门间争项目、争资金的时候一拥而上，分配时精准不够，下达后随意闲置，使用中跑冒滴漏、低效浪费，缺乏有效的考核、问责手段。又如，项目资金分散问题。虽然目前对扶贫的财政投入逐年加大，但项目分散、效益不高的问题普遍存在，资金“撒胡椒面”看似花团锦簇、面面俱到，但与精准扶贫的初衷是不相符的。还有，资金使用安全和绩效的问题。“跑冒滴漏”、虚报冒领等违反财经纪律的现象时有发生。这些问题如果不正视、不解决，必然会拖工作的后腿，贻误扶贫攻坚的大局。

11.2 财政政策着力点

（一）加大资金投入，为扶贫攻坚提供财力保障

按照市委、市政府《实施意见》中直接涉及财政的政策测算，2015—2017 年三年仅市级财政对扶贫的新增投入就达到 82.81 亿元。这块资金只是市级的新增投入，不包含市级存量，也不包括下一步中央的补助和区县的财政投入。在经济发展进入新常态后，财政收入增速放缓，刚性支出不断增长，财政面临更大的平衡压力。在这个背景下，市级能够新增投入 82.81 亿元，也是付出了很大努力的。市委、市政府确定的 21 项直接涉及财政的增支政策可以归纳为 7 个方面。

第一，关于贫困村整村脱贫。市委、市政府《实施意见》规定：“从 2015 年起，对全市 1 919 个贫困村每年的专项扶贫补贴实施‘五年政策、三年到位’，助推贫困村提速脱贫。”经测算，落实整村脱贫政策共需财政投入 35.8 亿元，这里还

不包括以前年度已经安排的资金。并且，整村脱贫的进度要加快，2015 年启动 691 个，2016 年启动 885 个，2017 年启动 343 个。因此，对区县而言，一方面，资金使用要打捆，要整合交通、水利、电力、一事一议等专项资金，优先用于贫困村，形成资金使用合力，保证必要的投入强度，确保按期完成整村脱贫任务。另一方面，资金投向要有针对性，主要用于贫困村减贫增收、基础设施、产业发展、公共服务等方面，同时要加快落实资金项目，细化建设任务，努力实现贫困村“八有”、解决贫困户“八难”，让贫困群众真正受益。

第二，关于农村低保标准与扶贫标准“两线合一”。市委、市政府《实施意见》规定：“加强扶贫开发与农村低保、社会救助等政策有机衔接。将 2015 年农村低保标准统一调整到 230 元/人·月，并建立与经济社会发展和居民收入增长相适应的增长机制。贫困人口中没有劳动能力、需要由社会保障进行‘兜底’的，可通过低保线与贫困线‘两线合一’，将其全部纳入农村低保范围，实现应保尽保。”要将低保作为农村贫困群众的最后一道保障线，区县应在实施过程中把握好三点。一是要严把入口审核关。在审核标准上，要握好人均月收入 230 元这个经济标准；在审核程序上，要坚持听证评议、张榜公示等环节，确保过程透明、操作规范。切忌简单将 16 万人直接纳入低保范围，要坚持现行低保审核机制，切实做到应保尽保。二是要加强动态管理。通过县、乡、村委会三级，按月对低保对象家庭人口和收入情况进行动态监测，做到保障对象有进有出，补助水平有升有降。三是要保障待遇发放。“两线合一”后，区县政府要积极筹措资金，及时拨付，确保低保金按时发放到位。同时，市级也将加大对区县的补助力度。

第三，关于农村因病致贫家庭重病患者纳入医疗救助。市委、市政府《实施意见》规定：“建立完善针对贫困人口的城乡居民合作医疗保险、大病保险、补充商业保险、医疗救助相衔接的医疗保障制度。符合医疗救助条件的因病致贫扶贫对象纳入医疗救助范围，资助其参加城乡居民合作医疗保险，并逐步提高参保缴费资助标准。救助对象实行动态管理。贫困户大病医疗补充商业保险实现全覆盖。”据统计，目前全市农村因病致贫的约有 16 万人，其中 2 万人已纳入医疗救助，还有 14 万重病患者医疗负担较重。建立完善医疗保险、大病保险、医疗救助、补充商业保险相衔接的、多层次的、多渠道的医疗保障制度，就是为了解决这个问题。困难群众的医药费用，首先由城乡居民医疗保险和大病保险报销，其次符合条件的纳入医疗救助范围，在医保报销后再给予救助，最后补充商业保险全覆盖，对自付部分给予赔付。医疗救助制度对缓解困难群众看病贵效果明显，群众期盼较高，也备受社会关注，区县在实施过程中要注意把握两点。一是要严格标准。本次新纳入的救助对象，既包括“两线合一”后新增低保人员，也包括符合条件的因病致贫对象。但不是两者简单相加，直接将 30 万人纳入医疗救助，仍然要坚持现行的甄别审核制度。除低保人员可直接纳入救助范围外，其他对象不仅要入户核查，还要进行张榜公示，做到公平公正，对扶贫对象中符合条件的，及时纳入保障范围，不得遗漏，做到应救尽救。二是加强动态管理。要加强救助对象资格核查，对资格发生变化、不再符合条件的对象，比如不再享受低保、病情已经痊愈的，要及时退出医疗救助。

第四，关于教育扶贫。市委、市政府《实施意见》规定：“完善家庭经济困难学生教育资助政策，将贫困户子女优先纳入资助范围。每生每年学前教育资助 2 160 元、小学阶段贫困寄宿生资助 1 000 元、初中阶段贫困寄宿生资助 1 250 元。贫困户子女就读中职学校和公办普通高中免学费，每生每年资助国家助学金 2 000 元。贫困户子女就读中职学校每年资助住宿费 500 元。贫困户家庭子女高等教育阶段国家生源地助学贷款每年提高到 8 000 元，还款期限延长至 20 年，享受每年 3 000 元以上国家助学金。”区县一方面要把握口径。市委、市政府《实施意见》中对补助对象统一采用“家庭经济困难学生”来进行表述。这是与中央一致的助学体系口径，“家庭经济困难”涵盖了城乡低保家庭、农村建卡贫困户家庭学生和孤儿、残疾和其他家庭经济困难学生。尽管该项政策并非仅仅局限于贫困户学生，但我们在落实的时候要重点注意，优先将农村建卡贫困户子女纳入资助，力求通过教育扶贫，最大限度防止贫困的代际传递。希望各区县在具体执行中，因地制宜制定并严格、准确把握范围和标准。另一方面要抓好落实。在具体推进执行的过程中，区县财政既要按照预算安排及时足额下达相关资金，又要坚持加大投入与强化管理相结合，不能够只拨不管、只付不问。特别是学生资助资金，大都精准到人头，区县财政既要会同相关部门，确保学生资助系统的管理完善，做到基数精准；又要督促学校等单位资金核拨，确保资助资金及时足额发放到受助学生手中。

第五，关于高山生态扶贫搬迁。市委、市政府《实施意见》规定：“高山生态扶贫搬迁计划首先保证贫困户搬迁，在落实人均 8 000 元市级以上补助资金的基础上，贫困户搬迁再按人均 2 000 元补助到区县。农村危房改造资金优先向贫困区县和贫困户倾斜。2015—2017 年累计实施搬迁 30 万人，其中贫困户搬迁 21.3 万人。对深度贫困户搬迁，由区县落实差异化补助和结对帮扶搬迁政策，实现符合条件、有意愿搬迁的贫困户‘应搬尽搬’。”一方面，区县在市级下达的 8 000 元标准的补助中，仍然可集中不超过 20% 的资金用于安置点基础设施建设。但 2 000 元的提标部分只能用于对贫困户的搬迁补助，不能统筹用于安置点基础设施建设。此外，区县要结合各自实际，对贫困户特别是重度贫困户建立差异化的补助政策，用好市以上资金、整合其他资金、发动社会共同做好贫困户搬迁工作。另一方面，区县要将市级对新增的高山生态扶贫搬迁集中安置点给予的产业补助资金整合切块到区县的特色效益农业资金、乡村旅游发展、技能培训等资金，优先支持贫困搬迁人口发展适宜的产业。

第六，关于产业扶贫。市委、市政府《实施意见》中有关产业扶贫的重点政策是特色效益农业发展专项资金和财政农业项目补助资金股权化改革。

特色效益农业资金方面。市级每年切块下达区县的特色效益农业资金 7 亿元左右，其中贫困区县占比约 70%，由区县自主用于主要产业发展。三年扶贫攻坚期间，市级每年还将对贫困区县再增加切块资金 1 亿元以上，支持贫困区县发展扶贫产业。

财政农业项目补助资金股权化改革方面。市委的《实施意见》明确要求：“财政农业项目补助资金股权化改革试点扩大到所有贫困区县，贫困区县农业产业资金的 30% 以上用于股权化改革。”目前已经在渝北、永川、云阳三个区县开展了试点。主要就是将财政投入农业企业的产业项目资金的 50%～70%，作为涉及土地流转的农民和企业项目所在地集体经济组织持股，其中，农民持股 60%、农村集体经济组织持股 40%。农民和集体经济组织在项目存续期内（一般不低于 10 年）按持股金额 5.6%～8.4%的标准实行每年固定分红。到期后，农业企业按股份原值返还农民和集体经济组织。

区县一方面要加强政策宣传。财政农业项目补助资金股权化改革是财政支农资金管理方式改革的重要方向，将原来无偿给企业的钱变成无偿和有偿相结合，体现了财政的公共性，让广大农户特别是贫困农户能够分享经济发展的红利。区县相关部门既要做好农业企业、农民合作社等农业经营主体的政策解释宣传工作，也要争取农户积极参与。另一方面要完善实施方案。区县财政要配合农业等主管部门结合本地实际，特别是在贫困农户的持股比例和分红标准确定上，要平衡好各方的利益，方案要接地气、可操作。与此同时要加强资金监管。此项改革主要在区县层面开展，具体怎么实施，具体到什么项目，区县相关部门要心中有数。市财政也将会同相关部门，加强资金跟踪督查，确保贫困农户从改革中实实在在受益。

第七，关于基础设施扶贫和金融扶贫。

基础设施扶贫方面。一是农村公路建设。已将补助标准从每千米50万元提高到55万元。区县也要发挥能动性，多渠道筹集资金，抓好资金使用监管。二是村社便道建设。到2017年新建6 000千米，每千米按3万元标准补助。区县在分配资金时，首先要满足贫困村的需求，并坚持民主议事程序，充分发挥群众主体作用，坚决杜绝基层政府或村干部自作主张、大包大揽、自定项目等违背农民意愿的行为发生。

金融扶贫方面。一是对吸纳贫困人口就业达到20%以上的农业企业、合作组织及自主创业的贫困户申请抵押担保贷款的，财政给予1个百分点贴息、0.5个百分点担保费补贴。二是现有政策性农业保险险种在贫困区县全覆盖，财政将在现有农业保险保费补贴基础上，对贫困户再提高5个百分点的补贴。区县要加强宣传，严格把关，严防虚报套取、弄虚作假，让贫困群众真正得到实惠。

（二）调整完善财政政策，为扶贫攻坚提供机制引导

第一，建立鼓励贫困区县“脱帽”的机制。这些年贫困区县的基本运转、民生保障能够顺利推进，与“贫困区县”这个帽子相关的政策资金是发挥了重要作用的。而贫困区县在提速脱贫摘帽的过程中，最为担心的就是“帽子一脱，政策就走”，导致“刚脱贫，又返贫”，这些年一些贫困区县在脱贫摘帽上有所顾虑，就是因为这个机制上的“反向激励”。对此，市委、市政府的要求是明确的，市财政的态度也是坚决

的，就是要变“反向激励”为“正向激励”，就是要建立脱贫摘帽过渡期补偿机制。一是倾斜政策力度不减。我们对原来向贫困区县倾斜的20多项政策进行了梳理，主要涉及教育、社保、收入分配、农村基础设施建设等方面。从现在起，就锁定这些政策，不管是否“摘帽”，以后市里的支持力度不减，扶持比例不变。二是设置三年过渡期。市财政对专门用于贫困区县、贫困人口的12项政策资金，设置三年过渡期，在过渡期内，政策支持力度总体保持不变。如此一来，脱贫区县大可不必担忧，一旦完成脱贫，财政支持资金锐减，而是可以利用好三年的过渡期，真正夯实扶贫成绩。三是新出台政策贫困区县不配套。在2015—2017年的三年扶贫攻坚期，市里新出台的针对贫困区县、贫困人口的政策，原则上贫困区县应承担部分全部由市里出资。这项政策的出台，实际上也是解除区县政府、区县财政的后顾之忧。虽然说，很多对贫困区县、对贫困人口的政策，属于区县自身的支出责任，但考虑到攻坚期贫困区县的财力实际，市委、市政府决定，这三年市里出台的类似政策，一律由市级承担。“不减力度、不减比例、不要配套”，这三个“不”，打破了“反向激励”的僵局，为贫困区县集中精力、集中财力扶贫攻坚留足了时间、空间。

第二，建立扶贫攻坚与转移支付挂钩的机制。扶贫攻坚工作中，有三条路径至关重要：一是贫困区县提高城镇化率，吸引更多人口进入城镇工作；二是贫困人口向外地转移，在新的就业岗位上脱贫；三是就地发展经济，逐步脱贫。在2015年转移支付改革中，有三个机制与此息息相关：一是奖补城镇化率的提高。2014年，全市城镇化率为59.6%，贫困区县除涪陵、万州外，城镇化率均低于全市平均水平。把城镇化变动率纳入转移支付分配后，贫困区县由于基数较低，增长空间大，会相应得到更多转移支付。二是奖补贫困区县外移人口。市委、市政府《实施意见》指出，要引导渝东南、渝东北地区农村人口特别是贫困人口向大都市区特别是城市发展新区转移。但与此同时，对贫困区县的转移支付分配，仍采取户籍人口测算，不因人口变动而减少补助总量，使人口减少的区县能够提供更高水平的基本公共服务。三是奖补贫困村、贫困人口的减少。2014 年，全市九成以上的贫困村和八成以上贫困人口集中在 18 个贫困区县。对此，我们在转移支付体系中专门将贫困村、贫困人口变动作为分配因素，就是考虑到要调动区县的积极性。贫困村、贫困人口脱贫摘帽越多、越快，得到的转移支付奖补资金就越多，奖补资金又可以用来推进扶贫开发，形成转移支付奖补与扶贫攻坚进度之间的良性循环。这一系列政策措施的叠加，就是要从贫困人口减少的角度，建立正向的、可持续的激励引导机制。与此同时，贫困区县又大多肩负生态涵养保护的责任，“面上保护、点上开发”的原则，使得区县难以实施超常规的经济发展路径，对此，市里又从生态保护的角度给予了补助，每年的生态转移支付中，贫困区县得到约九成，改革后也将纳入基数。

第三，加强专项资金整合。财政扶贫资金管理部门多、项目数量多、资金使用分散的问题，“九龙治水”“政出多门”也是存在的。目前，扶贫专项资金中，按项目实施管理约占资金总量的 40%，主要是基础设施建设类，也有少数技能培训类项目，往往以部门“条条”管理为主，来源多样，申报环节多、信息不对称、核实较复杂，实施过程较为漫长，重复交叉，利益矛盾较大。这样的资金分配使用方式如果不改变，不仅会影响财政资金绩效，而且还会影响扶贫攻坚任务的按期完成。如何进行整合？需要在实践中摸索。中央的意见是明确的，从十八届三中全会的精神，到《预算法》的规定，再到国务院系列文件《关于预算管理制度改革的决定》（国发〔2014〕45 号）、《关于改革和完善中央对地方转移支付的意见》（国发〔2014〕71 号）、《关于实行中期财政规划管理的意见》(国发〔2015〕3 号)、《关于盘活存量资金的意见》(国发〔2015〕35 号),都对专项整合提出了明确要求。比如国发〔2015〕35 号文就说:“对上级政府下达的专项转移支付,下级政府可在不改变资金类级科目用途的基础上,发挥贴近基层的优势,结合本级安排的相关专项情况,加大整合力度,将支持方向相同、扶持领域相关的专项转移支付整合使用。”这些,实际上从制度层面开了口子。下一步,一方面,在市级层面要加强扶贫专项资金的整合。按照责、权、利相统一的原则,把投向相近、性质相似的专项逐步整合到一个部门,实行集中打捆使用,改变“九龙治水”的格局,做到“一个龙头,一个目标,一套体系,全程问效”。另一方面,在区县层面选择若干个地方开展扶贫专项资金整合试点。对有积极性的,市级将给予奖励。我们也希望通过试点、通过区县的探索,找到一条盘活存量、整合资金的有效途径。

(三)加强资金监管,为扶贫攻坚提供有效的激励约束

扶贫资金是老百姓的“养命钱”,但 2014 年以来,各级审计机关对区县一些专项资金的使用情况进行了审计,还是发现了这样那样的问题。一方面,资金紧张,筹资压力大;另一方面,大量资金在“跑冒滴漏”,没有发挥效益,甚至危及资金安全。现在,像扶贫这样的惠民资金,直接用到区县、乡镇和老百姓头上的,政策越来越多,资金量越来越大,范围越来越广,涉及千家万户。资金是否管好、用好、发挥好,关键在监管,所以说,资金监管的责任要加大、加重。如果不发挥好乡镇财政干部的作用,资金监管很难做好,因为他们在一线,政策是他们在执行,资金也是他们在兑现,情况也只有他们更清楚。借此机会,就发挥乡镇财政的职能作用强调两点:一是乡镇财政要聚焦资金监管的主业。2010 年 9 月 10 日市政府办公厅以渝办发〔2010〕264 号印发了《重庆市人民政府办公厅

转发重庆市财政局关于进一步加强乡镇财政管理意见的通知》，明确了“乡镇财政职能由收入征管型向公共服务型转变，由财政资金分配型向监管型转变”。一方面，2014年，全市通过乡镇财政列报的一般公共财政预算支出只占全市一般公共财政预算支出的5%，绝大多数资金由区县列报本级支出后，由主管部门直接拨给老百姓，根本没有通过乡镇财政，乡镇财政无法进行监管，区县主管部门也没有精力去监管。另一方面，一些乡镇财政所的精力主要放到了乡镇“中心工作”上去了，并没有真正转到资金监管和公共服务上来，缺位也是存在的。区县要创造条件，项目的立项申报和竣工验收、惠民政策享受对象的资格审核、财政资金的财务把关和监管，这些都要让乡镇财政参与进来，不能简单地把资金的分配和使用都放到“七站八所”。二是要重视乡镇财政队伍建设。目前，乡镇财政干部人员老化、能力不足、队伍不稳的问题比较突出，区县要理顺乡镇财政的管理体制，拓宽人才招录渠道，实现新陈代谢，定期开展轮岗交流，多关心乡镇财政干部，加大培训力度，把这支队伍的积极性调动起来、作用发挥出来。

11.3 妥善处理三个关系

扶贫攻坚，政府责无旁贷，但同时也要引导市场发挥作用，带动个人发挥主观能动性。扶贫攻坚，财政要敢于担当，但同时也要区县、部门联动起来。要妥善处理好三个关系：政府、市场、个人之间的关系；市、区县和乡镇三级政府之间的关系；当前支出与财政可持续支撑之间的关系，保障扶贫攻坚任务按时保质完成。

第一，处理好政府、市场、个人之间的关系。扶贫攻坚，政府投入要发挥主导作用，财政资金投入主要是改善贫困地区生产生活条件、为贫困群众提供基本公共服务和对丧失劳动能力的重度贫困群体进行救助。具体而言，就是要落实好市委、市政府《实施意见》中的22项财政政策措施。但是，发挥政府投入主导作用，并不是“躺在政府身上”、财政“大包大揽”，必须调动贫困地区和贫困群众自我发展、自我造血和自我奋斗改变面貌的积极性、主动性。财政的制度设计和资金使用要向这方面聚焦，而不能简单“埋单帮穷”，更不能变成“帮懒”“养懒”，要克服“民粹”心理。扶贫不是吃大锅饭，不能再出现“撒胡椒面”“利益均沾”等现象。与此同时，扶贫也要注重发挥市场作用。能够让市场发挥作用且效率更高的领域，要充分发挥财政资金的撬动作用。总之，政府应当履行公共财政职能，但也要按经济规律办事。要利用好市场的作用，发挥好群众的主观能动性。该政府做的，政府要做好；该社会和个人做的，要充分放手交给社会和个人。

第二，妥善处理市、区县和乡镇三级政府之间的关系。要解决扶贫资金管理分散、政策碎片化的问题，除了资金整合，根本上还要靠理清市、区县和乡镇之间的事权与支出责任。要根据财政扶贫资金的性质、使用方向及管理要求，明确各级政府的管理职责和权限。市级财政要加强与各部门的协同配合，重点推动制度机制的设计优化、资金分配的整合倾斜、扶贫政策的指导监督，要加强整合、统一政策，同时充分放权。比如，归口管理。市里将按照中央规范专项资金管理的有关要求，在对市级跨部门资金清理的基础上，对目标接近、投向类同、管理相近的资金予以整合，对职业技能培训、高山生态扶贫搬迁等资金实行一个部门牵头管理，统一政策标准、统一项目安排、统一资金拨付，避免出现多头管理。区县财政要围绕当地扶贫攻坚任务，积极探索有效途径，重点确保财政扶贫的政策目标到位、资金落实到位。一方面，市里面定下的政策，必须不折不扣地执行。市里定下的规矩，区县就要大胆按照规矩管起来，真正把资源整合起来。尤其是要把有限的资金花在刀刃上，花出效益。另一方面，区县要因地制宜，有针对性地开展扶贫工作。“14+4”个贫困区县，各个区县都有不同的情况。别人的药未必适合治自己的病，各位干部应认真了解自己所在区县的情况，对症下药，干出有效的扶贫成果。区县不能够只管向上级申请资金，但是钱却不花在刀刃上，不然，扶贫攻坚的效果必将大打折扣。乡镇财政要充分发挥身在第一线，对政策明情况、知得失的优势，重点从政策实效上查找漏洞、建言献策，从资金兑现上细化流程、跟踪保障。

第三，妥善处理当前支出与财政可持续支撑之间的关系。在经济发展新常态下，如何在收支矛盾突显的情况下，不仅打赢攻坚战还能巩固成果？一方面，要注重统筹整合资源。比如，存量资金的盘活。要进一步转变理财观念，突破“就财政说财政”的思维定式，树立“大财政”意识。要进一步发挥财政政策和资金的牵引作用，增强财政整合资源的能力，通过简政放权、放宽准入、深化政府购买服务等改革举措，让社会资金进入教育、卫生、市政等公共服务领域，实现财政与国资、政府与市场的联动，更好地支撑经济社会发展。另一方面，要算好当前与长远两本账。既要算好当前投入，又要关注未来持续性支出，不能只顾当前完成任务，不管以后长远发展，更不能为了赶进度饮鸩止渴。要打赢这场具有历史意义的扶贫攻坚战，关键在决心，核心靠发展，重点看政策，成败在落实。要拿出超乎常规的意志和勇气，合理攻坚，啃下这块“硬骨头”。区县财政局长应做到以下三点：一是懂专业。财政工作的专业性较强，涉及经济社会的方方面面，要全面深入学习财政政策和业务知识，做懂业务的行家里手。二是有底线。要坚持依法理财，认真学习贯彻《预算法》，严守财经纪律，谋划和推进工作要有底线、守底线，不能碰的“红线”坚决不碰，不能“不知者无畏”。三是要务实。要按照“三严三实”的要求干事创业，拿出的数据要实，不能弄虚作假；反映情况要实，不能欺上瞒下；工作措施要实，不能搞花架子；作风要实，不能只看领导脸色行事。

11.4 基础设施建设扶贫

一直以来，衡量一个地区经济是否发达的一个重要因素就是基础建设的完备程度，即该地区与外界互通信息的通畅情况。古有“丝绸之路”，今有“一带一路”。古代丝绸之路的畅通推动了隋唐盛世的中国经济社会的大发展，如今的“一带一路”也将如大家预期的一样，极大地带动周边地区的经济发展。不难看出，基础设施建设在经济发展中有着举足轻重的地位。放眼当今的中国，中部和东部的经济相对发达，而西部地区与之相比则还有一定差距。再看眼下的重庆，不同区域的经济发展程度依旧对比鲜明。经济发展的高度和健康度很大程度取决于边远、落后的贫困地区的发展状况。如何逐步缩减市内各区域间的贫富差距，基础设施建设是一个相对给力的着力点。

（一）完善外通内畅扶贫路，打造互联互通交通网

“修一段公路，就能给群众打开一扇脱贫致富的大门”，基层干部经常如是说。交通扶贫是全市扶贫攻坚工作的基础和先导，农村公路建设，尤其是行政村通畅工程建设是交通扶贫的重要抓手。“十二五”以来，农村公路建设继续加快，大力推进实施行政村公路通畅工程，并在西部率先启动撤并村公路建设，方便了农民群众出行和农村物资运输，帮助了贫困地区农民脱贫致富。根据规划，“十二五”期间，重庆市新改建农村公路将达 4 万千米，新解决 2 359 个行政村通畅问题。截至

目前，全市农村公路总里程达到12万千米，行政村通畅率达到87%，超额完成行政村通畅率85%的规划目标；原定2013—2017年完成的1万千米撤并村公路通达工程也提前两年全面竣工，共解决2 606个撤并村公路通畅问题，300户以上的撤并村公路通达率达到100%的原定目标已基本实现。为了完成市委、市政府要求的目标任务，市财政一方面整合资源、多方筹集，另一方面创新思路、积极争取。农村公路通畅工程总投资共达280亿元，其中争取中央补助113亿元，市级贷款补助29亿元。为了加大对贫困区县的扶持力度，市级补助实行差异化补助方式，补助标准和力度向贫困地区倾斜，突出扶贫重点。不仅如此，市委、市政府《关于精准扶贫精准脱贫的实施意见》（以下简称《意见》）中还明确，村社便道建设向贫困区县倾斜，到2017年年底，新建村社便道6 000千米。村社便道的修建将进一步提升村民的生活质量，改善贫困地区的落后面貌。来自市公路局数据显示，农村公路畅通工程后，农民到集市和县城的时间，平均分别缩短了43分钟和57分钟；车辆运营成本平均下降四成多，约八成的企业降低了运输成本和提高销量；有95.1%的村民收入明显增加。尽管成绩显著，但是交通扶贫工作仍然还有“硬骨头”要啃。目前，全市仍有1 212个行政村公路不通畅，交通扶贫工作任务依然繁重。下一步，重庆市将在全面提速行政村通畅工程建设的同时，进一步加大对贫困村通畅工程的扶持力度，降低贫困村和农民的负担。从2016年起，将秦巴山、武陵山12个集中连片特困区县补助标准由50万元/千米提高到55万元/千米，并力争2016年实现有条件行政村公路通畅率达到100%，为重庆市率先在西部地区全面建成小康社会提供交通运输保障。

（二）提高通信设施信息化水平，促进信息改革全面化

改革开放以来，我国经济实现了飞速增长，但是同时也拉

大了城市与农村地区在各方面的差距。农村基础设施工作的主要目标是将农村的经济带入更加科学的发展道路。因此，基础设施的建设工作对于促进贫困地区的经济增长以及发展有着重大意义。在如今这样一个高速信息化的时代，加强农村，尤其是贫困村的通信设施建设对推动农村扶贫工作意义重大。

当前，农村特别是贫困地区农村信息化最为薄弱的环节就是通信技术落后，这不是局部地区的个别现象，这是全国贫困地区的共同现象。贫困地区经济落后，资金严重不足，消费水平低下，导致信息基础设施薄弱。在加入世贸组织后，传统的农业管理与服务模式已明显不适应新形势的要求，贫困地区的农民要脱贫致富，就必须利用信息通信技术加快推进农村贫困地区的发展，改造传统的农业生产。就重庆市而言，到2014年年末，农村信息基础设施初步成型：自然村通电话率达到100%、行政村通宽带率达到100%、行政村光纤通达率接近70%；农业信息技术应用范围逐步扩大，在种植业方面、养殖业方面和农产品质量安全溯源方面等均有应用推广；建立了“12316”热线、“12582”农信通、重庆农业农村信息网等主要应用服务平台和“奇易网”“农企宝”“特产宝”等电子商务平台，为农业农村提供了各具特色的服务。

虽然取得了一定的成绩，但是从总体评价上看，重庆市农业农村信息化建设的整体水平在全国仍较为滞后。下一步，重庆市将加强贫困村通信设施建设，实现移动信号、广播电视信号全覆盖，为贫困村接通符合国家标准的互联网。不仅如此，农业信息化改革相关项目将优先安排到贫困区县实施。特别值得一提的是，重庆市将加快推进互联网进村入户计划，优先在贫困区县创建电子商务进农村综合示范县，建成一批电子商务服务中心。电商扶贫工程是国务院扶贫办确定的“十大精准扶贫工程”之一，重庆市通过近两年的重庆电商扶贫平台建设，在贫困地区推动贫困户增收效果日益显现。截至2015年

7 月底，已采集 4 000 多户乡村旅游扶贫接待户数据资料上网，网上交易额达到 2 500 万元；近期开始的贫困村“网上村庄”服务站建设，交易农产品近 100 万元。同时，不断加大对农村电商扶贫工作人员的培训，2015 年上半年共培训 3 000 余人次，为更好地开展“网上村庄”电商扶贫工作奠定了基础。重庆市电商扶贫是创新产业扶贫开发的重要举措。现在已然开发了一个好平台、有了一支好队伍、探索了一个好机制，总体上初具规模。通过政府购买服务的形式为贫困地区农户服务，找到了电子商务与乡村旅游扶贫、特色产业扶贫的有效结合点。后续的重点工作将体现在：创新扶贫项目，紧紧围绕扶贫攻坚来设计包装策划项目；分清角色扮演，公司决定平台建设，政府做好配合保障；注重机制健全，把握核心资源，为电商扶贫提供技术和模式支撑；探索多方联动，保持技术创新、业务拓展，全面开拓贫困农户发展增收；坚持合理规划，确保长远结合当前，做好贫困村电商人才的培养和现有困难的指导。

（三）抓好农村环境连片整治，保障五大区域健康发展

2010 年，重庆市被纳入财政部、环保部全国第一批八个农村环境连片整治示范省市之一。同年 5 月，市政府与财政部、环保部签署了《农村环境连片整治示范协议》。这一政策举措有力推动了重庆的生态环境保护工作，受到广大人民群众的拥护。根据市委第 49 次常委会决定，重庆市农村环境连片整治确定为市委、市政府重点抓好的 22 件民生工程之一，并提出五年内完成 2 000 个行政村环境连片整治工作。

2010—2012 年重庆市共计获得财政部补助资金 6.5 亿元，市区配套资金 3.25 亿元，对 28 个区县、624 个行政村的农村环境连片进行了综合整治，基本解决了一批农村突出的环境问题。全市农村共建设集中式污水处理设施 1 123 座、分散式污

水治理设施 8.1 万座，新增污水处理能力 6.2 万吨/日；建设垃圾中转站 1 880 个、垃圾箱（池）4.7 万个，新增垃圾处理量 702 吨/日；设畜禽养殖污染治理设施 329 个，新增畜禽养殖粪污处理及综合利用能力 921 吨/日。

2013—2017 年，全市农村环境连片综合整治项目预计总投资 22.3 亿元，其中：争取中央农村环保专项资金 14.9 亿元，市级及区县配套资金 7.4 亿元。2013 年已落实中央补助资金 3.8 亿元，市级配套资金 4 100 万元，启动 600 个村的农村环境连片整治项目；2014 年已落实中央资金 3.8 亿元，并已下达区县。考虑到渝东南、渝东北的具体情况，提高市级配套比例，由以前市级配套资金占总配套资金的 20% 提高到 40%，其他区县仍为 20%。

尽管真金白银拿出来了，农村环境连片整治的效果也逐步显现，但是就总体而言，仍然存在一些问题。一是项目覆盖率低。从全国来看，我国环境保护投入总体不足，农村环保投入更为有限。从重庆市来看，虽然 2010 年以来，中央财政加大了对重庆市的支持力度，累计支持重庆市专项资金 14.1 亿元，实施了 2 200 余个建制村的环境连片整治，但仍然远不能满足农村环境保护的迫切需求。全市 8 318 个建制村中，大多数缺乏必要的环保设施，迫切需要资金支持。二是地方配套难度较大。由于地方财政困难，特别是西部地区仍处在欠发达阶段，筹集相应的配套资金难度较大，自 2013 年起，尽管市级财政每年专项安排 5 000 万元用于配套建设，但区县配套压力仍然很大。三是运行管理缺乏保障。据初步测算，全市 8 318 个行政村全部实施污水垃圾处理后，要保障环保设施的稳定运行，每年约需 5 亿元资金，资金筹集是一个难题。如果全部由乡镇来承担，不仅设施运行得不到保障，还将极大地影响乡镇实施项目的积极性。

农村环境连片整治的“痾疾”固然需要花大力气，但是为彻底打好农村扶贫攻坚这一战，下一步，重庆市将积极针对问题，探索解决路径。一是求助上级。积极向中央部委汇报，继续争取中央资金支持，解决农村环境连片综合整治运营及配套资金等问题。二是积极协调。多渠道筹措资金，继续加大市级财政投入，配合市级相关部门做好农村环境连片综合整治工作。同时，要求相关区县政府解决好配套资金，确保污水、垃圾设施设备正常运行。三是强化管理。从制度入手，建立健全相关制度，加强管理能力，提高资金使用效益，确保钱都花在“刀刃”上。

11.5　产业扶贫

授之以鱼不如授之以渔。高效推进扶贫开发，必须从改变扶贫理念开始。近些年来，中国社会的扶贫开发理念已经发生了根本性的转变。从长期以来优先解决贫困人口的吃、穿以及保障贫困人口的住房、教育、医疗等基本生存问题到重点解决贫困人口的水利、交通等发展条件问题；从开始重点解决贫困人口的水利、交通等发展条件问题，到在解决了贫困人口生存和发展条件基础上，以产业发展带动增收致富，最终解决贫困人口发展增收问题。理念变化标志着中国社会对贫困现象本质有了更加准确和深刻的把握。而产业扶贫无疑是人们正确认识问题本质后做出的理性选择。作为开发式扶贫的核心内容，所谓产业扶贫是指通过开发一个地区的特色、优势产业，以形成产业链的方式来推动贫困人口增收脱贫的扶贫开发模式。经济学家阿马蒂亚·森认为：发展即意味着消除贫困。目前对于重庆贫困地区来说，发展的方式有很多，脱贫的选择也很多，但为什么要将产业扶贫作为一个重点呢？这与重庆自身特点密切相关。一方面是贫困人口相对集中。重庆贫困人口主要集中在武陵山、秦巴山连片特困地区，相比而言，贫困人口呈集中分布状态。另一方面是贫困地区资源相对富集。重庆贫困地区相比于其他省市贫困地区，水系发达，生物物种多样，生态资源、旅游资源相对丰富。举例说来，重庆贫困地区农业增加值占到重庆全市四成以上；粮食、肉类、蔬菜产量也分别占到全市总量的50%、50%和30%；柑橘、干果、中药材等特色产品种植面积更是占到全市七成左右，森林覆盖率也超过50%。贫困人口相对集中，贫困地区并不缺乏资源。这些特点就形成了重庆进行产业扶贫的巨大优势。在积极探索产业扶贫过程中，重庆充分发挥资源优势和市场活力，找准农业、工业、服务业融合发展的契合点，通过效益农业、特色旅游、商贸流通、绿色产品、特色工业园区等推动产业发展，培育出了一批具有带动效应的特色产业，切实增强了贫困地区造血功能和内生动力。探索出了一条“靠山吃山靠水吃水”的新路子。

（一）经验一：走特色效益农业的路子

重庆武陵山、秦巴山连片特困地区的海拔高、坡度陡、蓄水性差、人均耕地面积小，发展大规模的农业产业难度较大。但是，高山地区环境污染小、立体气候明显、山林面积大，发展适度规模特色农业优势也很明显。2013年以来，在中央财政现代农业发展专项重点支持蔬菜、柑橘、肉羊等产业的基础上，重庆市级财政每年安排10亿元以上设立现代特色效益农业专项资金，重点支持贫困区县发展2~3个特色主导产业。2015年，重庆市委、市政府进一步调整优化了贫困区县产业结构，明确围绕柑橘、生态鱼、草食牲畜、茶叶、榨菜、中药材、调味品七个产业，延伸冷链物流、产品销售、品牌建设、质量安全、服务体系等产业链条，着力打造百亿级重点产业链，推进贫困农村一、二、三产业融合发展。数年的努力，已经结下了累累硕果。涪陵区主推榨菜加工，打造“涪陵榨菜”

品牌，带动贫困农户种植榨菜增收；忠县发展柑橘深加工，形成“派森佰”果汁品牌，带动贫困农户从事柑橘种植；丰都县依托“恒都肉牛”品牌，带动贫困农户从事肉牛养殖。在特色效益农业带动下，贫困地区农业质量和效益不断提升，农业区域布局和产业结构不断优化，重庆产业扶贫路子越走越宽，有效带动了贫困群众增收脱贫。

（二）经验二：走休闲乡村旅游的路子

渝东南、渝东北地区山清水秀、空气新鲜、气候宜人，较好地保留着原始生态和乡村文化，蕴藏着丰富的旅游资源。但是其基础设施薄弱，公共服务供给严重不足。随着近些年重庆整村推进扶贫开发，部分高山贫困村基础设施得到极大发展，初步具备了旅游接待能力，发展休闲乡村旅游的条件已经形成。从 2011 年开始，重庆市级财政每年安排专项资金支持贫困地区发展乡村旅游产业，在 18 个扶贫重点区县的 200 余个村启动实施乡村旅游扶贫示范项目，带动发展了近 1 万户农户开展乡村旅游接待。在乡村旅游产业推动下，武隆仙女山、石柱黄水、酉阳桃花源等一批生态旅游景区日趋完善，全市乡村旅游年接待游客达到 350 余万人次，乡村旅游年直接收入近 4 亿元，极大地带动了贫困地区经济社会发展和贫困农户致富增收。

（三）经验三：走农村电子商务的路子

产业扶贫还要借助信息技术，运用互联网思维。重庆通过发展农村电子商务，推动特色效益农业、乡村旅游和农村公共服务融合发展，既打通了农产品流通“最后一公里”，又显著改善农村基础条件，展现了巨大的发展潜力。比如，秀山县在全市率先探索“互联网+扶贫平台”，创造性地开发了“武陵生活馆”农村电子商务平台。平台功能齐全，服务优惠便民，受到群众广泛欢迎，发展如火如荼。仅一年时间，“武陵生活馆”农村电子商务平台就覆盖了27个乡镇，并进一步向55个村延伸推进，成功地将大山里的特色农产品销往全国，带动了贫困群众脱贫。而立足于电商扶贫的“重庆村游网”，则将重点放在了与乡村旅游的深度融合上。消费者通过“重庆村游网”，不仅可以在线上直接预约乡村农家乐，还能享受农产品“线上预约、线下交易”服务。通过多种方式，“重庆村游网”有效地帮助贫困地区乡村旅游产业实现了“走出去”。

（四）产业扶贫存在的难题

“短板理论”启示我们，一只木桶能装多少水取决于它最短的那块木板。取得的成绩固然可喜，存在的问题同样需要认真对待。当前重庆扶贫开发距离市委市政府提出的“2017年基本完成、2018年打扫战场”的扶贫总体目标，还有较大的差距，在实际工作中也存在不少亟待解决的难题。具体有以下几个方面：

——资金投入方面，有限的财政资金投入量与巨大的产业扶贫资金需求量之间矛盾突出。总的来看，重庆财政产业扶贫专项资金投入是较为有限的，特别是平均到每一个贫困户身上就更加明显。有限的财政资金投入，常常导致产业扶贫效果大打折扣。很显然，仅依靠政府财政单方面投入是远远不够的，必须进一步提高和放大财政扶贫资金的使用效益，充分发挥“四两拨千斤”的效果，引导社会和金融资金的投入。

——扶贫对象方面，扶贫对象产业发展条件普遍较差。在产业发展中贫困农户普遍存在缺门路、缺技术、缺管理，不了解市场等诸多具体困难，他们都是产业发展的弱势群体，需要在产业扶贫过程中给予特别帮扶与专门指导。

——扶贫效果方面，扶富不扶贫的现象时有发生。有的地区习惯“大水漫灌”而非“精准滴灌”。产业扶贫中，专项扶贫资金更多地流入企业，垒了“大户”，最需要扶贫的贫困户却在产业开发中被边缘化，导致了扶富不扶贫现象。结果是产业发展起来了，但收入两极分化也进一步拉大了，扶贫效果没有体现。

——产业增值方面，普遍存在农产品转化增值能力弱的问题。重庆贫困地区农村二、三产业发展相对滞后，农业产业链条不长、产销联结不紧密，导致农村一、二、三产业融合度不深、农产品转化增值能力较弱，制约了区域脱贫致富。

（五）理顺关系化解难题

如何化解产业扶贫中存在的困难和问题？重庆的思路是着力理顺产业扶贫中起关键作用的几对主要矛盾，充分发挥政府财政的主导作用，更好地发挥市场配置资源的决定性作用，推进重庆产业扶贫事业取得更大进展。

——处理好政府和市场的关系。扶贫攻坚是国家战略，政府履职义不容辞，但产业扶贫与低保等“兜底”政策不一样，需要更好地发挥市场配置资源的决定作用。一方面，找准产业项目和扶贫工作的切合点，通过系统设计，改革创新体制机制，在农村土地、劳动力、农业生产经营、资金融通、商贸流通等方面预留制度通道，引入市场机制，唤醒沉睡资源。另一方面，在企业合作、社会投入、金融支持等方面做到行政命令和市场规律有机结合，紧紧围绕资本和产权做文章，尽量规避各方利益冲突、集聚发展合力、阳奉阴违等不良现象发生。

——处理好产业发展和农民增收的关系。产业扶贫不完全等同于产业发展，它以产业为基础，以扶贫为目的。产业发展是路径与保障，扶贫攻坚才是根本目的。在产业扶贫中，需要努力通过培育股份化合作社、扶贫资金股权化改革等方式，逐步完善符合实际的利益调剂机制，防止“以产业发展来代替扶贫任务”的倾向，解决好企业介入时的客大欺主和合作经营时的各自为政等现实问题。

——处理好重点帮扶与整体推进的关系。习近平总书记指出："抓扶贫开发，既要整体联动、有共性的要求和措施，又要突出重点、加强对特困村和特困户的帮扶。"这句话既深刻揭示了重点帮扶与整体推进的关系，又阐释了面上扶贫与精准扶贫相结合的理念。就重庆看，"面"上的问题就是抓好渝东南、渝东北区域互联互通、推进基本公共服务均等化等共性问题；"点"上的问题就是针对每一个贫困户、贫困村、贫困区县进行精准化识别、针对性扶持、动态化管理，实现"扶真贫、真扶贫"。两者结合起来，就是在定向扶贫、精准扶贫的基础上，全面推动秦巴山、武陵山片区及其涉及的18个重点区县扶贫开发，落实好各项产业规划，打好扶贫开发攻坚战。

（六）下一步重庆财政大有可为

随着发展思路的理清和几对重要关系的进一步理顺，重庆扶贫开发即将步入爬坡上坎、限时攻坚的关键时期，产业扶贫必将在扶贫攻坚中发挥更加重要的作用。这些都需要财政发挥主导作用。

——规划引导，统筹发展。结合《重庆市扶贫产业发展规划（2011—2020）》《重庆市乡村旅游发展规划（2013—2020）》大力推进贫困区县产业结构调整，鼓励贫困地区群众通过入股、劳务等方式，参与乡村旅游、休闲观光、特色效益农业产业发展，增加贫困农户收入。"十三五"期间，重庆财政预计将投入资金50亿元以上，吸引社会投入60亿元以上支持贫困地区重点发展乡村旅游、中药材、草食牲畜、柑橘、蔬菜等产业。资金使用方面，在坚持中央财政现代农业专项围绕柑橘、蔬菜和山羊产业带发展的基础上，在本级财政专项扶贫资金中安排资金主推乡村旅游发展，对贫困群众发展乡村旅游给予直接补助、信贷支持。同时，将市级财政每年安排的特色效益农业专项的65%以上用于贫困区县，大力支持乡村旅游、中药材、草食牲畜、柑橘、蔬菜产业发展。

——财经携手，推动发展。发挥财政资金引导作用，撬动金融社会资本增加投入，拓展资金来源。继续加大对农业政策性担保机构资本金注入力度，逐步建立农业担保贴费制度和风险补偿机制，支持市农业担保公司等农业政策性担保机构做大做强。继续加大财政贴息支持力度，实施贫困农户小额贷款财政贴息，建立风险补偿机制，引导金融机构加大对贫困农户小额贷款支持。推动建立涵盖农业产业股权引导基金、新型农业经营主体创投基金、农业综合开发产业发展基金、供销小额贷款的财政金融合作体系，加强财政资金与社会金融资本合作，支持做大做强农业经营主体，增强农业经营主体带动贫困户产业发展能力。

——合作经营，抱团发展。引导贫困户以农房、土地、林地经营权等入股参与股份合作社，既能通过土地流转推动农业适度规模经营，也能通过务工、返利、保底分红增加贫困户租金、股金和薪金等财产性收入。近年来，全市农民合作社数量和质量稳步提升，截至2014年年底，全市农民合作社发展到2.2万家，其中，股份合作社2 500余家。下一步，财政支持农民合作社资金将重点向贫困地区股份合作社和合作联合社倾斜，并将带动群众脱贫致富作为资金安排的衡量指标；同时，发挥财政资金引导作用，通过贷款贴息、融资担保、创投基金等方式支持股份合作社发展壮大。

——三产融合，深度发展。完善农业产业链条，延伸农产品加工和流通体系，加强仓储设施、冷链物流支持力度，提升农业附加值。重点发展农产品产地加工，提升中药材、柑橘、蔬菜、畜禽等农产品精深加工能力，发展乡村生态休闲旅游，开发和推介乡村旅游精品线路，推动乡村旅游串点连线成片。在此基础上，以农村电子商务为切入点，推广秀山“武陵生活馆”和“重庆村游网”电商模式。

——股权改革，创新发展。通过股权化改革，推动农业企业与农村集体经济组织及农户建立了更加紧密的利益联结机制。2015 年以来，重庆在渝北、永川、云阳三个区县开展财政农业项目补助资金股权化改革试点：将财政投入农业企业产业项目资金的 50%~70%作为涉及土地流转的农民和企业项目所在地集体经济组织持股，其中，农民持股 60%，农村集体经济组织持股 40%。农民和集体经济组织在项目存续期内（一般不低于 10 年）按持股金额 5.6%~8.4%的标准实行每年固定分红。到期后，农业企业按股份原值返还农民和集体经济组织。下一步，要在贫困区县全面推开股权化改革，贫困区县农业产业资金的 30%以上作为贫困户股权注入经营性经济组织，成为他们长期稳定的收入来源。同时，建立健全农业企业、农民合作社与贫困户的利益联结机制，确保贫困户从产业发展中得到固定的收益。

11.6 社保兜底式扶贫

社保是民生之基，是经济社会发展的稳定器和减震器。党的十八大以来，一系列社保政策相继出台，保基本、兜底线、促公平的社会保障安全网正趋于完整和牢固。而这一轮的扶贫攻坚战，需要发挥好这张社会保障安全网的作用，把社会的底部兜住。李克强同志指出，因为国力所限，我们基本保障的标准还是低水平的，总会有一部分人因病、因灾等特殊原因陷入生活的窘境，基本保障兜不住，还要进行社会救助。因此，重庆不断探索更为完善、更为有效的社保路径，让社保网兜住兜牢新时期的扶贫工作底线。

（一）路径一：扶贫线和低保线两线合一

扶贫开发和农村低保都是缓解和消除农村贫困的方式。在今后一段时间，我国将坚持扶贫开发和农村低保的两轮驱动扶贫模式，并逐步实现这两项制度有效衔接。经过近几年的努力，全市低保救助制度不断完善，管理逐步加强，低保救助在保障困难群众基本生活方面，发挥了重要的“兜底”作用。目前，全市农村低保标准为220元。截至2014年年底，全市农村低保覆盖了50万人，全年支出15亿元。但仍有残障人员等丧失劳动能力的贫困群众，需要依靠低保救助保障基本生活。按照有关部门的统计数据，全市约有18万年均收入低于2 000元的贫困群众，其中2万人已纳入农村低保，还有16万人需要由社保进行兜底。为什么农村低保人数占贫困人口比例不高？其原因有三：一是侧重对象不同。低保对象侧重家庭经济收入，按2 640元/人·年予以核定。而贫困人口侧重于通过掌握劳动技术、发展产业、教育帮扶等措施，可以靠生产劳动能力脱贫的人群来核定，没有保障标准。二是认定程序不同。低保对象的认定程序是自下而上的，由村民推举、公示产生，每季度认定一次。而贫困人口的认定程序是自上而下的，重庆市的贫困人口规模根据国家确定的重庆市贫困人口率和自身实际确定，报经国务院扶贫办批准后按贫困人口的规模进行识别。贫困人口规模则根据区县农村人均收入等进行分配，区县按规定流程识别贫困人口。三是资金分配不同。农村低保支出由中央、市级、区县负担比例为7∶2∶1。而中央对市级和市级对区县扶贫资金分配80%以上需考虑贫困人口、贫困村等因素。农村低保是农村贫困群众的最后一道生命线，在新形势下的扶贫工作中，为实现“路径精准”，重庆市委书记孙政才提出，通过低保政策兜底，研究扶贫线和低保线“两线合一”，以社会保障实施政策性兜底扶贫。

实施路径。一是标准合一。“两线合一”后，农村低保标准将统一提高到 230 元/人·月，初步测算，需要新增财政支出 9.9 亿元。低保提标但不宜扩面，据调查，目前农村低保村民推选、公示、监督制度实施较好，基本能做到应保尽保。二是对象统一。详细分析现有贫困人口的致贫原因，再根据其致贫原因制定分类扶持措施，以发挥政策绩效和激励导向作用。一类是兜低。贫困人口中没有劳动能力、需要由社会保障进行“兜底”的，可通过低保线与贫困线“两线合一”，将其全部纳入农村低保范围，实现应保尽保。一类是脱贫。对有生产劳动能力的贫穷户，通过整合现有农村劳动力培训资金，加大劳动技术培训，优先考虑贫困村和贫困人口资源优势发展扶贫产业，实施教育扶贫等措施，带动贫困人口脱贫致富。一类是解困。对经济收入不低但生产困难的，区县根据农村劳动季节应季组织志愿者或通过购买劳动服务的方式解决生产困难问题。三是权责下沉。贫困人口与深度贫困人口兜低保障工作实行动态管理，资金管理权限和责任要下沉区县。中央、市、区县大致承担比例为 7∶2∶1，并建立健全激励奖补的分配资金。事实上从现行各级政策支撑可知，区县有能力、有空间做到应保尽保。对彭水县的调研过程也印证了这一点，本关部门表示只要脱贫摘帽后财政扶持政策不变或既有补助基数不减，区县就能够按照既定目标完成“脱贫”工作。

（二）路径二：全面完善广覆盖的医疗救助制度

在我国农村的几千万贫困人口中，仍然有不少是“因病致贫”“因病返贫”的，城镇不少困难群众也为疾病所困。在农村有这样一句话：“小病养，大病扛，重病等着见阎王。”农民害怕疾病，特别是大病、重病，因为这会使农民走进病与贫的恶性循环中。若要解决农民的贫困问题，农民的就医治病问题就不能忽视。这就需要政府建立完善的医疗救助制度，保障困难群众基本医疗权益，逐步破除“就医难”困境。近几年来，重庆市将医疗救助工作纳入经济社会发展规划、深化改革的重要内容和政策保障范围的同时，还将其纳入各级财政预算，市本级财政预算安排投入由2008年的5 500万元增加到2014年1.07亿元，今年市级财政预算将达到2.3亿元。区县级配套资金逐年增加，2014年达到2.07亿元。城乡医疗救助制度正趋于完善，救助对象包括低保、特困供养人员等8类困难群体，惠及165万人。但是据统计，全市仍有因病致贫人员约16万人，其中2万人已纳入医疗救助，还有14万重病患者医疗负担较重。如何保护好贫困家庭财产不因疾病而流失，解决好贫困群众“看病难、看病贵”的问题，是一个值得审视的重要课题。

建立完善医疗保险、大病保险、医疗救助、补充商业保险相衔接的、多层次的、多渠道的医疗保障制度，正是一个重要的突破口。一是资助参保参合。对医疗救助对象参加城乡居民医保应缴纳的个人参保费用给予资助。目前，特困供养人员全额补助，其他对象按50~60元标准给予补助。下一步，对特困供养人员以外的对象补助标准还将有所提高，这样一来，医疗保险和医疗救助两个制度形成叠加效应，确保“生病有保”。二是重大疾病救助。采取按病种和支出费用相结合的方式，给予重大疾病医疗救助。实行特殊病种医疗救助，22类重大疾病医疗费用经医保报销后，属于医保范围内的自负费用，重点救助对象按不低于70%，其他对象不低于50%的比例救助，年救助封顶线10万元。实行大额费用医疗救助，对特殊病种以外的其他疾病，在二级及以上医疗机构一次住院治疗费用超过3万元的，经医保报销后，属于医保范围内的自负费用，按特殊病种的救助比例给予救助，年救助封顶线6万元，确保“大病可医”。三是疾病应急救助。建立疾病应急救助基金，对在本市辖区内需要急救但身份不明确或无力支付相应费用的危重危伤者给予一般1.5万元以内、最高可达3万元的应急救助，确保“急病能助”。四是大病医疗补充保险。由区县自主选择保险公司，在城乡基本医疗保险、大病保险报销后，对贫困户自己承担1.2万~5万元赔40%，5万~10万元赔50%，10万~20万元赔60%，20万元以上赔70%，最高赔付额20万元/人。2015年7月1日起，在13个区县，其中11个贫困县试点，为60万贫困人口购买大病医疗补充保险，投保额18元/人，保费1 080万元由市财政专项扶贫资金全额承担。下一步，这项政策将对165.9万贫困人口实行全覆盖，每年需资金2 986万元，市财政将全额承担。

这一系列的政策举措，将推动医疗救助体系的成熟和完善。困难群众的医药费用，首先由城乡居民医疗保险和大病保险报销，其次符合条件的纳入医疗救助范围，在医保报销后再给予救助，最后补充商业保险全覆盖，对自付部分给予赔付，为贫困群众建立起一张兜底的医疗救助网。但同时，这些政策在实施过程中，由于一些主观和客观因素，也会遇到这样那样的阻碍，比如，群众普遍对医疗保险和医疗救助政策一知半解，既不明白报销程序与就医路径，也不知道救助的方法。又比如，部分群众将家庭的责任全部转化为对政府的依赖，而且虽受惠于救助但对党和政府缺少感恩。因此，政府在健全和完善各项医疗救助制度时，不能简单地出台新政策，还应考虑现行政策是否已经达到了保基本、兜底线、促公平的目标，如果已经达到了，就不宜再出台新政策，而应通过政策的后期完善、监督落实，促使其效果得到充分发挥。比如，加强对医保、救助、商业保险等政策的解读和宣传，让困难群众深入了解；积极引导群众的合理预期，完善医疗费用“家庭、社会和政府”联动的分担机制；加强救助对象资格核查，对资格发生变化、不再符合条件的对象要及时将其退出医疗救助。

11.7 案例分析:世行贷款扶贫 CDD 管理模式

本部分从国内传统扶贫资金模式现状分析入手，通过收集并整理 CDD 项目的经验以及存在的问题，以期为国内扶贫资金管理提供一些启示。世行贷款扶贫第五期项目的 CDD 项目管理模式通过将扶贫资源的管理权和控制权交给农民，引导农民积极参与，实现了从“为民做主”到“由民做主”的过渡，在试点村取得了良好的成效。世界银行贷款扶贫第五期项目于 2010 年 8 月正式签约，建设期间为五年。该项目是中央打捆项目，涉及重庆、陕西、河南三省市，总建设资金为 1 亿美元，其中，重庆获资金 2 400 万美元。项目包括社区基础设施（CDF）、社区主导型发展（CDD）及机构能力强化等建设内容，旨在改善农村基础设施现状，培养村民自主意识，促进贫困农村可持续发展。其中，CDD 分项目所占贷款比例最高，实施的内容最多。

（一）国内传统扶贫资金模式现状分析

从国内传统扶贫资金来看，为帮扶贫困区县的农户，财政扶贫资金往往是直接发放到农民手中，即所谓救济式扶贫。这种扶贫模式，方向明确、程序简便、时间快捷，在过去的很多年里，对于改变我国贫困地区落实面貌起到了至关重要的作用。但是，随着市场经济的逐渐完善，以及村民自主意识的逐渐增强，传统扶贫模式的弊端也逐渐突显。主要表现在以下四个方面：一是扶贫项目申报和审批过程往往由政府部门主导和安排，各部门往往从部门工作需要出发而不是从农村实际出发。村民没有发言权，参与程度不高，很多项目选取和申报并没有体现贫困群众的真正意愿，一些在农村社区发展中最为急迫的问题可能得不到足够的重视和资金投入，最后项目失败也没有人承担责任。二是村民能力提高缓慢，特别是自我组织、自我管理、自我发展和自我监督能力严重不足。村民虽然从基础设施改善中获益，但由于没有参与其中，组织及管理能力并没有得到锻炼。另外，由于村民的积极性没有调动起来，投工投劳时没有主人翁的参与和监督意识，项目质量得不到有效的保证。三是体制和资金投入的限制，能够用于村内公共服务设施和发展的扶贫资金有限，财政扶贫资金起不到“四两拨千斤”的作用。另外，由于缺乏统筹规划与考虑，各级扶贫资金分头行动，各路开花，无法形成规模效应，也无法通过扶贫建立起农村可持续性发展的长效机制。四是缺乏有效的监督检查。在下达资金预算指标后，项目单位就如同吃了定心丸，过度关注项目实施进度和影响力，对实施质量和效果关注不够。主要表现在：在项目建设过程中缺乏有效的监督检查和审计，资金一拨就等着验收成果，口头汇报多，实地检查少；在项目验收完工后缺乏对项目的绩效评价，也没有建立对项目成果的日常维护机制。

这些问题从项目选择、实施效果、维护保养以及资金效益等方面，不同程度地影响了我国扶贫项目实施的效果，影响了村民自主意识的提高，也给扶贫工作持续有效开展带来了很大难度。

（二）CDD 管理模式的基本内涵及实施程序

CDD 是 Community Driven Development 的简写，即社区主导型发展，这是世界银行在 20 世纪 90 年代初提出的一个新发展模式，它将穷人看作是发展过程中的主体和合作伙伴。与传统救济式扶贫相比，其最大的不同在于：在投入资金扶贫的同时，更重视农民参与项目建设的过程，充分赋予村民自主决策、自主管理的权力，进而提高其可持续发展的能力与素质。

也就是说，CDD 的长远目标在于农民自主发展能力的提升。

（1）基本内涵及支持对象。CDD 将社区和贫困人口作为目标群体和受益对象，将资源决策权、使用权和控制权完全交给社区，由农民决定实施什么项目、由谁来实施。同时，由农民掌握、控制和管理项目资金的使用，依靠农民推动社区的发展，实现农民的自我组织、自主管理、自我监督和自我服务。CDD 的主要支持对象是农村公路、电力、学校、卫生、饮水等基础设施建设。同时，其也支持村民的能力建设。比如农业实用技术培训，务工技能培训，资金、项目管理培训，基础设施维护技能培训，农民技术人员培训，参与式规划，社区宣传发动以及农户需要的其他培训等。

（2）实施程序。CDD 的具体项目以村为单位来实施。财政部门取得世行贷款后，根据项目村（社区）的人均投资强度和贫困程度，分两次将项目投资分配到项目村（其中预付款 50%，完工验收后按照实际用款额支付剩余款项），并向各项目村（社区）公布有关情况。同时，每个项目村（社区）用于社区基础设施和公共服务分项目的项目资金，一般按 2~3 年安排到村。每年安排的项目资金不高于 50%，每年实施的项目不少于两个（两个以上自然村联合申请的项目除外）。当资金安排到行政村后，村里就对该笔资金拥有控制权。即在项目手册允许事项的范围内，将这笔钱用来干什么，由村民民主决定。

（3）资金使用和管理。CDD 模式要求项目专用账户设在村一级，资金拨付到村，且由村民自主管理。村民可以自己讨论和制定资金管理办法，民主选举管理人员。同时，对资金的使用进行公示，并可成立专门的社区监督小组，随时检查资金使用情况。此外，按照 CDD 项目规则，项目村（社区）应按规定，以行政村名义在离村最近的正规金融机构开设专门账户，预留银行印鉴（包括村行政公章或财务专用章，两个以上的个人印鉴等)。行政公章（或财务专用章）由项目负责人保管，银行预留个人印鉴由会计、出纳分别保管。

（4）村民民主自治。村民用扶贫资金干什么完全由自己决定。在项目实施之前，各村都要召开村民大会，民主选举产生村民委员会、项目决策委员会、监督委员会，以及项目实施小组、监督小组等村民自治机构，在此基础上，村民委员会向各村公布该村获得的扶贫资金总额，由各村讨论并确定本村优先发展项目。接下来，由村项目实施小组编制项目建议书，各村向村项目决策委员会提交项目建议书。最后，召开项目竞争评审会，由村项目决策委员会按照竞争评选标准打分，并择优确定中选项目。整个过程展现了村民自我决策中的民主、公开和公平。比如，在各村讨论并确定本村优先发展项目的过程中，项目监督小组要负责清点参会村民人数，监督讨论、排序和确定项目过程是否公开、公正和透明；对于项目竞争评选标准和办法，要进行公示；对于中选项目也要进行 3 天公示，在村民无异议后，才能在村里正式立项，并逐级上报。在项目竞争评选过程中，村项目监督委员会还要进行全程监督。

（三）世行贷款扶贫第五期 CDD 项目实施情况

2004 年上海全球扶贫大会期间，中国与世界银行商定实施贫困农村地区可持续发展项目。该项目是我国自 1993 年开始大规模扶贫领域国际合作以来，与世界银行合作的第五个大型综合性扶贫开发项目，因而也被称为世界银行第五期扶贫项目（以下简称“世行五期项目”）。项目建设期为 2010—2015 年，共有社区基础设施和公共服务（CDD）、农户增收和能力建设（CDF）、土地可持续利用和适应气候变化（GEF）、项目管理与监测评价 4 个分项目。项目覆盖河南、重庆、陕西三省（市）25 个项目县（区）、135 个项目乡镇、769 个行政村，约 50 万贫困人口将从中受益。重庆市从 2010 年 10 月起，开始利用世界银行贷款 2 400 万美元实施世行五期项目，项目主要运用 CDD 管理模式，在万州区、黔江区、涪陵区、酉阳县、云阳县 5 个区县（自治县）27 个乡镇的 54 个村开展小规模基础设施建设和公共服务、农村社区发展基金以及社区资源管理和环境改善等活动，覆盖人口 12.1 万人。项目投资总额为人民币 20 738.67 万元，截至 2014 年 12 月 31 日，重庆市累计完成项目投资人民币 18 620.39 万元，项目投资完成率达到 89.8%。其中，CDD 项目累计完成投资 16 284.55 万元，项目投资完成率达到 95.1%。4 年来，累计实施 CDD 项目 761 个，主要解决群众最急需、最迫切的生产生活难题，集中反映在路、水以及一些农村公共服务设施建设上，截至目前已全部完工验收交付使用。

（四）世行贷款扶贫项目 CDD 分项目实施的成效

（1）群众生产生活条件得到明显改善。通过 4 年多的项目实施，项目村基础设施建设严重落后的面貌得到较大改变，项目村民出行难、饮水难、灌溉难等亟待解决的问题得到妥善解决，项目村民的生产生活条件得到有效改善，为全面建设小康社会和引导项目村民脱贫致富奠定了坚实的基础。

实例一：酉阳县大岩村是 136 个贫困村之一，辖区面积 20 平方千米，辖 7 个村民小组，农户 642 户，人口 2 323 人，其中贫困户 184 户，611 人。直到两年前，全村都只有一条仅 2 千米长的简易乡村公路，且为断头路，发展种植业、养殖业需要的各种物资运不进去，农产品也无法运出。现如今，踏入大岩村，一条宽 6 米，长 9 千米的公路犹如一条白色的丝带，围绕在村间，丝带的一端连接酉阳县城，另一端连接县境外的彭水和黔江 2 座县城，利用 CDD 资金修建的通村公路覆盖 7 个村民小组 80%以上村民。

实例二：4 年来重庆市项目村共修建村级道路 441 条、总长 2 761.4 千米；硬化人行便道 116 条，总长 239.4 千米；修建了便民桥 12 座，人畜饮水池 151 口，山坪塘 72 口；另外，还修建了 13 座村级文化活动中心。这些项目的实施，得到了项目区群众的普遍拥护和欢迎。如万州区走马镇马安村 7 组，修建了一条二十几年来想修通而未修通的路。

（2）村民主人翁意识得到显著增强。由于村民有了对扶贫资金的决定权和处置权，他们对项目有了强烈的拥有感，参与项目的积极性、主动性得到了极大发挥。以往在扶贫开发工作中，是让农民获得项目，而世行扶贫第五期项目则是让项目拥有了农民。这种拥有不仅仅是农民对项目真挚的情感、全心的投入，还包含了他们在实际操作中迸发的创造性，以及因自我成长而闪烁在其间的智慧光芒。目前重庆市项目村村民对世行五期扶贫项目的知晓率、参与率均达到了 95%以上。对于这些能切实改善生产生活条件的项目，村民们投注了自己真切而淳朴的感情。

实例：在重庆酉阳县上腴村第二轮 CDD 项目竞争中，该村七组的通组公路建设项目脱颖而出。然而，实施的时候遇到了难题——需要占用六组村民的土地。因为世行五期项目要求土地自调、纠纷自解，为了解决这一难题，七组村民多次开会讨论，并打电话给未在家的农户进行商讨。之后，村民自己推选人员牵头，根据测量线路划定占地区域，编写占地补偿协议，组织群众与被占地农户进行协商，最终在组内集资 5 万余元补偿给了占地农户，双方达成协议。

（3）项目村资金管理效益及能力得到提升。通过讨论、竞争、表决等程序，由村民决定项目资金的具体用途，能把稀缺的扶贫资源更精准地使用在群众最迫切、最急需解决的困难上，充分显现“雪中送炭”的效果。同时，村民自己决策的事情，会最大限度地考虑节约成本，在解决项目纠纷、处理土地补偿、投工投劳等方面积极配合，发挥扶贫资金的最大效益。项目设立了决策委员会、监督委员会、实施小组、监测小组等组织机构来组织开展项目活动，管理及监督扶贫资金，在项目实施过程中通过管理决策的过程，促进社区经营、财务管理能力的整体提高。同时，项目还注重培养社区和农户的自我发展能力，使基层干部和村民学到知识、经受锻炼、积累经验，增强继续寻找项目、争取项目和实施管理项目的能力，增强村民的集体发展意识，最终实现贫困社区的可持续发展。此模式可逐步提高贫困人口和贫困社区的可持续自我发展能力。

（4）干群关系更加和谐融洽。世行五期扶贫项目的规划、实施、管理都由群众自己做主，极大地调动了群众参与的积极性，社区民主得到充分发扬，社区民意得到充分体现，社区民愿得到最大实现。由社区主导实施项目，为村民提供了交流和沟通的平台，促进村民之间的团结互助，减少了邻里纠纷。项目村的干部和群众更加团结，干群关系更加融洽，社区更加和谐。

实例：黔江区相邻的九龙村和复兴村都是项目村。两村之间有一条河，复兴村挨着乡集镇，九龙村的村民如果沿着村道公路，要绕很大一个圈才能到乡上，所以很多村民就近蹚河，先到复兴村再到乡上。虽然节省了时间，但却为安全埋下了隐患，曾有学生在汛期被河水冲走。世行五期项目开始之后，两个村的村民坐下来仔细协商，决定修一条联村公路，再在河里修一个滚水坝。2014 年下半年，工程竣工，村民出行安全有了保障。

（五）世行扶贫第五期项目存在的问题

虽然世行扶贫第五期项目在很多方面进行了创新，也取得了不错的成效，但在四年多的项目实施期间，也出现一些问题，主要表现在以下几方面：

（1）国内配套资金落实不及时或不足。按照世界银行项目管理要求，世行贷款与地方配套资金配比为 1∶1。通常情况下，省级配套资金能够及时足额到位，但地市级配套资金到位情况却并不理想，配套资金的缺口在一定程度上影响了项目实施的进度和质量。

（2）在一定程度上存在汇率风险。世界银行贷款项目的协议币种为美元，即以美元支付并作为记账本位币，项目完成后以美元向世界银行还款，汇率风险由项目实际借款人承担。在实际操作中，各项目省市先行垫付资金实施项目，在子项目验收合格后，再向世界银行以美元申请回补资金。由于世行贷款项目贷款年限通常在 20~30 年，项目在一定程度上受到美元兑人民币汇率波动影响，存在一定的外汇风险。

（3）项目筹备期限较长、管理成本较高。与国内项目不同的是，世行贷款项目在项目筹备上花费的时间较长、环节多、手续烦琐，从筹备到项目签约要经历预鉴别→鉴别→预评估→评估等阶段，通常需要 3~4 年时间。以世行五期项目为例，该项目从 2007 年开始筹备申报项目，2010 年 8 月项目成功签约，2013 年才开始大量提款报账。另外，世界银行特别重视项目监管，在五年项目在建期间，世界银行的项目管理团队每半年对项目进行一次实地督导。这些管理方式都在一定程度上增加了项目管理成本，加重了项目实施地的运行负担。

（六）CDD 管理模式对国内扶贫资金管理的启示

新阶段的扶贫开发需要有新的思路、新的机制和新的模式。如果把传统的政府主导型扶贫模式比喻为贫困地区“输血”的话，CDD 就是一种类似于“造血”的扶贫管理模式。它与以往扶贫项目最大的不同点就是，村民作为主体的参与性大大增强，扶贫资金的瞄准问题得到有效解决，权利对权力做到了制衡，发展的可持续性得到保障。世行五期项目，针对当前扶贫开发工作中存在的贫困户参与度不高，项目管理的规范化和程序化不强等问题，着力探索创新扶贫工作机制，提高扶贫工作效率，提高扶贫投入效益。与国内传统扶贫项目相比，其创新经验带给我们如下启示：

（1）创新财政扶贫资金管理机制，通过制度加以规范约束。与传统的扶贫资金管理机制相比，世行五期项目通过将项目决策权和实施权、资源控制权、管理权、监督权交给社区和农户，同时引入项目竞争机制，充分发挥了贫困村和贫困农户参与项目的积极性，提高了他们对项目的拥有感及主人翁意识，改变了他们“等、靠、要”的传统思想，使村民的意愿和主体地位得到了应有的尊重。并通过一系列制度安排，让社区根据群众自身需求决定扶贫资金使用方向和方式，根据他们制定的规则实现扶贫资源在社区内的分配，从而提高了贫困村群众自我组织、自我管理、自我监督、自我发展的能力。根据自己最迫切的需求和意愿，选出村组内最急需建设的项目。简而言之，社区主导发展模式就是社区集体决定采取哪些努力来改善当地的生活条件，社区自我管理项目发展基金及活动的实施，以确保满足当地需求。

世行五期项目的资金直接进入村级账户，由村里调配；在采购招标方面，也不再是由区县里统一进行，而是采取社区询价的方式，村民选出自己的采购委员会，在社区协助员的帮助下，制作询价函，在区县项目办提供的具有相关资质的施工单位中，选择最低价中标者，最终确定施工队。这样既节省了项目资金，也有效避免了项目中可能出现的照顾关系户、贪污等问题。

（2）创新扶贫开发项目管理模式，把自主决策权交给村民。在新农村建设伊始就曾有人指出，新农村建设必须培育新型村民，这一任务远比给农村修马路、盖房子要艰巨得多，重要得多。世行五期扶贫项目将项目的决策权交给村民，由他们决定实施哪些项目，由谁来实施，使村民成为扶贫项目实施的主体，通过让村民广泛参与，加强村民的能力建设，提高村民综合能力。一是改革扶贫项目决策管理模式。从决策的广度上讲，项目决策的主体是全体村民，特别是通过制度设计，对妇女和贫困群体参与比例进行了明确规定，为他们提供了参与项目决策的机会。从决策的深度上讲，项目的一切管理活动均由社区决定，包括项目执行的方式、采购管理、资金拨付等。扶贫部门逐渐由原来“运动员+裁判员”的角色向“教练员+裁判员”的角色转变。二是改进扶贫项目监督管理方式。世行五期扶贫项目强调项目所有信息的透明性，对项目信息的传播和投诉机制进行了严格的制度安排，再加上项目信息与村民自身利益密切相关，因此充分发挥了村民对项目的监督功能，项目村每一位村民都是义务监督员，这从制度层面、操作层面防止了腐败行为的发生。截至目前，在重庆市审计局每年开展一次的世行五期项目审计中，均未发现挤占、挪用、贪污的问题。三是完善扶贫项目后续管理机制。由于确立了村民在项目实施中的主体地位，增强了群众对项目的拥有感和主人翁意识，因此村民都能自觉参与项目的后续管理。如云阳县平安镇前面村实施的世行人畜饮水项目，项目建成后，由群众自己讨论建立了一套科学的用水管水制度，确保了项目持久发挥效益，受到各级部门的肯定和推广。涪陵区在实施世行五期扶贫项目中探索总结出了“一主体、七制度”（发挥群众参与项目规划、实施、监管的主体作用，坚持“立项审批、公告公示、业主负责、目标责任、招标议标、竣工验收、后续管理”7个管理制度），目前已在该区得到广泛运用和推广。

（3）创新贫困社区支持帮扶方式，引入社区协助员工作机制。在世行五期项目中，活跃着一支年轻的社区协助员队伍，社区协助员是县项目办派驻项目社区，协助社区开展项目宣传，培训提高社区项目工作能力，协助社区开展项目工作并监督项目原则和程序运行的工作人员，大多由大学生村干部担任。他们既是宣传员、监督员，也是服务者和支持者，在社区和政府之间架起了一座沟通桥梁。实践证明，社区协助员文化程度较高、思想更加灵活，能够有效弥补村民知识文化的不足，突破村民思维局限，协助村民更科学、更高效地决策和管理。与传统的“驻村帮扶”相比，协助员制度具备以下特点：一是工作内容明确。社区协助员由区县项目办派驻，对贫困村起到一种协助和支持的作用，其职能分为宣传、培训、协调、支持和监督 5 个方面，又细化为 16 条基本职责。这使每个协助员都清楚地知道自己该做什么、怎么做。二是管理制度完善。按照世行操作手册的要求，5 个项目区县均制定了一整套协助员管理制度，比如定期汇报交流制度、驻村工作日志制度、监督管理制度、考核评价制度等。三是奖惩措施严格。区县项目办对协助员采取的是招聘制度，除了对协助员工作的结果进行考核外，还注重对其工作的过程进行监督和评价，其工作的绩效成为对其进行奖惩的重要依据。对考核合格的，给予相应的物质和精神奖励；对不合格的，可以采取撤换的措施。

（4）重视项目实施的过程，强社区和村民的能力建设。在项目设计上安排了充足的培训资金，并采取有效的方法来提高贫困村和贫困人口的能力。一是注重对项目管理人员的培训。全方位地开展对各级扶贫干部、社区协助员、村决策委员会、村监督委员会等项目管理人员的培训，建立起纵向传递、横向交流的参与式学习体系，培养了一批具有带头性、高素质的项目管理人员，推动项目工作的开展。二是注重对项目村群众的培训。一方面，加强对贫困村广大群众，特别是贫困群众的技能和业务培训；另一方面，通过不断的项目实施过程，让村民“在干中学，在学中干”，在实践中不断提高村民的能力素质。三是注重对社区协助员的培训。通过“手把手”的方法，对社区协助员进行强化培训，提高其技能，再通过社区协助员点对点实地帮扶村民。

（5）创新基层政府角色定位，转换基层政府工作思路。在世行五期项目中，项目从选择到实施，都是由老百姓说了算，基层政府职能得到转变，从原来的给钱、要求老百姓做项目，变为替老百姓协调、为老百姓服务，扮演好支持、服务、技术支撑的角色。归纳起来，可以用“三位”来解读，即到位、不缺位、不越位。世行五期项目资金直接到村，乡镇一级不能因此就不管不问，要到位；区县项目办给乡镇一级明确了职责，必须做好指导、协调、服务和监督，不能缺位；同时，不能按照常规的思维，去要求村里必须做什么，应该怎么做，对于村里做得不好、不符合要求、规划不到位的，可以指导、修改，但是不能否定，不能越位。以黔江区为例，针对一些村选出的项目存在不切实际、不求长远的问题，区扶贫办成立了一个技术指导委员会，成员由环保局、农委、交委等行业专家组成，由他们来分析、评价村民提供的项目方案，看项目设计是否合理、是否符合要求，不合理的帮助村民修改完善。

如今，CDD 管理模式越来越多地得到国际社会的认可，世行也通过扶贫第五期项目在三个试点省市的几百个项目村全面推广。也许 CDD 模式并不是新农村建设最科学的管理模式，但从目前的建设成果和群众满意度来看，其无疑是行之有效的。一言以概之，无论是世行贷款资金还是国内扶贫资金，最终的目的都是为中国最贫困的村和农户提供他们最需要的帮助。CDD 管理模式，提供了新的思维方式和管理思路，这种新型管理模式，能够切实解决农户最亟须的问题，能够产生更有效的扶贫示范影响，推动形成政府倡导、社区主导、群众为本、社会支持的社区扶贫新格局。

11.8 案例分析：丰都县建立长效脱贫机制

（一）扶贫现状

改革开放以来，随着经济社会的发展和扶贫工作的有效推进，全县带领数十万人脱离了贫困，但目前仍然有 96 个村，7.19 万农村人口生活在贫困线以下。今后两年，是扶贫攻坚的冲刺阶段，而贫困对象生活条件极差，贫困程度更深，脱贫难度更大。这就必须深入基层，全面了解贫困村地理位置、人力资源、土地资源、基础设施、农业生产等基本情况。一是全面了解贫困户家庭情况、住房条件、现有收入情况及其发展意愿等基本情况。深入分析，找准贫困根源，有的放矢、多方施措开展扶贫攻坚工作。二是摸清家底，统筹财力致力于脱贫发展。根据三年资金两年用的方略，坚持“渠道不乱、用途不变、统筹安排、集中投入、各负其责、形成合力”的原则，围绕帮助贫困村贫困户“建八有、解八难”的目标任务，通过对 2012—2014 年上级专项资金、本级资金、对口援助资金等各项资金清理分析，预计 2015—2017 年以上各项资金总量为 220 245 万元，预计整合各项资金 102 940 万元，集中财力实施扶贫攻坚。三是摸清县情，全面投入脱贫攻坚工作。各部门、各乡镇、各扶贫驻村工作队在县委县政府的领导下，充分研究县级总体规划布局、发展思路、现有基础设施建设情况及产业发展状况，加强配合协调、各司其职，按照贫困村贫困户“缺什么补什么，差什么建什么”的原则，充分尊重民意，做好贫困村贫困户的基础设施建设、特色产业发展、科教文体基本公共服务、社会保障及其他扶贫项目的规划实施。

（二）精准制定扶贫规划

根据“解决八难、实现八有”的目标任务，结合财力整合情况、项目发展情况，县情，贫困村贫困户实际情况，贫困原因及发展意愿，科学化精细化制定各级各项扶贫攻坚工作方案或规划。一是完善基础设施建设，农村贫困最基本的根源在于发展条件和发展环境差，要下大力气改善基础设施，加强贫困村水利、电力、交通、通信和土地整理等基础设施建设，加快推进基本公共服务均等化，编织兜住贫困人口基本生活安全网，降低贫困村创业发展的成本，提高贫困人口抵御风险能力，从根本上拔出穷根。二是制定脱贫产业发展规划，根据村民具体情况和意愿，因地制宜发展特色效益农业，夯实脱贫致富的产业基础，形成摆脱贫困的内生造血机制。三是完善基本公共服务。抓好义务教育和职业教育，让贫困家庭的孩子都能够接受公平的、有质量的教育，防止贫困代际传递；推进村卫生室标准化建设，健全新型农村合作医疗和大病统筹等医药报销制度体系，统一补贴标准；完善贫困村社会养老保险制度体系；完善贫困村公共服务中心功能，着力提高文化设施设备的综合利用率，满足农民日益增长的政治经济文化需求。

（三）落实扶贫政策

首先基础设施项目实施要快，简化贫困村基础设施项目审批流程，尽量按照村级一事一议的方式申报实施，在 2016 年年底全面完成全县 95 个贫困村基础设施建设和基本生产生活条件改善。俗话说得好，要想富先修路，在不到一年半的时间里，要完成村道路畅通、社道路通达、机耕道人行便道通顺的路桥建设，便于农村客运进村、农业生产实现小型机械化、农民出行便捷不“湿脚”；要完成山坪塘、渠堰、人畜饮水等水利工程建设，保质保障贫困村生产生活用水；要完成电力改造、通信设施配套、电商网络齐备等现代电子信息服务配套建设，保障贫困村信息化发展；要完善以教育、医疗为重点的社会事业发展，从整体上改变贫困地区落后面貌。

其次产业发展要准，充分挖掘贫困村贫困户内部增收潜力，尽管目前留守农村人员多为老弱病残幼，但农民收入中来自家庭经营的份额仍超 4 成，特别是对年龄偏大、技能偏低、家庭拖累大的农民，农业更是他们的托底产业，要调整农业结构，主要向市场紧缺产品调，向优质特色产品调，向开发农业多种资源、多种功能调，帮助他们找准适合的特色效益农业。开拓农村二、三产业增收空间，以一产为基础，整合二产、三产，一、二、三产业齐步走，推动农业生产、农产品加工和现代农村观光体验融合发展，实现多重复合效益。开拓农村外部增收渠道，加强农民务工信息、技术培训、劳动保障和户改服务，为农民工提供更多、更有质量的工资收入；鼓励农民工返乡创业，使之成为带动农民就近就业、繁荣乡村的重要力量。加大助农增收力度，要保持农业补贴政策的延续性和稳定性，提高补贴的精准性、效益型；完善农产品价格保障和补贴机制，完善农产品最低收购价和临时收储政策，确保农业生产稳定持续，农民收入稳定增收。

再次资金拨付要快、资金监管要严，对扶贫资金拨付实行国库集中支付，通过银行转账结算，直达项目单位，并且限时到位；基层民主决策的扶贫项目，实行预下达项目经费，对事关民生或季节性强的重点扶贫项目，应加大资金预拨量，保障项目及时启动实施。同时，在拨新资金前，必须对已拨资金审核合格后再拨付；如发现弄虚作假或违规违纪问题，停拨未拨资金甚至追回已拨资金；强化资金报账制度，防止流失浪费；各级财政、扶贫、发改、民宗等主管部门切实履行管理职责的同时，要强化部门之间的协作配合，加强扶贫资金和项目事前、事中和事后的经常性检查，确保扶贫资金落到实处。

最后帮扶机制要有效，成立脱贫攻坚工作队，明确职责分工，全面实施各项脱贫工作；建立干部对接帮扶机制，帮助贫困户科学制订实施脱贫致富方案，实现快速有效脱贫致富。

转变传统农业生产经营模式。以家庭承包经营为主的经营体制是农村改革最大的制度成果，但随着经济社会的发展，这一模式已经没有新的效益，就要坚持完善农村基本经营制度，以农户家庭经营为基础、合作与联合为纽带、社会化服务为支撑，加快构建新型农业经营体系，破解“谁来种地”难题的现实选择，也是推进中国特色农业现代化的必然要求。构建新型农业经营体系要坚持农民家庭经营主体地位，创新土地流转和规模经营方式，培育专业大户、家庭农（牧）场、农民专业合作社、产业化龙头企业等新型经营主体，积极发展多种形式的适度规模经营。充分依托专业合作社、扶贫基金会、产业龙头企业等机构，建立健全土地流转、经营管理、入股分红、扶贫基金等长期有效运作的发展机制，通过土地流转金、盈利分红等渠道，保障村集体、农户充分享受改革红利，不只限于短期脱贫，更注重于长期稳定可观的收入，达到脱贫致富完成小康社会的目标任务。在扶贫专项资金管理上注重资金运作，依托基层村支两委、专业合作社等组织机构，建立扶贫资金脱贫发展及巩固扶持发展基金，不再直接补贴农户，而是建立长期补贴产业发展、贴息贷款、按产业效益奖励等多种模式支持发展脱贫致富产业发展的长期有效机制，扩大扶贫资金使用效益和绩效。

加强基层人才队伍建设。充分发挥各级党校、政府部门继续教育基地的主渠道作用，搞好教育培训。围绕以执政能力建设为核心，培养科学判断形势、驾驭市场经济、应对复杂局面、依法执政和总揽全局的基层党政人才。以扩大规模为核心，根据贫困村农业发展需要，培养一批覆盖农业和农村经济各个行业、领域，具有一定专业技能的各类实用型科技人才和管理人才。以农业实用技能为重点，培养一批农民科技示范带头人、农民企业家和农村经纪人，形成不同层次、不同类别的农村实用人才队伍，满足农业和农村经济发展的需要。

夯实基层组织建设和村民自治。加强村社党员干部教育培训，注重党风党纪和马列主义、毛泽东思想等政治思想教育，提升基层组织的凝聚力、战斗力，发挥农村党组织战斗堡垒作用。充分调动农村团组织和青年志愿者、大学生村干部的积极作用，为村民提供各类公益性服务。吸引鼓励知识青年返乡发展，培养基层党组织后备干部。

规范村务公开工作，实现由事后公开向事前、事中延伸。凡涉及村民生产生活，公共事业发展、决策，项目招投标建设等民生实事，都必须向村民公开。村级资产、资源、资金运转利用情况，国家惠民政策落实情况，必须在规定的时间里向村民公开，并实行统一的公开格式，统一公开项目，统一公示时间，根据所公开项目的需求，实行定期和不定期的公示制度，让村务晒于阳光之下，接受群众监督。

11.9 案例分析：黔江区扶贫攻坚着力“六个精准”

2016 年，黔江区将全面实现“越线、销号、摘帽”。到 2016 年年底，实现 4.06 人的贫困人口收入越过贫困标准线、65 个贫困村全部销号，摘掉国家重点贫困区县帽子。新一轮的扶贫工作将着力在“扶贫对象、项目安排、资金使用、扶贫措施、扶贫队伍、扶贫成效”“六个精准”方面狠下功夫，实现突破。

（1）扶贫对象精准。精准扶贫的关键是要把扶贫对象摸清搞准，把家底盘清，心中有数才能工作有方。黔江区在农村贫困户建档立卡工作基础上，组成工作队对65个贫困村、11 430户40 641个贫困人口进一步调查摸底，细化分类，弄清楚致贫的原因有哪些，贫困的程度有多深，能够通过哪些方式脱贫？弄清楚贫困村整村脱贫还需要解决什么问题，可以发展哪些适宜的产业，脱贫难度有多大等问题，做到户有卡、村有册、乡有薄、区有档，确保每村每户的贫困状况都一清二楚、脱贫措施都务实有效，从区到乡镇到村，每一级都有据可查、精确无误。

（2）项目安排精准。扶贫攻坚工作，最终要落实在项目上。黔江区围绕贫困村实现“八有”、解决贫困户“八难”要求，按照缺什么补什么的原则，将扶贫项目规划到村到户。经初步规划，全区65个贫困村共需实施扶贫项目1 223个，其中需新建村道36条110千米，改扩建村道390条897千米，新修人行便道1 390千米。需解决6.45万人的饮水安全。需改造及搬迁D级危房1 609户，其中兜底搬迁208户。每个贫困村培植1~2个主导产业，有条件的贫困户至少有1项增收项目。拟组织富余劳动力外出务工5 000人，有劳动力的贫困家庭户均就业1人以上。在教育方面，拟资助贫困学生2 865人。在医疗卫生方面，确保贫困村有标准化村卫生室和乡村医生1名以上。在文化方面，确保贫困村通广播、通电视、通互联网率达100%；达到“村文化室1个以上、农家书屋1个以上、文化中心户1户以上、乡村文化队伍1支以上”的建设目标。在社会保障方面，实现城乡养老保险参保率、新型农村合作医疗保险参保率、符合条件的贫困户家庭成员享受农村低保均达100%。

（3）资金使用精准。扶贫资金是贫困群众的“救命钱、造血钱”，黔江区围绕“解决八难、实现八有”的标准，以项目资金刚性支出确定资金需求总量，着力完善“筹多少、怎么筹、如何管”的资金保障机制，提高扶贫资金使用和管理的精准性、有效性。

①以项目规划定需求，解决“筹多少”的问题。采取现场摸排法，对贫困村、贫困户全面调查摸底，按照整村脱贫标准分析差距，各乡镇围绕“差什么”进行项目规划，经严格审核把关后作为全区编制规划的重要依据。将乡镇规划与部门掌握的情况对接，分类制定交通、饮水、住房改善等 13 类子规划，并根据项目规划测算扶贫资金需求，经概算完成 65 个贫困村销号共需资金 6.8 亿余元。

②创新资金筹集机制，解决“怎么筹”的问题。当年脱贫村按每个村 200 万元筹集，2014 年以前未实质性启动建设的项目，收回资金以及新增财力全部用于扶贫攻坚。涉农部门资金除政策硬性规定外，全部用于扶贫，由扶贫开发领导小组整合，确保扶贫资金“一个口子出”，并积极向上级对口部门衔接，争取扶贫项目和资金支持。出台《关于凝聚社会力量扎实推进扶贫攻坚的意见》，通过开展“武陵都市报助我上大学”活动，筹集社会扶贫资金 270 万元，缓解了贫困家庭子女上学难问题。

③加强资金跟踪管理，解决“如何管”的问题。加强扶贫资金全程跟踪管理，严格实行专户、专账、专人管理，按照“项目跟着规划走，资金跟着项目走，服务跟着资金走”的原则，做到资金到项目、管理到项目、核算到项目，专款专用、封闭运行，确保扶贫资金安全高效使用。建立完善扶贫项目资金公示公告制度，切实执行资金保障管理制度、项目验收制度，严格落实财政扶贫资金定期审计、检查、监督制度，防止扶贫资金被截留和移作他用。

（4）措施到户精准。根据贫困原因，因户制宜因人施策，有针对性地实施“六个一批”帮扶措施，做到扶贫措施精准到户，精准施力。一是产业扶持一批。加大产业培育扶持力度，对有劳动能力、可通过生产实现脱贫的贫困人口，因地制宜发展一些贫困人口参与度高的特色效益产业，帮助贫困农民解决技术、防疫、市场销售等问题，通过发展生产实现稳定脱贫。二是培训就业一批。充分利用职教资源优势，整合工业、农业、扶贫和人力社保等培训资金，优先为贫困人口提供培训，使他们掌握一技之长，增强谋生致富的本领。三是医疗救助一批。完善落实民政救助政策和新型农村合作医疗政策，完善大病保险政策，增加大病报销比例和救助力度，发挥医疗救助保障对因病致贫、因病返贫人口防贫、脱贫的重要作用。四是教育资助一批。加大对贫困家庭学生的资助力度，确保贫困家庭学生不因资金困难而失学，防止贫困代际传递；解决好贫困家庭高校毕业生和职业学校毕业生就业，带动全家人脱贫致富。五是扶贫搬迁一批。将居住在生存环境差、不具备基本发展条件的地方和生态环境脆弱、不宜开发的地方的贫困人口搬迁到条件较好的地方，从根本上解决他们的生计问题。六是民政兜底一批。将丧失劳动能力、无法通过产业扶持和就业帮助实现脱贫的贫困人口，全部纳入农村最低生活保障范围，实现应保尽保，逐步提高农村低保标准。对缴费困难的重度残疾人全额代缴最低档次的养老保险费。

（5）结对帮扶精准。扶贫措施的落实需要强有力的干部队伍。全区抽调 260 名干部组建了 65 支贫困村驻村工作队，全部进村驻点。强化工作队和驻村干部责任要求，做到身下心下、扎根贫困村。发挥自身优势，协助帮扶村党组织贯彻落实好中央、市委和区委关于扶贫开发工作的新政策、新要求，落实扶贫任务，明确帮扶责任，强化帮扶措施，帮助贫困村、贫困户脱贫致富，推进整村脱贫工作；发挥比较优势，帮助“两委”研究制定发展规划，促进农业产业结构调整，大力培育发展“见效快、管长远”的特色产业；积极协调和落实本行业本部门和社会力量对所在贫困村的倾斜支持，加强基础设施建设和社会管理，切实为贫困群众做一些实实在在的好事、实事。同时，完善区级领导联系贫困村、帮扶贫困户制度，强化区级各部门结对帮扶工作，切实落实帮扶对象、帮扶责任人、帮扶任务、帮扶措施、帮扶效果，干部结对帮扶贫困户要定户、定人、定责包干帮扶。

(6) 脱贫成效精准，确保限时脱贫摘帽。全面完成扶贫攻坚任务，须实事求是、稳打稳扎，扶真贫、真扶贫，要靠实干、实的举措，取得实的成效。切实做到“四个防止”：一是防止“被脱贫”。一个地方的贫穷，是长期积累的结果，其导致贫困的原因也千差万别。要脚踏实地抓好任务落实，一个问题一个问题解决好，切忌搞形式主义、做“面子工程”，甚至做数字游戏、弄虚作假，让贫困人口“被脱贫”。二是防止平均数掩盖大多数。在脱贫指标上不搞平均数，要更多面向具体人口，实现精准脱贫，让所有的贫困人口都达到脱贫标准。三是防止“富戴穷帽”。要对扶贫对象实行动态管理，做到扶贫对象有进有出，严格贫困户脱贫退出的程序和标准，避免“富戴穷帽”。四是防止“脱贫即返贫”。要正确处理好短期“输血”和长期“造血”的关系，要着眼长远，在治本上下功夫，确保扶贫效果的长效性和可持续性，防止“今年脱贫、明年又返贫”的现象发生。

12　社会事业补短板

构建全民享有的基本公共服务体系已成为当今中国建设服务型政府的一项重大战略任务。“十二五”规划提出“统筹城乡发展规划，促进城乡基础设施、公共服务、社会管理一体化”。城乡公共服务均等化有利于建设城乡一体的公共服务设施体系，促进城市文明、公共服务向农村延伸。在城乡统筹过程中，伴随基本公共设施供给差距较大、城乡教育分配严重失衡、城乡医疗卫生资源配置不合理、城乡社会保障不均等问题的存在，既要不断增加公共服务的总量和质量，向社会提供更多更好的公共服务，又要着力优化公共服务的结构和布局，充分发挥城乡基本公共服务均等化在城乡统筹发展中的平台作用。

12.1　基本公共服务均等化

（一）基本公共服务均等化的内涵

所谓基本公共服务，是指以政府提供为主导的，能够充分体现关注民生、改善民生和以人为本，满足人的基本权利的公共服务。它具有公共性、普惠性和社会公平性。经济社会发展的水平高低和政府建设的能力大小决定了公共服务的范围。它包含三层含义：第一，基本公共服务是公共服务中最基础、最核心的部分，与人民群众最关心、最直接、最现实的切身利益密切相关；第二，基本公共服务是政府公共服务职能的“底线”，是政府负最终责任；第三，基本公共服务的范围和标准是动态的，随着经济发展水平和政府保障能力的提高，其范围应逐步扩大，标准应不断调整。根据政府提供服务的性质和类型，可以将基本公共服务体系分为以下四个部分：基本生存服务、公共发展服务、基本环境服务、基本安全服务。

基本公共服务均等化，指的是基本公共服务的价值取向和结果状态，其含义就是全体公民不论地域、民族、性别、收入及身份差异如何，都能获得与经济社会发展水平相适应、结果大致均等的基本公共服务。它所强调的核心是机会和效果均等，而不是简单的平均化和无差异化。总体上说，我国基本公共服务供给不足、不失衡的矛盾十分突出。从供给情况看，我国尚未明确提出基本公共服务的标准和范围，公益性服务领域投入长期不足，历史欠账剧大，不能满足社会需求；从城乡情况看，农村公共服务严重滞后于城市，并且可及性差；从区域情况看，不同地区公共服务差距比经济差距还要大；从不同人群情况看，城乡低收入家庭和社会困难群体的基本公共服务权益还不能得到充分保障。这些问题都与基本公共服务方面体制机制不健全、不完善直接相关。

城乡公共服务均等化就是在坚持社会公平、正义理念下，政府统筹城乡基本公共服务建设，以农村为重点，加大对农村公共服务的供给力度，按照城乡共需型公共服务实行均等供给、而在城乡差异型公共服务方面实行差异性供给的原则，变原有的城市居民分享型的公共服务体制为城乡居民共享型的公共服务体制。当前，实现城乡公共服务均等化的内容应该主要包括两个方面：一方面是实现包括乡村组织的政务服务、管理服务、基础设施建设、基础教育、基础医疗卫生、社会保障等社会性公共服务城乡均等化；另一方面是在努力实现上述公共服务城乡均等化供给的同时，注重提供目前农民急需的，诸如农村基础设施、农业信息、农业科技服务和技术培训等公共服务项目。为了确保社会弱势群体以及贫困地区的居民都能够得到基本而有保障的公共服务，使城乡差别控制在社会可接受的合理范围内，就要求实现城乡基本公共服务均等化，使全国范围内的城乡居民享有水平大致相当的基本公共服务，这也是城乡基本公共服务均等化的目标，城乡基本公共服务工作的实质。

（二）基本公共服务均等化与城乡统筹的关系

1. 城乡统筹的主要目的——实现基本公共服务均等化

城乡统筹就是要充分发挥工业对农业的支持和反哺作用、城市对农村的辐射和带动作用，建立以工促农、以城带乡的长效机制，促进城乡协调发展，就进一步要求实现基本公共服务均等化。通过基本公共服务均等化提供“均等”的公共产品和公共服务，使政府调控城乡之间、地区之间、社会成员之间收入差距、促进社会公平正义、保障城乡社会安定有序，在此过程中，公共服务均等化起到制度性手段和机制的作用。具体表现在：基本生存服务是城乡统筹发展的前提和基础，社会公民只有在保证了最基本的生活需要的基础上才能保障社会的稳定，在社会稳定的前提下更好地配合城乡统筹发展工作；公共发展服务为城乡统筹指明发展的方向和提供前进的动力，在基本生存服务得到满足的条件下，一些来自于精神上的需求会进一步增强，促使城乡统筹向前发展；基本环境服务是城乡统筹发展的依托和载体，环境建设好了，才能给城乡居民提供良好的生存和发展氛围，使其舒心愉快地投入城乡一体化建设实践中；基本安全服务是城乡统筹的保障和条件，只有城乡居民感到安全了，才能全身心致力于发展生产、提高生活质量、基本安全服务等方面。

2. 基本公共服务均等化——城乡统筹发展的表现平台

城乡基本公共服务均等化有利于促进工农业协调发展。农村公共服务除包括与城市公共服务共同的公共安全、基础教育、基本医疗卫生、社会保障之外，还包括农业基础设施、农业科技成果推广、农田防护林、病虫害防治、小流域防洪防涝设施建设、技术培训、农业信息服务、农村中小水利设施等。而城市公共服务则还包括城市规划、城市公共基础设施、科学研究、公共交通系统等。城乡公共服务均等化不是要停止城市公共服务建设的步伐来等待农村公共服务的提高；相反，城乡公共服务均等化既要加快农村公共服务体系建设，同时也要保障城市公共服务体系建设的稳步发展，在国家统筹的基础上，政策和措施要适当向农村公共服务体系建设倾斜，既体现城市反哺农村的统筹理念，又促进工农业之间的协调发展，进而促进全国经济的协调发展。一些发达国家在发展农业产业化、进行农业产业结构调整时，通过增加农业生产基础设施的兴建和改扩建，极大地提高了农业生产率和经济效益。韩国政府在20世纪70年代通过道路兴建与扩展，修筑小规模灌溉工程和水坝、水塘和排灌渠等增加农业生产基础设施建设的举措，使农村面貌焕然一新，农民收入显著增加。日本政府通过各种渠道用于农业的投资高达农业总产值的15倍之多，而且这些投资的大部分用于土地改良、农业基础设施建设，极大地提高了农业现代化水平。这些成功的经验都向城乡统筹发展明示了一个道理：加强农村公共服务体系建设，特别是与农业基础设施相关的一系列公共服务项目的建设，可以为农业经济的长足进步注入强劲的动力。

城乡基本公共服务的均等化是缩小城乡差距的关键因素。

长期以来，我国城乡制度上和供给上的二元分割经济结构使城市居民与农村居民“同民不同命”，在最低生活保障、基础教育、公共卫生和医疗保障、养老、失业、生育等社会保险、各项社会救助等方面，农民没有享受到与市民同等的待遇，并且这种差距越来越大。这不仅加剧了社会风险和矛盾，不利于农村消费和拉动内需，还制约了农村改革和农村经济发展。2001—2005 年，我国城镇居民最低生活保障人数分别是 1 170. 7 万人、2 064. 7 万人、2 246. 8 万人、2 205. 0 万人、2 234. 1 万人，相对应的农村居民最低生活保障人数则仅为 304. 6 万人、407. 8 万人、367. 1 万人、488 万人、824. 9 万人；公共卫生方面，农村医疗资源不到城市医疗资源的 1/4。城乡发展不均及由此带来的社会公正问题已经到了必须解决的关键时期。近几年，我国在推进城乡统筹发展的进程中不断加大对农村公共产品建设的力度，虽取得了一定成绩，但从农村公共服务体系的整体建设情况来看，与城乡一体化建设的目标和新农村建设的要求还存在着巨大差距。这一方面体现了国家经济实力不能够完全兼顾城乡所有居民的客观条件，另一方面也反映了我国在城乡建设过程中统筹不到位的问题。农村公共服务水平的高低是衡量一个国家和地区农村经济社会发展和城乡协调发展水平的重要标志，也是全面推进社会主义新农村建设的关键所在。现阶段城乡之间的差距不仅表现在经济发展水平和农民收入上，更反映在政府提供的基础设施建设、义务教育、社会保障等基本的公共服务上，积极推进“城乡一体化”战略下城乡基本公共服务均等化已成为缩小城乡差距的必然选择。尽管“十二五”期间及其未来发展的很长一段时间内，还要在统筹城乡公共服务体系建设方面做更多更好的关注民生服务全体公民的公平之事，以基本公共服务均等化弥合城乡发展差距的需要，但总体上已经踏上良性运行的轨道，推进城乡基本公共服务均等化也成了城乡统筹发展的重中之重。

城乡基本公共服务均等化有利于城乡资源的合理配置。城市和农村的发展都离不开资源，在国家资源的大盘中，给予城市的多一些，意味着给农村的就会少一些。新中国成立以后的很长一段时间，由于政策导向，资源配置重心没有放在农村，在工业和城市快速发展的同时，农业和农村尽管也在向前发展，但相比于前者发展的速度，城乡之间的距离在不断拉大，而资源在城市快速集中反过来又进一步提升了城市的发展潜力，农村则更显得落后了。据调查，当前的农村问题主要表现在饮水安全、农田水利设施建设、乡村公路建设、医疗保障、基础教育、科技推广、环境整治、职业培训和文化设施建设等方面，集中反映了当前农村经济社会发展面临深层次的矛盾和突出问题，也是城乡公共服务体系建设中破解“三农”问题的重中之重。其中，在义务教育方面，全国义务教育经费中，农村义务教育支出与农村义务教育学生量之间还达不到 1∶1 的比例，城乡差距明显。城乡公共服务资源的合理配置不仅是缩小城乡差距的有效举措，而且对提高城乡居民生活质量有重要意义。

总之，基本公共服务均等化是城乡统筹的重要组成部分，对于缩小城乡差距，统筹城乡发展，实现社会公平，保障农民基本权益，构建和谐社会具有重要意义。

12.2 财政支持基本公共服务均等化

在城乡统筹下，财政支持“三农”发展，实现基本公共服务均等化，需要做好以下工作：

（1）完善财政支农机制，提高财政支出效率。从目前财政支农的现状看，财政支出的效率相当低下，实现城乡统筹，必须理顺和完善财政支农机制，提高财政支出效率，确保支农资金收到实效。一是理顺支农资金管理体制。目前支农资金分散，管理多头，政出多门，效率不高。为此，必须理顺各部门间的关系，明确财政管理各项支农资金的主体地位，设立隶属于各级财政部门的支农资金管理机构，将分散于各部门的资金统一管理，集中使用，形成财政支农的强大优势，集中财力办大事。二是调整支出结构。财政农业支出用于建设性的比重不大；在农业建设资金中，用于大中型水利建设比重较大，而农民可直接受益的中小型基础设施建设比重较小；在农业投入中，直接用于流通环节的补贴过高，而一些关系农业发展全局的基础性、战略性、公益性项目，或没有财政立项支持，或缺乏足够的投入保障。三是提高财政支出管理效率。主要是减少管理层级，降低管理成本，提高工作效率。另外，应构建支农资金绩效评价体系，保证支农资金落到实处。

（2）加大对农业科技、教育及剩余劳动力转移的支持力度。科技和教育的发展，对农村经济发展和农民收入提高具有重要作用。而加大农业科技、教育的财政支持力度，将有效促进农民增收。近年来，尽管国民经济在持续快速增长，但农村人力资本质量却未见明显提高，农民的文化程度低，一方面影响科学技术的推广和使用，另一方面也影响农村人口的外出就业及收入水平。重庆市每年教育经费仍低于发展中国家的占国民生产总值4%的平均水平，更没有达到5.2%的世界平均水平。城乡居民接受义务教育的权利不平等，违背了义务教育的本义和国际惯例。为尽快改变这种状况，提高农村人力资本质量，应加大对农村九年义务教育的资金投入。此外，应加大对农村劳动力的职业技能培训和就业中介组织的投入力度，加快农村剩余劳动力的有效转移。农民的科学文化素质低，与城市职业多样化和高级化的需求不相适应，影响了农业劳动力有效转移的速度和规模。财政要加强对农村职业技能培训和农村劳动力就业中介机构的支持力度，搞好劳动力市场供求预测和预警建设，为农民在城市就业提供培训、信息和咨询服务。财政反哺就可以由以强化农村竞争力为目的转为以获取社会平均利润为目的。

（3）加大对发展农村基本公共服务的投入，统筹城乡公共设施的供给。农村基本供给服务的发展水平很落后，必须切实增加政府财政对农村基本公共服务的投入力度，并保证财政投入的不断增长，使之与整个农村的发展要求相适应。除国家大幅度增加财力投入外，还可运用财政政策工具吸引和鼓励民间资本的进入，充分利用民间的力量积极推动农村公共事业和公共物品的发展。在公共物品的供给上实行两套政策：城市所需要的公共基础设施由国家投资和提供；农村的公共设施则主要靠农民自己解决。提供公共物品是政府的一个重要职能，过去由农民自己承担公共物品的费用具有历史原因，但在已经进入工业化中期、城市公共物品供给已经相当完善，而农民负担沉重、收入增长递减的今天，财政应该义不容辞地承担起这一早就应当承担的职责。

（4）建立、完善农业信贷政策，解决农村经济发展融资难的问题。通过制定优惠政策，鼓励城市资金投向农村，在加大财政投入的同时，还应完善农业信贷政策和体系，通过政策性的农业金融机构发放低息贷款，通过信贷扶持、鼓励农民增加投入，扩大生产规模。银行贷款的形式比国家财政直接拨款的形式灵活多样，可根据不同的需要以不同方式支持和引导农村经济发展，信贷支持不仅为缺乏资金的农民提供了发展生产所需要的资金，帮助他们迅速扩大生产规模，增强资金使用的针对性，而且由于它具有有偿使用性，从而提高了资金的使用效率。此外，要制定优惠政策，鼓励城市资金投向农村。仅仅依靠财政资金投入和优惠贷款，难以弥补农村发展所需资金的巨大缺口，应按照市场的基本原则，吸引城市中的庞大资金投向农村，参与农村的现代化建设。要通过改善环境，制定优惠政策，鼓励城市资金到农村寻找投资的领域，特别是结合农村廉价的劳动力资源和丰富的农产品，设立农产品加工企业，使投资获得丰厚的利润回报。

12.3 重庆存在的问题

推进农村基本公共服务均等化必须要有足够的财力保障，拥有必要的财力是推进基本公共服务均等化的现实基础。由于重庆农村地域广大，人口居住相对分散，农村公共产品供给成本大，容易造成成本收益不对称。尤其是在“两翼”的民族地区和贫困山区，公共产品供给的单位成本高，市级向这些地区转移支付的力度还很不够，不能有效弥补其提供基本公共服务所出现的资金缺口和能力缺口。财政支出压力在一个相当长的时期内将继续存在。财政在支持农村基本公共服务方面不均衡的问题依然存在。就具体项目而言，基础设施和公共安全、基础教育、公共卫生、环境保护、社会保障、科学技术等方面存在显著差异，且这些项目的不均程度依次增加。城乡基本公共服务的巨大差距体现在农村基础教育、卫生资源、社会保障等多方面。以 GDP 增长等为评价政绩标准的规则潜在地鼓励了区县政府将有限的财力投入到能带来经济快速增长的领域，没有将基本公共服务放在政府行政的重要位置。基本公共服务实施的责任主要在区县级，但财力捉襟见肘，其难于满足基本公共服务资金需求，特别是在平衡城乡二元基本公共服务格局方面，仍然力不从心。

目前重庆的基本公共服务不均衡表现为：一是城乡基础教育差距。具体反映在教育经费投入和办学条件两方面。从城乡生均教育经费投入看，城乡中小学的生均预算内教育经费差距呈现扩大趋势。从办学条件的硬件设施上看，城乡生均教学仪器设备值、教学自然仪器达标率、中小学校舍质量、建局域网学校比例等差距明显。从教师质量上看，城乡教师合格率差距不大，但教师质量差距显著。二是城乡公共医疗卫生差距。近年来，城乡医疗卫生投入都有较大幅度增长，但两者之间的差距呈扩大趋势。城乡医疗卫生投入数量和质量差异导致医疗卫生效果差异显著。三是城乡社会保障差距。目前，农村居民的养老保险仍以家庭和土地保障为主，大大低于城市居民养老保险覆盖率。在医疗保险方面，城镇职工基本医疗保险实行社会统筹和个人账户结合的管理模式，根据医疗费用的不同区间分别给予补偿；新型农村合作医疗由个人、集体和政府三方出资，以大病统筹为主，存在着报销比例低、门槛费高、忽视小病预防等问题。在最低生活保障方面，城镇居民按月计算领取保障金，农村居民按年计算领取，二者实际差距较大，即使考虑到二者生活成本方面的差距，不均衡问题也非常突出。四是城乡基础设施差距。从城乡基础设施投资资金的来源看，城市公共设施建设投资中相当部分资金来自财政拨款，城市居民负担比例小；而农村公共设施投资中，大部分资金需要农民承担，很多农村地区的农田水利设施更新改造缓慢。

12.4 用好用活财政政策

（一）医疗卫生保障的均等化

实现医疗保障的均等化，需要把握好几个原则和关键点：一是医疗卫生保障制度必须实现全覆盖，而不是广覆盖，不能在制度上留有人群空白，要实现全民医保。二是面对政府财力现实，医疗卫生保障只能是起步层次的，不能期望过高。保障标准可以逐步提高，小步快跑，不能一步到位，即所谓的

“保基本”。三是必须坚持市场化改革方向，不能退回到计划经济、政府大包大揽的时代，运用好市场化运行机制，要充分调动社会资本参与，提高政府公共医疗卫生服务的供给效率，保证“可持续”。四是市级主导，区县政府安排更大规模的投入，分层次、分步骤提高保障水平。在市场经济国家，看病“难”和“贵”是不会同时存在的——难者不贵，因为由政府提供，是廉价的基本公共服务。五是改革医疗卫生行政管理体制——政府卫生管理部门负责行业准入、监管和落实奖惩措施，而不能直接举办、管辖医院，包括公益性和经营性的医院；对现有的公益性医院，以提高供给效率、服务积极性和公共卫生服务能力为目标，改革分配机制，引入竞争性绩效考核制度；对经营性医院，要将其彻底推向市场，运用市场机制引入竞争，鼓励市场主体参股、入股、新办各类综合性和专科性医院，形成“社会多方办医、增加服务供给，政府严格监管、保证服务质量”的格局。

（二）接受教育服务的均等化

城市教育体系比较完善，教师层次高，硬件设施齐全，教学质量有保障。高等教育、职业教育等主要分布在城市，农村目前主要是义务教育，整体水平与城市差距相当大。农村义务教育水平低的主要原因在于，农村学生少且分散，不易形成规模化教学；所处地点偏远，工资待遇低，优秀教师来不了、留不住；政府投入不足，校舍建设落后，学生学习条件和教师工作条件差。举措包括：一是鉴于义务教育的具有强外部性特征，将义务教育支出责任定位在中央和省政府层次，具体实施由县负责，以规避支出责任和受益主体不配比问题，增强义务教育发展能力，提高教育水平。二是实施工资待遇逆向补贴机制，参照国家工作人员工资按区域和类别划分的做法，在县域内将工作地点分为城区、近郊、农村和山区（艰苦地区）等几大类别，逆向设定标准，即同等情况下，在工作条件越好的类别区工资越低，工作条件越艰苦的类别区工资越高，新增支出由县以上财政负担，用价格杠杆激励优秀教师流向或留在艰苦地区任教，免出现教育发展的“马太效应”，促进教育均等化。三是实施义务兵式援教。日本、美国等国家都设有无偿援助资金和项目，资助发展中国家、落后地区发展教育和环保等公益事业，采取个人自愿、政府补助的方式支持特定项目开展。面对“老少边穷”地区教育落后现状，单纯依靠价格手段难以在短期内取得明显成效，还需要辅之以必要的行政手段，其中义务援教制是可供选择的制度之一。对师范类高校毕业生到城区任教的，需要先到偏远的农村或困难地区义务援助任教两年，同级财政给予奖励性生活和交通补贴。这样既能在短时期内解决偏远乡村学校师资力量薄弱问题，迅速提高教学质量，带来新的理念和知识，促进城乡教育均等化发展；同时，还能缓解高校毕业生就业压力，为该部分教师日后成长提供必要的实践经验。

（三）就业服务的均等化

在促进城乡居民就业问题上，一是就业服务加快城乡一体化进程。由市、区县政府统筹规划布局，建设就业服务有形场所，把供需双方吸引到市场中来。同时，完善服务信息网络。按照“统筹规划，分步实施”的原则，在劳务市场逐步建立起覆盖到镇街村居和中小企业的劳务供求信息网络，并与市级人力资源市场联网，实现信息共享、优势互补和资源综合利用，逐步提高对辖区内全体城乡劳动力的服务能力和水平。二是整合政府就业培训服务资源，把农业部门管理的“阳光工程”等项目整合到劳动保障部门，以统筹城乡劳动力资源管理，促进实现就业供需双方的结构性均衡，避免出现新的就业服务二元格局。三是就业培训需要和高等教育密切结合。高校毕业生就业难问题，显示出人力资源的供给过剩；同时，随着后金融危机时代经济的迅速复苏，企业用工难问题也有所抬头，表现为劳动力资源短缺。这种供需矛盾是结构性的，不是总量的矛盾，需要政府进行引导和调控。一方面，引导企业资本进入高等院校，联合办学，开展订单式培训服务，既增加办学投入来源、增强高校活力，又促进毕业生就业、缓解企业人力资源短缺问题。在中央政府扶持上，比照所得税税前列支研发费用1/3的标准，出台相关政策，引导增强企业社会责任感，增加企业用于职业教育投入的力度；在地方政府扶持引导下，充分利用好税前列支研发费用等优惠政策，同时按接收毕业生人数给予一定数额教育补贴，鼓励校企合作办学。另一方面，政府全力推进职业教育发展。政府应主动承担起将职业教育作为准公共产品的提供责任，特别是更多地投入农民、低收入群体等就业教育，同时吸引民间资本进入和建立服务外包机制，采取补助、贴息、民办公助、政府采购培训机构等形式，让民间资本更多地参与提供职业教育公共服务。四是加快失业保障的城乡一体化进程。目前城镇职工拥有比较完善的失业保障体系，而对农民而言则是空白。没有失业保障，就业选择上供需两方就不能在平等的地位上谈判和博弈，就会产生农民工“用脚投票”现象。经济繁荣时招工难，因为劳动力需求超过供给；经济萧条时招工难，因为没有失业保障，农民工没法继续留在城市，只能返乡谋生；在经济走出低谷，恢复增长时，矛盾更为突出。农民丧失了在城镇持续工作的基础，失去了融入城市的信心。从更高层面上来说，用工难反映的是农民工保障制度体系的缺失，是农民工对自己生存生活权利的维护和追求。解决现实方式，在短时期内土地制度改革难以取得突破性进展的情况下，劳务输入地政府有责任、有必要将农民工纳入城镇失业保障制度覆盖范围，实现同工同酬、同等待遇、同等保障，由用工企业和个人共同负担失业和养老保险金，在失去工作和年老时能够获得必要的救助，保证其基本生活，稳定劳动力资源储备，促进稳定就业。

（四）住房基本保障的均等化

居住权是公民的基本生存权利。20 世纪 90 年代以来，从中央到地方，各级政府为解决居民住房困难问题，做出了很多努力，建立城镇居民住房公积金制度、低保家庭廉租房制度、加快农村残疾人危房改造和建设、推进经济适用房建设等，在一定程度上提高了住房保障水平。随之而来的问题是，用于制度设计的目标和实施主体呈现多元化，住房保障制度也呈“碎片化”状态，政策多而杂，资金来源渠道多样，保障标准不一，即使在城、乡各自内部也缺乏一体化的制度保障。需要经过两个阶段，即城乡各自制度的优化和城乡之间的一体化。城镇居民住房保障制度的改革方向在于，继续修建公租房，使低收入人群住房有保障；用市场化的方式引导房地产市场改善供给结构，平衡供求结构和供求关系，使中等收入人群利用市场手段解决住房问题；对高档住房增收高额房产税。相对来说，鉴于农民改善当前生活现状的机会大大少于城镇居民的经验判断，农村住房的实物配租是相对现实的选择。盘活乡镇合并、学校合并、迁村并点后腾空的机关用房、校舍、村委办公用房和集体企业废弃用房等资产，以及村集体租赁闲置民房，稍加改造，具备基本生活条件后，将其提供给居住标准、收入标准以下的符合条件的农村居民，保障其基本生活之需。这部分人群的生活改善后，相对偏远、艰苦的临时居住条件也会让他们自动尽快搬离保障性住房而自主改善居住条件，从而达到循环实用，持续改善居民住房条件的根本目的。在农村经济发展和社会进步达到一定程度时，农村住房保障应该统一到城镇住房保障的模式和路径上来，实现一体化保障，促进城镇居民平等合理地享受居住权利。重庆市对统筹城乡基本公共服务进行了有益的探索，取得了很好的经验：

（1）在劳务经济上，努力消除城乡劳动力制度障碍。完善就业创业制度。将创业、发展新兴产业、提供就业岗位结合起来，充分利用重庆工业综合配套能力强的优势，“无中生有”打造了亿台笔记本电脑产业基地，提供了大量就业岗位。针对大中专毕业生、下岗失业人员、“农转非”人员等“九类人群”，分类研究形成了发展微型企业并安排创业资金的政策，使重庆近年的登记失业率降到4%以下。

（2）推进户籍制度改革。户改摆脱“就户籍改户籍”的思路，配套设计了土地、社保、教育、卫生等方面的系列政策。改革遵循自愿的原则，转户农民保留了农村的林权、宅基地使用权和耕地承包经营权“三权”，同时将城镇的社保、住房、就业、教育和养老“五大保障”一步到位。2011 年，共转户 280 多万人，成功地形成了有条件的农村剩余劳动力转户城市的制度。

（3）建立住房保障双轨制度。从现实的收入状况和人居状况出发，立足于解决进城农民工、新毕业大学生、城镇住房困难户人群住房需求，按照“低端有保障、中端有市场、高端有约束”的思路，在中高端住房上实现商品化，在低端住房上确立保障化，将城市危旧房改造、棚户区改造和保障安居住房统一协调，重点规划三年修建 4 000 万平方米的公租房，已开工近 2 000 万平方米，已安排住房近 5 万套，确保了城市新就业人员和农村转移劳动力的住房需求。

（4）在增加农民财产性收入上，一是设立地票交易制度。利用级差地租原理和城乡建设用地增减挂钩办法，将闲置的农村宅基地等复垦为耕地，从而产生建设用地指标，并通过农村土地交易所面向社会公开交易。地票制度保证了农村耕地面积不减少、质量不降低；实现市域内大范围、远距离用地置换，极大提升了远郊区县农村宅基地价值，为城镇化过程中农民转户进城提供了利益补偿机制；地票收益成为农民新居建设资金的主要来源；宅基地通过地票变现也增加了农民的财产性收入，促进了农业规模化经营。2011 年已累计交易地票 5 300 多公顷，成交额 170 多亿元。二是创新开展农村“三权”抵押融资。为了搞活农村的林权、宅基地使用权和耕地承包经营权，结合重庆的实际情况，出台了针对“三权”抵押融资的《加快推进农村金融服务改革创新的意见》及实施细则，形成了较为完善的政策框架体系和保障措施。2011 年，发放“三权”抵押贷款 100 多亿元，在一定程度上缓解了制约农村经济发展和农民增收融资难的问题。三是探索城市工商资本下乡制度。打破人、资源管理和资金的城乡不平衡状况，引导城市工商资本下乡参与土地流转，开展现代农业开发，推进农村土地适度规模经营，带动农民就业和增收致富。已组织实施三年的十大公司下乡示范项目，取得了比较明显的经济效益，主要经济指标大大超过全市平均水平。